메가플랫폼 네이버

일러두기

- 한글 전용을 원칙으로 하되, 필요한 경우 원어나 한자를 병기하였다.
- 한글 맞춤법은 '한글 맞춤법' 및 '표준어 규정'(1988), '표준어 모음'(1990)을 적용하였다.
- 외국의 인명, 지명 등은 국립국어원의 외래어 표기법을 따랐으며, 관례로 굳어진 경우는 예외를 두었다.
- 사용된 기호는 다음과 같다.

  신문 및 잡지 등 정기 간행물 등: 〈 〉

  책(단행본): 《 》

컬처룩 미디어 총서 021

원용진 박서연 지음

메가플랫폼 네이버

한국 인터넷 산업의 성장과 그늘

컬처룩 미디어 총서 021
메가플랫폼 네이버
한국 인터넷 산업의 성장과 그늘

지은이 원용진 박서연
펴낸이 이리라

책임편집 이여진
표지 디자인 엄혜리

2021년 9월 10일 1판 1쇄 펴냄

펴낸곳 컬처룩
등록 번호 제2011 – 000149
주소 03993 서울시 마포구 동교로 27길 12 씨티빌딩 302호
전화 02.322.7019 ∣ 팩스 070.8257.7019 ∣ culturelook@daum.net
www.culturelook.net

© 2021 원용진 박서연
ISBN 979 – 11 – 85521 – 98 – 5 94300
ISBN 979 – 11 – 85521 – 06 – 0 (세트)

culturelook

차례

플랫폼 연구의 이어달리기

네이버는 은유다. 적어도 이 책에서는 그렇다. 플랫폼을 설명하기 위해 활용한 보조 관념이다. 그 자리에 카카오, 구글, 텐센트가 들어가도 어색하진 않다. 은유에 활용되는 보조 관념에는 자격이 있다. 얼른 떠오르는 이미지를 지녀야 한다. 카카오나 구글보다는 네이버가 이미지 동원력에서 앞서고 있다는 판단에 그를 택했다. 언제부턴가 한국 땅에서 인터넷 이용은 곧 네이버의 초록색 박스의 활용을 의미했다. 자신의 첫 페이지에 스탠드를 갖추고 유수 언론사를 배열해 거느리는 위용을 갖춘 네이버다. 초록색 박스 안에 상호와 전화번호를 적어둔 길거리 간판을 손쉽게 만난다. 이런저런 사정으로 봐도 네이버의 은유 자격은 충분해 보인다. 원관념에 이미지를 전달하여 그 의미가 훅하고 다가오게 하는 데 모자람이 없다. 아직까지는 카카오나 구글보다 나은 자격을 지니고 있다. 네이버의 풍부한 이미지 동원력 탓에 플랫폼 설명은 훨씬 손쉬우리라 기대했다. 네이버의 위상을 잘 정리하고, 현 지위에 이르기까지 과정을 잘 설명한다면 플랫폼 이해는 편하게 이뤄질 거라 자신했다. 네이버를 플랫폼 이해로 질러가는 길로 선택하였다.

네이버가 지속해서 그런 지위를 누릴지는 자신할 수가 없다. 점차 네이버 자리를 위협할 보조 관념의 후보 기업들이 늘고 있다. 눈여겨봐야 할 플랫폼 사업자의 숫자가 늘고 있다는 말이다. 이전보다 플랫폼의 형태도 다양해지고 있다. 플랫폼 사업에 매력을 느낀 투자자도 많아지고 그 사업 전망을 높이 평가하는 시장 비평도 늘고 있다. 카카오가 천문학적인 돈을 치르고 샀다는 의상 플랫폼 지그재그. 로켓 배송을 자랑하는 쿠팡. 빈 위장을 책임져 준다는 배달의민족. 숏폼 영상을 끊임없이 제공하는 틱톡, 이베이를 사들여 쓱 커 보이겠다는 신세계 등등. 그 숫자도 늘고 형태도 다양해지는 것은 물론 플랫폼은 이제 영향력 있는 사회적 제도로 자리 잡고 있다. 다양한 산업 내 가치 사슬에서 플랫폼은 강력한 플레이어 노릇을 하고 있다. 양적으로 증가하고, 그 형식에서 다양함을 보이더니 이젠 권력까지 지닌 존재로 부상하고 있다. 이른바 플랫폼의 양질 전환이 발생하고 있다. 플랫폼 혁명이라거나, 플랫폼 자본주의, 플랫폼 사회 등의 용어가 그 전환을 축하하듯 대변하고 있다. 플랫폼 성장과 권력의 정체를 알리고 설명하는 일은 시급해진 듯하나 현실은 그렇지 못했다. 플랫폼의 선두 주자 격인 네이버를 살피는 일은 시작을 자극하는 의미가 있으리라 생각했다.

플랫폼 분석을 통해 사회에 널리 그 정체를 알려 보자며 시작한 작업이었다. 다시 말하지만 네이버는 플랫폼을 설명하기 위한 보조 관념이었다. 애초 우리는 인터넷 산업을 넘어 사회 전체에 플랫폼이 어떤 영향력을 미치고 있는지를 살펴보려 하였다. 플랫폼이 사회 내 유력한 권력 제도가 되어 우리 생활 전반에 영향을 미치는 데까지 손을 댈 요량이었다. 플랫폼화platformization라는 개념을 부각시키려 했다. 사회 전반에서 플랫폼이 강자가 되고 그 제도 방식이 삶의 방식으로 자리 잡는 데까지 정리할 욕심을 냈었다. 원고를 쓰면서 역부족을 실감했다. 산업 너머로 퍼져 나가는 플랫폼화 논의는 다음으로 미루기로 했다. 인터넷 산업 내 플랫폼의 위력 정리로 이 책의 범위를 한정했다. 반드시 해야 할 작업이고 학자로서 책무도 져야 하는 주제니 만큼 연구자 동지를 모으는 역할만 잘 수행해도 긍정적 평가를 받을 수 있을 거라 짐작했다. 네이버 논의를 통해 더 많은 플랫폼 연구를 제안, 재촉, 당부하는 역할로 우리의 작업을 한정했다.

제한된 작업이긴 하지만 훑어 내고 싶었던 요점은 분명하다. 네이버 같은 인터넷 사업자가 플랫폼화되는 데는 '온 사회가 다 들었다'는 점을 드러내고 싶었다. 공적 자금, 인터넷 사업자에 대한 사회적 배려, 이용자의 자발적인 이용, 이용자의 콘텐츠 생산, 그리고 이용자가 남긴 흔적들……. 그들 없이 플랫폼으로의 무난한 성장은 불가능했다. 플랫폼 안에는 결코 지울 수 없는 공공적 밈meme이 존재하고 있었다. 어느 틈엔가 그 존재에 대한 인지가 흐릿해졌다. 그 틈에 인터넷 사업자는 플랫폼의 지위에 취해 거대한 현금 기계 노릇을 태연히 펼쳐 나갔다. 그 놀음이 무한 확장되고 있음에도 제대로 문제 제기가 되지 않음에 놀라면서 저술에 임했다. 자신들의 영리하고 획기적 기획이 성공의 비결이었다고 으쓱대는 인터넷 사업자의 꼴에 대한 불만이기도 했다. 포털 사업자에서 시작하여 메가플랫폼이 되기까지 소모되었지만 잊혀진 사회적 자원에 대한 기억을 주워 담는 작업이 되고 싶었다. 그리고 플랫폼을 사회적 의제, 사회 운동의 대상으로 다뤄 가자는 제안도 하고 싶었다.

그런 제안을 공적으로 내놓는 데는 이유가 있다. 사실 비판적 거리를 두고 플랫폼을 대하기가 여간 어렵지 않다. 너무 가까워졌고, 이 책에서 강조해 다루었듯이 '배경화'되었기 때문이다. 비판적 거리는커녕 이용자는 제 몸인 양 플랫폼과 함께, 또 그 안에서 일상을 보내고 있다. 그런 일상 장면을 문제적 순간으로 규정하고, 그 과정에 개입하려 했다. 모바일 기기를 통해 플랫폼을 연결하고, 그 안을 순회하며 엄청난 열정과 인지를 퍼부으면서도 이용자는 이를 가벼운 접속이라 여기곤 한다. 언제부턴가 거울 대신 모바일 기기로 용모를 다듬는 사람들이 많아졌다. 기기 속 제 모습을 가지런히 정리할 때 모바일 기기는 거울 역할을 제대로 해낸다. 그를 거울로 여기는 순간이 곧 비판적 거리의 실종 시간이 된다. 거울처럼 보이는 모바일 기기는 거울을 넘어서는 무서운 존재다. 우리의 용모를 비추는 거울의 꼴, 용모를 녹화하는 카메라의 꼴을 하지만 결코 그에 멈추지 않는다. 우리의 감정, 행동, 순간 기분, 인지, 취향, 계획 등을 모두 들여다보아 데이터로 변환하고, 플랫폼으로 선이 닿게 하는 존재다. 그것들을 한데 갈아 넣어 수익을 창출하는 플랫폼의 촉수가 곧 그 거울이고 기기다. 더 쪼갤 수 없는 개인in-dividual을 다시 쪼개 가분체dividuals로 만든 후 플랫폼의 수익 극대화에 진상한다. 그 요란한 일을 벌이면서도 소리 내지 않고, 자취를 남기지 않는다. 결코 우리 모습을 있는 대로 순순히 비춰 주지 않은 채 쪼개고 비틀고 엮고 있으나 우리의 인지 안으로 좀체 들어오지 않는다. 그를 공적으로 사회적으로 제어할 최적의 방안은 아직 제안되지 않았다. 하지만 플랫폼이 그런 힘을 쓰며 존재하고 있음은 알려야 한다. 그런 다음에야 플랫폼의 촉수라 알려진 거울 안을 이리저리 들여다보는 지혜도 생길 것이다. 플랫폼 안 공공적 흔적을 강조하며 그 사회성도 끌어내는 일도 가능해질 것이다. 자신을 숨긴 채, 소리없이 강한 플랫폼을 가시화하기 위해 그림이 될 만한 네이버를 은유로 활용하였다.

2017년에 저술 작업을 기획했다. 우리는 대학원 수업을 통해 네이버에 대한 토론을 벌였고, 그 내용을 정리해 학회에서 발표하기도 했다. 사실 그 기획을 하던 시절엔 플랫폼이라는 용어 사용은 그리 활발하지 않았다. 네이버에 대한 문제 제기가 있긴 했으나 주로 뉴스 제공 방식에 한정되었다. 당연히 무서운 존재라는 인지조차 없었다. 그래서 네이버의 전체 그림을 그려 보는 일로 시작하며 차차 연구 의제를 만드는 것에 두 저자는 동의했다. 선행 연구가 많지 않아 스스로 연구 방향과 의제, 방법을 조절하고 창안해 나가야 했다. 준비를 위해 박서연이 주요 데이터 수집을 책임지기로 했다. 책의 구조 및 이론 기반 마련은 원용진이 맡기로 했다. 여러 번 시행착오를 거쳐 현재와 같은 차례와 구조 그리고 내용 윤곽을 잡아내는 데 약 3년의 세월이 걸렸다. 2020년 초고가 나올 즈음해서 박서연이 박사 과정 유학을 떠났다. 한국에 남은 원용진이 재구성, 수정을 책임지게 되었다. 끊임없이 뉴스를 생산해 내는 네이버의 행보에 맞춰 내용을 추가 보충하는 일도 지속해 나갔다.

　지도 교수와 대학원생이라는 위치에서 만나 작업을 시작한 저자들은 둘 간에 있을 위계를 없애고, 이견을 줄이는 데 최선을 다했다. 이후 작업을 위해서였다. 박서연은 이제 막 박사 학위 과정을 시작했다. 원용진은 정년 퇴임을 약 1년 앞두고 있다. 둘의 공동 작업을 일종의 이어달리기로 규정하고자 했다. 이 책을 통해 여러 이론적 쟁점을 해결하기보다는 문제를 제기하고 앞으로 풀어 내야 할 의제로 정하는 데 더 방점을 찍고자 했다. 이 책은 지금껏 미디어 연구로 달려왔던 이가 과거의 이론과 방법으로 연구를 시도한 후 전달한 바통을 젊고 참신한 플랫폼 연구자가 이어받아 새로운 걸음으로 성큼성큼 나아가길 바라며 만든 저술이다. 이론적, 방법론적 과제를 푸는 것은 물론이고 이를 사회 의제화하는 일까지 이어가는 것이야말로 두 저자의 협업을 마무리짓는 일이 되지 않을까 싶다. 박서연에겐 이 책은 참으로 무거운 시작일 수 있으니 강호 제위들에 출판 소식을 알리며 도움을 청한다.

염두에 두긴 했지만 제대로 살피지 못한 공백이 존재한다. 그 첫째는 플랫폼 내부 조직에 대한 이해다. 플랫폼 조직을 살피고, 그 내부의 목소리를 듣는 노고는 생략되어 있다. 무엇보다도 당장 가져다 쓸 자료가 없고 접근 자체도 쉽지 않은 것이 공백의 원인이 되었다. 둘째, 미세 혈관처럼 곳곳에 네이버가 투자한 투자처와 그 규모를 다 정리하지 못했다. 우리가 생각한 것보다 훨씬 더 강력하고 큰 규모의 조직일 수 있지만 그런 자료까지 손에 닿기에는 한계가 있었다. 셋째, 중간중간 서술에서 우리의 작업을 정치경제학적인 것이라 밝혔지만 엄격한 정치경제학이라기보다는 부드러운 정치경제학 정도다. 당장 플랫폼을 알리고, 사회적 의제로 만드는 쪽에 더 관심을 둔 탓에 부족함이 있었다. 여러 아쉬움은 후속 연구, 그리고 동료 연구자에게 부탁으로 넘겨두려 한다.

책을 쓰는 동안 여러 사람으로부터 도움을 받았다. 원고를 처음부터 끝까지 읽어 주고 정성스레 도움말을 주었던 김동원, 박승일, 홍성일 박사께 감사의 말씀 전한다. 미처 보지 못했던 점을 통찰케 해 주었고, 여러 이론적 쟁점의 제기를 가능케 해주었다. 도움 말씀을 모두 반영하지는 못했으나 저술 내내 자양분이 되어 주었고, 곳곳에 그 흔적이 담겨 있다는 말로 감사 인사를 대신한다. 수업을 통해 이 저술 과정을 인지하며 여러 도움말을 전했던 서강대학교 신문방송학과 대학원생들 그리고 언론대학원생들에게도 고마움을 표하고 싶다. 그들의 경청과 따뜻한 반응은 저술 과정에서 간혹 잃기도 했던 방향과 열정을 회복하는 데 큰 도움이 되었다. 가장 생산적으로 분주하게 비평자 역할을 해낸 이여진 편집장에게도 감사의 말씀을 전한다. 긴 저술 여정을 지켜봐 주고 도움 주기를 잊지 않았던 저자의 가족에게도 출판 소식을 감사의 마음으로 전한다.

두 저자를 대표해서 원용진 적음

1장

포털 서비스
네이버의 변신

1. 왜 네이버인가

인터넷 강국이라 불리는 대한민국에는 네이버라는 걸출한 인터넷 기업이 있다. 그 기업의 CEO 자리는 한국의 인터넷 문화를 좌우할 정도의 영향력을 지닌다. 과거 그 자리를 거쳐 갔거나 2021년 현재 현직에 있는 두 CEO의 발언을 들어 보자.

"이제 새 출발이다. 열악한 국내 인터넷 시장에서 국산 검색 엔진의 매운맛을 보여 줄 생각이다."

"뉴스 편집 방식을 버리고 공간과 기술만 제공하는 역할로 물러나 네이버 본연의 모습인 정보와 기술 플랫폼에서 새로운 답을 찾을 것."

첫 번째 발언은 1999년 6월 당시 네이버 대표였던 이해진 현 네이버 글로벌 투자 책임자(GIO)가 언론사와 인터뷰한 내용이다. 당시 네이버는 삼성SDS의 사내 벤처팀으로부터 갓 독립한 작은 회사였다. 이해진 전 대표는 네이버를 강한 검색 엔진을 장착한 포털 사이트라고 규정했다. 신뢰할 수 있는 포털 기업으로 성장하겠다는 각오를 보이며 보다 전문적인 서비스와 정보 제공을 약속했다(《전자신문》, 1999. 6. 7).

두 번째 발언은 2018년 5월 한성숙 현 네이버 대표가 '네이버 뉴스 및 댓글 기자 간담회'에서 한 내용이다. 이 자리에서 한 대표는 네이버의 메인 화면[1] 개편을 약속한다. 메인 화면의 개편을 통해 이용자[2]가 뉴스와 검색어를 만나는 구조를 개선하겠다고 밝혔다(《머니투데이》, 2018. 5. 9). 제공하는 내용(특히 언론 기사 배열 및 순위 배치)에 손을 대는 일은 그만두고 공간과 기술을 제공하는 '플랫폼'의 모습을 갖추겠다며 힘주어 말한다. 첫 번째 발언은 '검색'에, 두 번째 발언은 '플랫폼'에 힘을 싣고 있다.

한국 최대 인터넷 기업 네이버 CEO의 두 발언 간에는

---

1   포털 서비스를 접속하여 처음 만나는 메인 화면에는 뉴스가 뜨기 때문에 사회적 논란의 중심에 있었다. 포털 사업자는 뉴스를 공정하게 배치한다는 알리바이를 만드는 데 노력을 기울여야 했다. 그처럼 포털 사업의 초기에는 뉴스 제공을 통해 얻는 영향력이 컸다. 여러 언론사의 뉴스를 한눈에 볼 수 있는 창을 제공하는 서비스라는 개념이 포털 서비스에 늘 따라다녔다.
2   이 책에서는 인터넷을 사용하는 사람을 '이용자'로 사용한다.

20여 년이라는 시간차가 있다. 두 발언의 시점 사이에 너무도 많은 일이 벌어졌다. 그사이에 벌어진 네이버의 규모 변화는 상상 이상이다. 네이버는 지난 20여 년 동안 성장을 거듭하였고, 아직도 숨가쁠 정도의 속도로 성장을 지속하고 있다. 달려온 속도만큼 꾸준히 기업 규모와 사회적 영향력을 키워 왔다. 랜선에 의존하던 인터넷 시대를 지나 모바일 인터넷 시대를 맞아서도 성장세는 멈출 줄 모른다. 앞서 언급했듯이 이해진 전 대표의 발언 당시 네이버는 검색 엔진 제공 업체로 막 사업을 시작한 소규모 벤처 기업이었다. 한성숙 대표의 발언이 있던 2018년 중반 네이버의 모습은 엄청나게 달라져 있었다. 2018년 당시 네이버의 시가 총액은 23조 원에 달했다. 이듬해인 2019년 12월 기준 연결 대상 종속 회사는 121개에 이르렀다. 몇 년이 지나지 않은 2021년 3월 기준 시가 총액은 무려 61조 원에 달한다는 발표가 있었다. 1999년과 2018년의

표 1. 네이버 기업 규모 변화

	2002년 12월	2020년 12월
시가 총액	330, 949	61,927,300 (2021년 3월 말 기준)
매출액	74,614	5,304,146
영업 이익	30,229	1,215,342
종속 대상 연결 회사 또는 관계 회사 및 자회사	관계 회사 및 자회사 12개	연결 대상 종속 회사 133개

출처: 한국거래소, 네이버 사업 보고서를 토대로 재구성(단위: 100만 원).

표 2. 네이버 주요 종속 기업 및 기타 종속 기업

구분	회사	주요 사업	지분율	자산 규모
주요 종속 기업 (12개사)	네이버파이낸셜	전자금융업	69.00%	2,293
	NAVER J.Hub	글로벌 사업 지원	100.00%	1,148
	네이버 클라우드 (구 네이버비즈니스플랫폼)	클라우드 개발 및 운영	100.00%	939
	WEBTOON Entertainment	웹툰 서비스 개발 및 운영	100.00%	380
	NAVER France	유럽 AI 연구소	100.00%	329
	네이버웹툰(유)	웹툰 서비스 개발 및 운영	100.00%	318
	스노우	카메라 및 컨텐츠 사업	100.00%	212
	웍스모바일	그룹웨어 개발 및 운영	100.00%	203
	에스비넥스트미디어이노베이션펀드	간접 투자	96.30%	191
	LINE Digital Frontier	일본 웹툰 서비스	100.00%	173
	티비티 글로벌 성장 제1호 투자조합	간접 투자	89.91%	109
	Works Mobile Japan	그룹웨어 유통	100.00%	71
기타 종속 기업 (121개사)	LINE, LINE Financial, 라인플러스, LINE Pay, LINE Financial Asia, 네이버웹툰컴퍼니(구 네이버웹툰), LINE Pay Taiwan(구 LINE BIZ+ Taiwan), LINE Financial Taiwan, LINE Securities Preparatory, LFG HOLDINGS, LINE Taiwan, 라인프렌즈, LINE Friends, LINE Company(Thailand), LINE Ventures Global, 네이버랩스, LINE SOUTHEAST ASIA, LVC, 네이버아이앤에스, LINE Fukuoka, LINE TECH PLUS, LINE Friends Japan, LINE Credit, NAVER Cloud Asia Pacific, 라인스튜디오, 엔테크서비스, 스프링캠프 초기 전문 투자조합 제1호, LINE TICKET, LINE Ventures Japan, SNOW China, V Live, LINE Friends(Shanghai) Commercial Trade, 라인파이낸셜플러스, 라인비즈플러스, NAVER-KTB 오디오콘텐츠 전문투자조합, NAVER Cloud Japan, Watong Entertainment, NAVER China, Mirai Fund, 스프링캠프, 그린웹 서비스, 인컴즈, LINE Ventures, 라인업, NAVER Cloud Europe, LINE Bank			

Preparatory, NAVER Cloud America, 드라마앤컴퍼니, 라인플레이, Mission Worldwide Group, 컴파트너스, 서치솔루션, CHOCO Media, Next Library, LINE Euro-Americas, Yiruike Information Technology(Beijing), LINE Conomi(구 LINE Tapas), 엔아이티서비스, 플레이리스트, LINE Digital Technology(Shanghai), SNOW China(Beijing), Gatebox, Unblock Ventures, 언체인, PT. LINE PLUS INDONESIA, NAVER BAND(구 Camp Mobile), LINE TECHNOLOGY VIETNAM, 스튜디오엔, 마크티, LINE VIETNAM JOINT STOCK COMPANY, HOP(구 LDI), 리코, Broccoli Entertainment, 오디언소리, LVC USA, LINE Investment Technologies, 엔비전스, SHINEWANT TECHNOLOGY, 세미콜론 스튜디오, NAVER VIETNAM, 네무스텍, SNOW Japan, LINE Friends Taiwan, 어뮤즈, LINE Book Distribution, myBridge, Dongman Entertainment, LINE Growth Technology, 언블락, LINE Healthcare, Xiaying Entertainment, Webpay Holdings, 하트잇, BALIE, LINE Business Support, JDW, 그레이해쉬, JDW Taxi, Webpay, Beijing Wangzhongwenda Technology, 컴패니에이아이, LINE Pay hokkaido, 비닷두, SNOW Vietnam, Shine Interactive, SNOW INC, LINE Split Preparation, 네이버제트, 엔에프보험서비스, DEMAE-CAN, SATSUMAEBISUDO, YLAB Japan, 스프링캠프 초기전문 투자조합 제2호, 에스브이에이콘텐트미디어, 네이버-퀀텀콘텐츠1호펀드, 네이버핸즈, 에스브이에이소다사모투자, 스마트스프링 펀드, C-Fund, 케이크, Do Ventures Annex Fund LP

두 발언 사이에 네이버는 자그마한 벤처 기업에서 국내 최대 규모의 인터넷 기업으로 변모했다(표 1, 2 참조).

기업 대표의 발언에는 개인의 소신 이상이 담겨 있다. 개인적인 것이 아닌 만큼 준비되고 계획된 것으로 이해할 수 있다. 두 대표의 발언을 꼼꼼히 챙겨 보면 당시의 회사 속내를 읽는 일이 가능해진다. 우선 두 발언은 네이버의 성격과 목표를 달리 규정한다. 두 발언 모두 '정보'에 방점을 찍고 있긴 하다. 하지만 앞의 발언에서는 신뢰할 만한 정보를 제공하는 일에 더 큰 의미를 둔다. 전문적인 정보 제공을 통해 신뢰를 얻겠다는 목표를 전한다. 네이버라는 인터넷 기업은 정보를 제공하는 서비스업이라고 역할 규정을 한다. '정보의 바다'에서 이루어지는 이용자의 검색 활동을 돕는 것이 제1의 목표라고 스스로를 규정하였다.[3]

시간이 한참 지나 이뤄진 한성숙 대표의 발언에서는 정보를 찾으러 들어가는 입구인 포털로서의 역할이 약화된다. 당시 한 대표의 발언은 언론사 뉴스 처리와 관련된 논의 자리에서 나왔다. 네이버가 뉴스 편집에서 손을 떼는 등 뉴스 개선책을 공표하는 자리였다. 그의 발언 중 방점은 정보와 기술을 제공하는 플랫폼으로 돌아간다는 사실에 찍혀 있었다. 네이버가 포털의 지위를 넘어 플랫폼의 면모를 갖추었거나 또 그럴 거라는 선언이었다. 네이버가 이용자의 자유로운 인터넷 활동을 매개하는 '환경' 제공에 힘쓰겠다며 역할 전환을 천명하는 순간이었다.

두 CEO의 말 사이, 20년 사이, 그리고 벤처에서 대기업 사이, 그동안에 변화한 네이버를 구체적 서비스를 통해 간략히 정리해 보자. 밝혔듯이 소규모 포털 사이트에서 독점적 지위의 플랫폼 기업으로 바뀌었다. 정보 제공에서 환경 제공으로의

3　이러한 인식은 네이버NAVER라는 기업명에서도 드러난다. 네이버라는 명칭은 '(지도 등을 보며) 길을 찾는다,' '항해하다'라는 뜻의 영어 단어 navigate에 '~하는 사람'이라는 의미의 접미사 −er를 결합해 만들어졌다. 기업명에서부터 네이버는 정보의 바다를 항해하는 이용자를 돕는 안내자이자 이정표라는 성격을 표방해 왔다.

전환이라는 목표 변화도 있었다. 또 이 두 시기 사이 동안 네이버의 변화 못지않게 국내 인터넷 이용 문화 역시 변화해 왔다. 초기 인터넷 이용자들은 네이버 등과 같은 관문portal을 통해 외부의 인터넷 공간을 항해to navigate했다. 하지만 지금 한국의 인터넷 이용자들은 네이버가 구성한 네이버표 서비스 환경 안에서 네이버가 제공하는 다양한 인터넷 활동을 영위하고 있다. 네이버 안으로 들어가면 정보, 오락, 상거래, 금융 서비스를 제공받을 수 있는 공간을 만나게 된다. 다양한 네이버표 서비스를 만나게 되고 그 안에서 부족함을 못 느끼며 인터넷 이용을 지속할 수 있다. 국내 최대 규모의 인터넷 기업인 네이버는 인터넷 이용자들의 검색 창구였다가 이젠 인터넷 생활의 환경(배경 무대)이 된 셈이다. 한국인의 일상에서 차지하는 가장 큰 영향력을 가진 인터넷 생활 기반이 되었다고 해도 과언이 아니다. 이러한 변화는 무엇을 의미하는 것일까? 우리는 이 변화를 어떻게 이해하고 평가해야 할까?

　20여 년 동안의 네이버 변화를 한두 마디로 요약한다면 '포털에서 플랫폼으로'라고 할 수 있다. 네이버를 제대로 이해하기 위해서는 플랫폼에 대한 이해가 선행되어야 한다. 네이버의 새로운 정체성으로 보이는 플랫폼에 대한 이해가 네이버 읽기의 관문이 되었다. 포털을 통해 거래되는 정보 상품에 대한 이해에서 플랫폼을 통해 벌어지는 정보 상품 거래에 대한 이해로 옮겨 가야 네이버를 더 잘 설명할 수 있다. 이른바 상품 형태가 바뀌었음을 잘 설명해 내야 네이버를 제대로 이해하게 된다는 말이다.

사실 네이버가 아니더라도 미디어 산업을 논의하는 자리에서 '플랫폼'은 핵심 용어로 떠오르고 있다. 모바일 네트워크 환경의 보편화, SNS 및 O2O 플랫폼의 확산으로 국내에서도 중요 개념으로 자리 잡았다. 넷플릭스의 한국 상륙, 이어지는 다양한 OTT(Over the Top)[4]의 약진으로 플랫폼은 아예 주류 미디어의 자리까지 노리고 있다. 모바일 환경의 진전에 따라 예약, 주문, 배달 등 일련의 서비스를 제공하는 플랫폼 사업자가 등장하며 플랫폼은 시민의 일상 안으로까지 깊숙이 들어왔다(《문화과학》, 2019). 현 자본주의를 플랫폼 자본주의라는 용어로 설명하려는 노력도 등장했다(Srnicek, 2017/2020).

하지만 한국의 인터넷 산업 분야에서 '플랫폼' 개념은 아직 명료하지 않다. 포털과 플랫폼을 혼용하는 예가 많기도 하고, 콘텐츠를 모은 후 스트리밍하는 주체를 가리켜 플랫폼이라 부르는 오류도 볼 수 있다. 포털 서비스를 한다고 인식해 왔던 네이버가 플랫폼임을 밝히기까지 했으니 이젠 그를 정확하게 정의하고, 그 속성을 드러낼 필요가 있다. 속성을 잘 드러내기 위해선 플랫폼이 지식, 정보 생산을 통해 이익을 취하는 과정, 그 과정에서 맺게 되는 생산 관계, 그리고 이용자

---

4   통신망을 이용하여 각종 비디오 콘텐츠를 주문형 서비스on-demand service로 유통시키는 전송 방식 혹은 그 방식으로 사업을 벌이는 기업을 의미한다. 넷플릭스가 대표적 기업이다.

의 역할을 살펴야 한다. 그래야 네이버를 제대로 읽을 수 있을 뿐 아니라 플랫폼에 대한 이해, 플랫폼이 중심이 되어 움직이는 정보자본주의[5]에 대한 이해로까지 이어진다. 이렇게 말하는 이유는 네이버가 플랫폼으로 변신했지만 아직도 그에 대한 사회적 인식이 뚜렷하지 않기 때문이다. 네이버에는 포털이라는 이름이 더 자연스럽게 뒤따른다. 네이버를 언급함에 있어서는 늘 포털과 플랫폼 서비스의 경계가 모호해진다는 말이다. 네이버를 여전히 포털 서비스로 부르고 규정하는 데 익숙하고 플랫폼으로 부르는 데 주저하는 바람에 일정 사회적 효과가 발생한다. 국내 인터넷 서비스 논의에서 발생하는 포털과 플랫폼 간 경계의 모호함 때문에 네이버의 거대한 영향력이 잘 드러나지 않는 착시 현상이 발생한다. 그런 탓에 아직도 정보자본주의, 인지 자본주의, 플랫폼 자본주의 등의 용어를 끌어와 현 자본주의의 작동 방식을 설명하는 작업에

---

5   인지자본주의론은 자본 축적 방식의 변화, 즉 지식, 감정, 소통, 정보 등 인간의 인지 능력을 동력으로 자본을 축적하는 자본주의로의 변화에 주목하고, 지식, 정보가 독점되고 사람들의 감정을 소통하는 통로가 자본에 지배당하는 현실을 논의한다. 정보자본주의는 생산 영역, 분배 교환 영역, 조절 영역이 이전 자본주의에 비해 정보, 정보 기술, 주력 상품 등에서 변하고 있음에 주목한다. 플랫폼 자본주의론은 자본주의가 찾게 된 새로운 이윤, 새로운 시장, 새로운 상품, 새로운 착취 수단인 플랫폼에 주목하고, 그를 중심으로 자본주의가 성장해 가는 과정을 분석한다. 이 책에서는 정보자본주의론, 인지 자본주의론, 플랫폼 자본주의론이 비슷한 현상에 주목하고 있으며 유사한 방식으로 새로운 자본주의 축적을 분석하는 것으로 파악한다.

서는 구글Google, 아마존Amazon, 바이트댄스Bytedance, 스포티파이Spotify, 디즈니Disney, 페이스북Facebook 등을 호출하는 데 더 익숙하다. 플랫폼의 사회적 영향력이 커진다는 사실을 늘 남의 이야기인 것처럼 받아들이게 된다.

구글, 페이스북, 아마존과 같은 글로벌 기업은 검색, 쇼핑, SNS, 동영상 등의 서비스를 각각 다른 플랫폼을 통해 제공한다. 구글은 정보 검색을 주 임무로 삼는 검색 엔진이다. 페이스북은 SNS와 메신저 사용 환경을 제공하는 것을 주 역할로 삼는다. 아마존은 쇼핑과 클라우드 서비스를 주요 제공 대상으로 삼고 있다. 그리고 이러한 인프라 역할을 하는 플랫폼을 바탕으로 특정 서비스를 중심으로 한 분야별sectoral 플랫폼들이 독자적인 생태계를 이룬다(van Dijck, Poell, & De Waal, 2018). 이용자는 분리된 플랫폼 생태계의 기능을 이해하며 필요에 따라 다른 플랫폼 서비스를 선택적으로 활용한다. 하지만 국내로 돌아오면 사정은 달라진다. 국내에서는 포털 기업을 중심으로 인터넷 서비스 대부분이 통합되어 있다. 실제로 네이버가 2010년대 중반부터 플랫폼 기업임을 자임하지만, 대다수 이용자는 여전히 네이버를 포털로 인식하고, 또 그렇게 부른다. 포털로 불리긴 하지만 네이버로 들어가기만 하면 네이버가 제공하는 온갖 인터넷 서비스를 다 제공받을 수 있다. 포털로 알고 들어가지만 그곳에서 받는 서비스는 플랫폼 서비스인 셈이다. 이용자는 플랫폼으로 활용하면서도 포털 서비스라고 부르며 그렇게 인식하고 있다. 그런 탓에 네이버는 좀체 주요 사회 의제로 떠오르지 않고 충실하게 논의되지 않는 것은 아닐까. 플랫폼 노동과 플랫폼의 '갑질'에 대한 논의에서도 배달 앱과 관련된 논의가 풍성한 반면 네이버와 관련된 플랫폼 노동은 크게 부각되지 않는다. 배달 라이더의 문제 논의에 비하면 네이버에 '웹툰' 콘텐츠를 제공하는 노동자 실정에 대한 언급은 의외로 적은 편이다. 학술 영역으로 넘어가도 사정은 크게 다르지 않다. 네이버 자체에 대한 학술 담론이 제한되어 있다 보니 플랫폼 정체성을 지닌 네이버를 드러내 주는 작업은 찾아보기 힘들 정도다. 포털로 불리는 것과 플랫폼으로 불리는 것 간의 간극으로부터 네이버는 '무지의 장막'에 감춰지는 혜택을 누리는 것은 아닐까.

2019년 국내 인터넷 이용 실태 조사 결과(한국정보화진흥원, 2020)에 따르면, 만 3세 이상 인터넷 이용자는 '커뮤니케이션'(95.4%), '여가 활동'(94.0%), '자료 및 정보 획득'(94.0%) 등의 목적으로 인터넷을 이용한다. 이 중 '커뮤니케이션' 범주에는 인스턴트 메신저, SNS, 이메일 이용이 들어가 있다. '자료 및 정보 획득'에는 뉴스, 상품 서비스, 교통, 위치 정보, '여가 활동'에는 이미지, 동영상 시청, 음악, 게임 이용이 포함된다. 잘 알려져 있다시피, 네이버나 카카오 같은 국내 플랫폼 기업은 이 모든 서비스 기능을 통합해서 제공한다. 이용자는 포털에 한 번 접속해 진입하면 다른 서비스 이용을 위해 타 플랫폼이나 포털로 이동하지 않고 그 안에서 모든 서비스를 누리는 방식으로 인터넷을 이용한다. 한국에서의 인터넷 이용은 곧 포털 서비스의 이용, 더 정확하게 말하면 특정 플랫폼의 이용이라고 해도 과언이 아니다.

이는 한국 외 다른 사회에선 찾아보기 힘든 독특한 인터넷 서비스이고 이용 방식이다. 물론 한 인터넷 사이트에서 정보 검색, 엔터테인먼트, 전자상거래, 메신저, 전자 결제 서비스 등을 함께 제공하는 외국 사례가 아예 없지는 않다. 러시아의 얀덱스Yandex, 중국의 바이두Baidu와 텐센트Tencent, 일본의 야후재팬Yahoo Japan 등이 네이버나 카카오와 유사한 방식으로 서비스를 제공한다. 그러나 중국의 사례를 제외하면, 얀덱스와 야후재팬이 제공하는 서비스 범위는 국내 포털 기업보다 제한적이다. 중국은 중앙 정부의 강한 통제, 그리고 ICT 기업과 중앙 정부 간 긴밀한 관계 탓에 그런 방식을 택한 것으로 이해할 수 있다. 그렇게 보면 한 사이트 내에서 인터넷 활동 대부분을 하고 그 안에서 다양한 서비스를 받도록 만든 거대 포털의 존재는 다분히 한국적인 현상이다. 그러면서도 플랫폼이라는 이름 대신 포털로 불려온 것도 한국적 현상이다.

네이버는 그 한국적 현상의 맨 앞자리를 차지하는 인터넷 기업이다. 기존 포털 서비스에 이용자와 상품 판매자, 서드 파티third party를 연결하는 플랫폼 서비스로 점진적으로 변신해 왔다. 점차 서비스 환경의 외연을 확장하였고, 포털의 의미도 바꾸어 왔다. 이 과정에서 네이버는 국내 인터넷 시장 내에서 독점적 지배력을 확보해 왔다. 네이버는 인터넷 사업을 벌이는 기업임을 넘어서 국가 주요 정책의 흐름인 4차 산업 혁명을 이끌 기수로까지 대접을 받고 있다(《디지털데일리》, 2019. 10. 28). 네이버는 포털 기업을 중심으로 한 인터넷 산업의 구조화, 국민 대다수의 일상적인 포털 서비스 이용과 같은 한국 고유의 인터넷 환경의 한복판에 서 있는 존재라 할 수 있다. 다분히 한국적인 인터넷 문화를 이끄는 존재로서 한국에 네이버형 현상을 만들었고, 또 만들어 가고 있다. 네이버가 주목받아야 하고, 사회적 의제가 되어야 하며, 그에 관여된 이들이 토론해야 하는 이유다. 토론을 통해 플랫폼 정체성을 밝히는 일은 물론이고, 시장을 독과점하는 플랫폼 존재가 만들어 낼 사회적 폐해와 그에 대한 대응도 준비해 두어야 한다.

2020년 12월경 네이버는 다른 어느 때보다 많이 그리고 지속적으로 뉴스를 만들어 냈다. 매일같이 쏟아져 나오는 네이버의 사업 확장 소식을 이 책 안에 담느라 집필이 계속 미뤄질 정도였다. 특히 이 책을 마무리하던 2020년 하반기부터 2021년 상반기 사이에 끝없이 확장 소식을 만들어 냈다. 국내뿐만 아니라 해외 사업자와의 협병, 인수 등 사업 확장을 꾀했다. CJ와의 제휴, 캐나다 스토리텔링 플랫폼인 왓패드 Wattpad의 인수, 빅히트엔터테인먼트와 제휴, CU편의점과의 제휴, 신세계 CEO와 네이버 이태진 GIO의 회동 등등. 이 같은 사업 확장 소식을 보더라도 네이버는 정보와 지식을 검색하고 전달하는 사업자 이상의 지위를 지니고 있다. 과거 재벌이 벌이던 사업 다각화를 넘어섰고, 예상치 못한 영역으로까지의 확장을 감안하면 사업 확장의 신기원을 만들고 있다.

네이버는 거의 무한대로 사업의 폭을 넓혀 가고 있지만 그에 대한 한국 사회의 인식은 과거에 머물러 있다. 2020년 12월에 발표한 한국언론진흥재단 언론 수용자 의식 조사에 따르면, 가장 신뢰받는 언론사로 KBS가 뽑혔다. 그 범주 평가 3위에 네이버가 자리 잡았다. 영향력 있는 언론사로 역시 KBS가 선정되었고 네이버는 그다음 자리의 언론사로 뽑혔다 (〈미디어스〉, 2020. 12. 3). 이처럼 이용자는 네이버를 언론사이거나 언론을 중계하는 미디어사로 받아들이고 있다. 네이버를 통해 뉴스를 접하는 경험이 그런 착시를 만들어 낸 것처럼 보인다. 네이버에 대한 학계의 논의도 언론사, 뉴스 전달자로서의 지위에 더 방점을 찍고 있었다. 이 책을 준비하던 2021년 초반까지 네이버의 실체에 접근하는 학술 도서는 존재하지 않았다. 학술 논문 또한 네이버의 성공 비결이나 네이버가 뉴스를 다루는 방식에 대한 논의에 머물고 있었다. 네이버의 실체를 다루는 일은 의외로 미비한 편이었다.

현대인이 하는 커뮤니케이션 대부분은 미디어 환경 안에서 이뤄진다. 미디어가 그 커뮤니케이션을 매개하는 역할을 한다. 미디어에 의한 커뮤니케이션 매개는 투명한 상태에서 이뤄지진 않는다. 미디어를 운용하는 쪽에서 커뮤니케이션, 매개 방식을 특정 방향으로 유도한다. 신문은 공간 배치 방식으로 독자가 세상을 이해하도록 돕는다. 정치, 경제, 사회, 문화 등으로 나누거나 주요 뉴스에 더 많은 지면을 할애하는 방식으로 세상을 이해하도록 이끈다. 신문이 크게 다루면 큰 사건으로 인식하는 것도 그런 탓이다. 그 같은 영향력을 두고 신문은 사회가 논의해야 할 의제를 정해 주는 역할을 한다고 평가받았다. 이를 '의제 설정agenda setting' 기능이라고 불러 왔다. 반면 텔레비전은 시간 배치로 세상을 이해토록 시청자를 이끈다. 방송 뉴스에서 앞자리를 차지하는 사건이 곧 주요 뉴스가 되듯이 시간 배치로 영향력을 행사하는 방식이다.

현재 미디어 환경 그 한복판에 존재하는 네이버와 같은 인터넷 기업 또한 그 영향력을 행사한다. 인터넷 기업은 과거 미디어와는 다른 방식으로 미디어 환경을 구축하고 영향을 미친다. 이용자가 남긴 이용 기록을 기반으로 선호하는 정보를 선제적으로 추천, 제공하여 습관적 이용이 지속되도록 한다. 이른바 자신이 선호하는 범주 내에서 선호를 지속하게 하는 방식으로 미디어판을 주도한다. 특정한 방식으로 미디어 환경을 구축하여 이용자 간 커뮤니케이션의 양상과 문화, 그리고 관습까지 규정해 자신이 가장 유력한 미디어가 되도록 유도한다. 인터넷 비즈니스에서는 가능한 한 자신의 서비스 안에 이용자를 오랫동안 머물게 하고 그 머무는 시간을 광고 수익이나 이용료 수익으로 전환해 낸다. 이처럼 인터넷 사업은 자신의 사업으로 더 적극적으로 영리를 추구할 수 있는 장치를 전통 미디어에 비해 훨씬 더 많이 갖고 있다(백욱인, 2014a; 2014b).

인터넷 기업이 기업인 한 이윤 추구를 목표로 삼을 수밖에 없다. 그들은 사회적으로 영향력을 미치는 것을 자신의 목표로 삼지는 않는다. 이용자의 활동을 자신의 이해관계에 부합하는 방향으로 유도하고 그를 기반으로 서비스(와 상품)를 판매해 이윤을 창출한다(Srnicek, 2017/2020). 오늘날 인터넷 기업은 변화를 거듭하며 사람들 사이의 관계를 재구성해 이윤을 추구하다 보니 결국에는 미디어 이용자와 미디어 기업이 맺는 사회적 관계까지도 조직한다. 인터넷 기업은 온오프라인의 경계를 뛰어넘으며 자본 집중과 가치 증식을 위해 온갖 노력을 벌이고 있다. 인터넷 기업은 합종연횡을 통해 거대 인터넷 기업을 만들려 하고 사회 전반의 커뮤니케이션 인프라 역할을 자임하게 된다. 더 나아가 자신들이 제공하는 서비스 환경을 중심으로 사회, 경제, 문화 영역이 움직이고, 그 움직임 자체가 다시 자신의 이해관계와 연관을 맺도록 구조화한다. 이 같은 상황의 변화를 두고 연구자들은 인터넷 자본주의, 정보자본주의, 혹은 플랫폼 자본주의가 도래했다고 주장한다(《문화과학》, 2019).

네이버는 포털 기업으로 불린다. 하지만 플랫폼의 방식으로 우리 곁에서 기업 활동을 한다. 그 활동은 개인용 컴퓨터(PC)를 통한 인터넷 이용으로 극대화되었지만 모바일폰의 대중적 확산으로 그 정점에 이른다. 플랫폼은 (1) 디지털 인프라이며, (2) 공급자와 이용자를 서로 연결하여 (3) 그 둘 간의 상호 작용으로 가치(수익)를 창출한다. 이 같은 도식으로 플랫폼을 이해하면 플랫폼은 전통 시장과 같은 역할을 하는 곳으로 보인다. 좌판을 열어 두고, 판매자와 구매자가 모이게 하고, 그들의 상호 간 경제 활동으로 돈이 오가고, 사업이 유지되고, 시장도 유지되는 그런 모습과 겹친다. 그런 점에서 전통 시장도 플랫폼인 것은 사실이다. 하지만 전통 시장 플랫폼과 인터넷 플랫폼과는 질적인 차이가 존재한다. '네트워크 효과Network Effect'에 대한 이해가 있어야 인터넷 플랫폼이 갖는 힘을 실감하게 된다.

네이버의 지식iN 서비스를 예로 들어 보자. 네이버에 정보를 제공하여 수익을 올리는 사업자가 있다고 가정하자. 사업자가 네이버에 정보를 제공하는 가장 큰 이유는 네이버가 가장 많은 이용자를 갖고 있기 때문일 것이다. 가장 많은 이용자를 가진 플랫폼에 서비스를 제공해야 더 많은 수익을 올릴 수 있다는 뻔한 계산은 누구나 할 수 있다(Shapiro & Varian, 1999). 그러한 탓에 대부분 공급자는 네이버와 사업하는 일을 주요 목표로 삼게 된다(뉴스 제공자들이 네이버에 의해 선택되길 얼마나 희망하는지를 상상해 보자). 그로써 네이버는 다른 플랫폼과는 차이 날 정도의 큰 공급자 네트워크를 갖게 된다. 한편 이용자 편에서 셈을 해도 비슷한 결론에 이른다. 이용자도 가장 큰 네트워크를 가진 플랫폼을 선호하게 된다. 그곳에 가면 더 많은 정보가 있을 거라는 기대와 믿음이 발생하기 때문이다. 이처럼 더 많은 공급자 네트워크를 갖게 되면 더 많은 이용자 네트워크로 이어질 수 있다. 다시 공급자의 입장으로 돌아가면 더 큰 이용자 네트워크를 가진 네이버에 더 많은 공을 기울이게 된다. 이로써 네이버는 더 많은 공급자를 모이게 할 뿐 아니라 더 많은 이용자를 모이게 하는 '마술'을 행하게 된다. 이렇게 네이버는 (양면) 네트워크 효과를 누리게 된다.

네이버 등과 같은 기업으로서는 네트워크 효과가 더없이 반갑고 고마운 일이다. 하지만 네트워크 효과를 누리는 쪽은 늘 한정적이다. 누구든 그를 꿈꾸지만 누리는 쪽의 수는 늘 제한된다. 네트워크 효과로 인해 독점화라는 문제가 대두된다. 네트워크가 큰 쪽이 시장을 독점하고 다른 쪽은 사라지는 운명에 놓이게 된다. 먼저 시작한 쪽이 네트워크 효과를 누리게 될 확률이 높으므로, 후발 주자의 진입은 어려워진다. 선발 주자의 독점화 경향이 발생한다. 다시 전통 시장으로 잠깐 옮겨 가 보자. 여러 소매점을 묶어 놓아 플랫폼 노릇을 하던 전통 시장은 온라인 플랫폼 시장이 등장하면서 맥을 못 추리게 된다. 전통 시장 플랫폼에 묶여 있기보다는 온라인 플랫폼에 묶여 온라인 거래를 하는 것이 소매점에게 더 많은 수익을 가져다준다. 전통 시장 플랫폼에서 소매점은 자연스레 철수하게 되고 전통 시장 플랫폼은 그 자취를 감추게 된다. 온라인 플랫폼의 네트워크 효과는 더 증가할 것이고, 그럼으로써 우리 생활은 더욱 그에 대한 의존도가 높아질 것이며, 그럴수록 플랫폼은 독점화로 치닫게 될 것이다. 플랫폼을 사회적으로 두드러지게 드러내고 그에 대해 고민해야 하는 이유가 바로 거기에 있다.

전통 시장과 네이버라는 플랫폼의 차이에서 또 하나 강조되어야 할 점은 이용자 정보의 활용이다. 전통 시장과 달리 네이버는 플랫폼을 오간 이들에 대한 정보를 취득해 자신의 사업 지속이나 확장에 그를 활용한다. 심지어는 이용자 정보 확보를 통해 이용자를 개별적으로 겨냥해 광고를 제공하기도 하고, 이용자가 관심 가질 법한 관련 정보를 제공해 습관적으로 그에 노출되게 할 수도 있다. 이른바 이용자를 조정할 만한 자원과 힘을 갖는다. 이를 통해 네트워크 효과와 독점화뿐만 아니라 이용자의 생활 전반에 플랫폼이 개입하는 일도 가능해진다. 궁극적으로 플랫폼의 사업 확장은 이용자 생활 전반으로 이어지고 이용자 일상 전체가 플랫폼의 사업 대상이 된다. 과거 사업자들이 특정 공간에 공장을 세운 뒤 상품을 생산했다면 플랫폼 사업자들은 시민의 생활 곳곳을 자신의 이윤 취득 공간으로 삼는다. 플랫폼 사업자들은 온갖 곳에 사회적 공장 social factory을 세워 가동하고 있는 셈이다. 그 속도와 강도가 엄청나게 빠르고 강하기 때문에 앞으로 플랫폼 사업, 사업자, 사업 집단이 지배적인 존재가 될 것이고 시민의 일상적 삶도 그에 종속될 것이라며 플랫폼 자본주의라는 이름까지 붙여 우려를 표시하는 시각들이 늘어나고 있다(Srnicek, 2017/2020).

네이버는 이처럼 새로운 기술을 보태 가며 서비스를 확장시켰고, 네트워크 효과를 극대화하기에 이르렀고, 확보된 이용자 정보를 사업 확장에 투입시켜 자연스러운 순환을 유지하는 이른바 사이버네틱스 장치로까지 발돋움하고 있다. 상황이 이러하다면 앞서 보았던 두 발언의 차이는 단순히 네이버의 변화라고 말하는 수준 이상으로 받아들여야 한다. 네이버의 변화는 그 기업의 변환만을 의미하지 않는다. 인터넷 기술의 변화, 인터넷 기업의 규모와 가치, 그 영향력의 변화, 그리고 이용자의 일상 내 인터넷 기술의 틈입에 이르기까지 큰 변화 혹은 전환이 있었음을 간과해서는 안 된다. 그 모든 것의 밑바닥에는 인터넷 기업의 상업적 포섭이라는 동기가 도사리고 있음에도 주목해야 한다(Srnicek, 2017/2020: Fuchs, 2009b). 이 책에서는 네이버를 인터넷 기업이라거나 국내 최대 포털 서비스로 보는 것을 넘어서고자 한다. 대신 네이버를 국내 인터넷 서비스 환경과 한국인의 인터넷 서비스 이용 행태를 들여다볼 수 있는 창으로 파악하려 한다. 네이버를 잘 챙겨 보면 한국 자본주의의 전환에 대한 이해에도 다다를 수 있을 것으로 기대한다. 새로운 산업 시대를 여는 일등 주자로 알려진 네이버의 서비스 확대 과정을 분석함으로써 한국의 자본주의의 흐름과 방향을 가늠하는 것이 이 책의 궁극적 목표다.

2. 네이버를 어떻게 분석할 것인가

인터넷 기업, 그 비즈니스 과정을 분석하는 방법은 수없이 많다. 우선 공시적으로 그 사업의 규모를 파악하고, 수익을 올리는 방식을 점검하는 구조 파악법이 있을 수 있다. 서비스의 내용을 분석함으로써 포털 기업의 이념적 정체성을 규정하는 파악법도 가능하다. 기업 방식과 정부 정책 간 유기성을 찾아 분석함으로써 그 사업의 계급성을 찾아내는 정치경제학적 분석도 고려해 볼 수 있다. 정보자본주의를 이끌고 가는 정부 정책 중심으로 국가가 어떻게 시장을 조절해 나가는지를 살펴보는 조절 이론에 기대어 분석해 볼 수도 있다. 물론 한두 이론이나 분석법에 기대지 않고 그를 한데 뒤섞어 종합적으로 정리하는 일도 가능하다. 이 책에서는 엄격하게 한정된 분석법을 제시하거나 적용하지 않는다. 대신 우리가 택한 분석법을 역사적 접근법이라고 부르고 네이버의 성장 과정을 추적하며 그 과정에 기여하는 역사적 사건들을 추려 내고자 한다.

먼저 한국 인터넷 환경에서 포털 서비스가 표준화된 서비스 형태로 인식되는 과정을 추적하려 한다. 한 포털 서비스 사업자가 국내 인터넷 사업의 대표 주자가 된 과정을 따라가 보자는 것이다. 이를 위해 먼저 거시적 세계 경제 구조, 국가의 산업 정책, 사업자의 사업 전략, 인터넷 기술의 진전, 이용자의 이용 방식 등을 감안하여 인터넷 사업자의 진전 과정을 시기 구분periodization하며 각 시기의 특성을 특정 짓고자 했다. 그 특성의 변화 추이를 찾아내 한국 인터넷 사업의 성격을 규정할 수 있으리라 본다. 이 같은 역사적 접근법은 다른 접근법이 전하지 못하는 다음 몇 가지 이점을 지닐 것으로 예상한다.

첫째, 오늘날 플랫폼 환경이 지닌 파급력을 기술 중심의 논의에서 구해 내고 구체적인 정치경제적 맥락 위에 위치시킬 수 있을 것이다. 기술적 환경은 사회를 둘러싼 거시적 구조와 과정에 뿌리내려 있으므로 이에 대한 분석은 반드시 사회적 맥락과의 관계를 포함해야 한다(Garnham, 2000). 기술적 환경에 대한 사회의 지배적인 상상은 과거로부터 이어진 조건과의 부단한 상호 작용을 통해 구성된다. 이러한 관점은 거대 IT 기업이나 이들이 소유, 통제하는 미디어 환경을 내재적 움직임을 통해 논의하는 기존의 정태적 분석과는 구별된다. 미디어 기술 자체만을 놓고 낙관적인 전망을 하거나 비관적인 경계를 하는 일은 새로운 기술적 조건이 모든 변화를 주도한다는 기술 물신화에 빠지기 쉽다. 기술적 환경의 의미를 구성해 온 사회적 조건을 도외시할 경우 몰역사적 결론에 그치고 만다. 이 책을 통해 ICT 기술에 기반한 자본주의 사회의 재구조화 국면에서 한국의 정치경제적 조건이 인터넷 서비스 환경의 형성과 변화에 어떤 영향을 미쳤는지 언급하려 한다. 웹2.0 서비스, 빅 데이터, AI 기술 등을 활용해 포털은 변화를 거듭해 왔는데, 그 변화는 인터넷 서비스를 둘러싼 다양한 제도(세력) 간의 역학 관계 속에서 선택적으로 이루어졌음을 밝히고자한다.

둘째, 역사적 접근법은 포털 서비스의 변화를 초래한 — 위에 언급한 — 다양한 요인을 구체적으로 드러내 줄 수 있다. 포털 서비스나 인터넷 산업은 기술, 정책, 산업, 글로벌 경제, 인터넷 산업 내부의 변화로부터 영향을 받는다. 구조적 차원의 정치경제적 맥락에서부터 정부의 정책, 기업의 행위까지 아우르는 다양한 층위를 분석해야 현재의 포털 서비스와 인터넷 산업에 대한 종합적인 이해가 가능해진다. 초국가

플랫폼 기업[6] 영향 아래서도 어떻게 국내 포털 서비스가 자신의 지위를 견고히 할 수 있었는지를 아는 데는 이 같은 접근법이 도움을 줄 뿐 아니라 구체적인 주체의 기여 또한 밝혀 줄 것으로 기대한다.

셋째, 인터넷 서비스 환경의 변화 과정을 역사적으로 추적해 보면 한국 인터넷 이용 문화가 어떻게 고착되었고, 그로부터 어떤 특성이 생겼는지를 가늠할 수 있다. 인터넷 산업의 형성 초기부터 현재에 이르는 과정을 분석함으로써 포털 사이트 중심의 인터넷 서비스, 네이버에 의존하는 이용자 습관, 일상적인 인터넷 광고 노출과 같은 현상이 유독 한국에서 현저함을 알게 해 주리라 본다. 그럼으로써 이른바 인터넷 이용에서 드러나는 한국적 특성을 논의할 수 있을 것이다.

역사적 접근을 택하게 된 데는 위에 언급한 장점을 취하겠다는 동기 탓만은 아니다. 기존의 연구가 지닌 결함을 보완해 줄 거라는 믿음도 있기 때문이다. 앞서 밝힌 바와 같이 인터넷 자본, 특히 플랫폼 기업에 관한 기존 연구가 많지 않다. 특히 구체적인 인터넷 사업, 기업에 관한 연구는 지극히 제한적이다. 정보자본주의 연구들은 정보자본주의로의 이행, 이행 과정에서 드러나는 생산력, 생산 방식, 생산 관계, 노동력, 상품 형태

---

6 여기서는 국경을 초월해서 사업을 해내는 인터넷 기업을 초국가 플랫폼 기업이라고 칭한다. 국가의 경계를 넘는다는 초국가transnational라는 용어 대신 초국적, 초국가적이라는 개념을 사용하는 연구자도 있다. (각주 11 참조)

의 성격 변화 등에 많은 관심을 보인다. 그 같은 관심을 정보자본주의 총론이라고 말한다면 구체적으로 인터넷 기업이 어떤 방식으로 운용되고 있는지를 보여 주는 작업을 각론이라고 할 수 있다. 각론은 구체적인 기업이나 작업 현장을 대상으로 한 연구 작업을 의미한다. 정보자본주의 총론에 대한 논의는 일정 부분 이뤄지고 있으나 그 각론 연구는 제한적이다.

　지금까지 이루어진 정보자본주의 연구를 분류하면 연구 초점에 따라 크게 두 부류로 나눌 수 있다(표 3). 먼저 한 부류는 정보 통신 기술의 발전을 바탕으로 한 자본주의 사회의 구조적 변화를 논의하며 그 변화가 인터넷 기업의 자본 축적에 어떤 영향을 미쳤는지를 분석하려는 시도다(김동원, 2015; 백욱인 2013, 2014a, 2014b; 이항우, 2014a, 2014b, 2016; 조동원, 2013a; Dyer-Witheford, 2015; Fuchs, 2009b, 2014; Pasquinelli, 2009, 2015; Vercellone, 2007, 2008 Terranova, 2000). 이는 표 3의 I에 해당한다.

표 3. 인터넷/플랫폼 기업에 관한 연구 경향

I. 자본주의 구조 변화와 플랫폼 기업의 자본 축적(거시적 접근)	1. 인터넷 / 플랫폼 자본 축적 분석	1) 축적의 조건, 배경 2) 이윤 창출 방식
	2. 이용자의 인터넷 / 플랫폼 이용	1) 미디어 이용＝노동 2) 미디어 이용＝지대 3) 미디어 이용＝정보재
II. 개별 미디어/플랫폼에 대한 사례 연구(미시적 접근)	구글, 애플, 마이크로소프트, 아마존 등은 어떻게 이익을 창출하고, 정보, 커뮤니케이션 시장을 독점하는가	

이 같은 연구(I)에는 크게 두 갈래의 연구 경향이 자리 잡고 있다. 그 첫째는 자본 축적 방식을 분석하는 부류다(I-1). 둘째는 이용자가 행하는 인터넷 이용 시간 혹은 이용 노동에 관한 연구다(I-2). 자본 축적에 관한 연구에는 미디어(인터넷 사업) 자본이 이윤 창출을 하는 방식(I-1-(1))과 그 이윤의 원천이 어떤 것인지를 주로 다루는 작업(I-1-(2))으로 다시 구분할 수 있다. 정보자본주의의 등장이 가능하게 된 조건, 배경을 연구하는 데 더 초점을 맞추거나(I-1-(1)), 정보, 지식의 생산, 유통, 그리고 정책이 같이 움직이며 이윤 창출이 가능하게 하는 동학(I-1-(2))을 논의한다.

인터넷 이용자의 이용을 따로 떼놓아 특화시키는 경향의 연구도 이뤄지고 있다(I-2). 인터넷 이용자의 이용 활동이 인터넷 기업의 가치 증식 과정에 기여하는 바를 밝히는 데 이 연구 경향은 세 갈래의 관심으로 나뉜다.[7] 그 첫째는 인터넷 이용을 노동으로 파악하는 관점이다. 이는 정보자본주의 시대에서는 노동 개념을 확장시켜야 함을 주장한다(I-2-(1)). 이 연구들은 인터넷 이용을 인터넷 기업에 의해 착취되는 노동으로 파악한다. 그로써 전통적인 노동 개념을 확장하

---

7 세 관점 모두 나름의 근거를 지니고 있으나 이 책에서는 그 학술적 쟁점에 대해서는 다루지 않는다. 다만 미디어 이용 활동이 미디어 자본의 가치 증식에 활용된다는 의견에 동의하면서도, 그것이 광고 상품, 콘텐츠 상품 등 다른 상품의 판매에 필요한 원재료로 전환되는 과정에 포섭될 때야 비로소 미디어 자본의 가치 실현에 동원되는 것이라는 관점(즉 I-2-(3))을 따른다(김동원, 2015).

는 효과를 낸다. 둘째 범주(I-2-(2))에는 인터넷 이용을 인터넷 자본의 순환과 축적 메커니즘 외부에서 발생한 외부 효과externality인 지대rent로 이해하려 한다. 인터넷 기술을 소유한다는 이유만으로 이용자의 이용 활동을 자신의 이익으로 편취하는 것을 지대로 이해하려는 노력이다. 셋째 연구 유형(I-2-(3))에는 인터넷 이용은 가변 자본인 정보재가 되어 인터넷 노동의 대상이 되고, 알고리즘 등을 활용한 인터넷 노동이후에야 상품이 되는 과정을 드러내 보여 준다. 노동의 주체는 이용자가 아니라 인터넷 기업 안팎에서 상품으로 만들기위해 노동하는 인터넷 노동자가 된다. 이때 생산 관계는 과거산업 자본주의 생산 관계와 유사하다.

개별 인터넷 기업, 사업자에 대한 논의는 II 개별 사업자가 구체적으로 이익을 창출하고, 성패에 이르게 되는가를 챙겨 보는 영역인데, 국내에서는 아직까지 논의가 활발하게 이뤄지지 않고 있다. 개별 인터넷 기업의 사례에 집중한 미시적 차원에 맞춰져 있다(Bilić, 2016; Gillespie, 2018; Srnicek, 2017/2020; van Dijck, 2013; van Dijck et al., 2018). 이 논의는 인터넷 기업에 대한 사회적 담론과 인터넷 사업의 작동 방식에 대한 구체적인 분석이라는 미덕을 갖는다. 그럼에도 불구하고, 이 논의역시 한계를 지닌다. 이들 연구는 인터넷 서비스와 인터넷 이용 활동이 현대 자본주의의 구조적 변화와 맺는 관계는 생략한다. 또한 인터넷 기업과 관련한 개별 국가 내외부의 정치경제적 맥락을 도외시할 뿐 아니라, 최근의 현상에만 집중한 나머지 그 역사적 배경을 소홀히 하는 한계가 있다.

두 가지 접근(I, II) 모두 결여한 부분이 있다. 두 접근은 미디어 플랫폼이 현재의 문제적 지위를 차지하기까지의 과정을 구체적으로 언급하지 않는다. 공시적인 접근을 통해 보편성을 찾으려 한 반면, 통시적으로 접근하여 특정 사회에서 인터넷 기업이 취한 고유 발전 방식을 찾아내는 데까지 이르진 않았다. 인터넷이 상용화된 이래 네트워크 환경과 관련 산업 분야는 급격한 변화를 거듭하고 있음에도, 이를 둘러싼 맥락적 분석은 소홀히 이뤄져 왔다. 또한 인터넷 기업과 이들이 운영하는 서비스 환경을 고정적인 대상으로 다룬 탓에 인터넷 기업 내부의 변화에 관한 관심 역시 부족했다. 인터넷 기업의 등장부터 현재에 이르는 과정을 다양한 층위에서 분석하려는 시도가 필요한 이유다.

표 3의 I, II 영역을 합쳐 보완 정리할 경우 몇 가지 소득이 있으리라고 본다. 첫째는 앞으로 정보자본주의를 연구하는 데 더 추구해야 할 연구 의제를 도출해 낼 수 있다. 예를 들어 이용자의 이용 정보가 주요 재화가 되고 있을 때 자본의 위치, 노동의 성격, 생산 관계 등에 관해서는 과거와는 다른 시각, 접근이 필요할 것으로 예상된다. 아직은 그에 대한 구체적 언급이 이뤄지지 않았다. 이 책이 정보자본주의 논의의 시작이면서 새로운 의제를 도출하는 자극이 되길 기대한다. 둘째, 정보자본주의로의 전환이 벌어지는 국면에서 4차 산업 혁명, 디지털 전환 등의 사회 변동 언설이 갖는 사회적

효과를 가늠해 보는 소득도 있을 것이다. 그 같은 담론들은 유물론적인 변화를 굴절시켜 인식케 하는 이데올로기적 작동을 하고 있다. I, II 영역 모두를 포괄할 경우 새로운 자본주의로의 이행과 그 과정상에서 벌어지는 이데올로기 경쟁을 살펴보는 일도 가능할 것으로 기대한다. 셋째, 거시에서 미시적인 면까지 포괄하므로 대중의 삶 조건이 될 체계와 하루하루의 삶인 일상, 생활 세계를 연결해 보는 이점을 얻을 수 있으리라 기대한다. 이른바 굴뚝을 가진 공장Green Field Factory에서 사회적 공장social factory으로의 전환으로 인해 생길 일상변화, 그 변화가 가져올 사회적 결과, 그리고 대응을 언급할수 있을 것이다. 특히 인터넷 기업의 구체적인 잉여 수익 편취와 이용자가 그에 어떤 반응을 보이는지 등을 살펴봄으로써 사회적 결과와 대응에 한 걸음 더 가까이 갈 수 있을 것으로 기대한다.

거듭 얘기하지만 구글보다 높은 점유율을 지닌 자국 플랫폼이라는 네이버의 특수한 지위에도 불구하고, 이에 관한 연구는 많지 않다(김지연, 2013; 김평호, 2007; 김영주, 2008; 송태원, 2018; 한선, 2010). 사실 이 같은 연구 부족 혹은 부재는 놀라운 일이다. 텔레비전 방송사와 같은 미디어 제도에 대해 보여 주었던 사회적 에너지를 감안하면 수긍하기 어렵다. 4차 산업혁명이 미래 사회 담론으로 횡행하고, 정보자본주의에 대한 비판적 담론이 흘러넘치는 가운데서도 국내 최대의 인터넷 기업에 대한 본격적인 연구가 거의 없다는 사실은 문제 삼을 일이기도 하다. 한 시대의 기술적 환경은 특정 사회와의 관계를 통해서만이 구체적인 의미를 획득한다. 그런 점에서 국내 사례에 관한 연구 부재는 상업적으로 포섭된 인터넷 환경에 대한 대안적 시각의 제시를 어렵게 한다. 이 책은 정치경제학적 맥락 및 기술적 조건의 흐름과 한국의 특수한 사례 간 만남을 정리하며 이해하려 한다. 그 이해를 통해 대안적 시각 제시도 가능해질 것으로 기대한다. 포털 서비스가 표준화된 인터넷 서비스로 정착한 원인과 그 변화 양상을 한국 사회의 특수한 환경과의 관계에서 파악하고, 이러한 관계 지점에서 형성된 네이버 기업과 서비스의 특성을 찾아내고자 한다.

2장

포털 서비스에
던지는 질문

역사적 제도주의 접근법은 사회 내에 존재하는 제도를 중심으로 특정 현상을 분석하는 방법이다. 앞서 언급했듯이 국내 인터넷 기업과 서비스의 전환을 살펴보며, 그 원인을 찾아내는 데 적절한 방법론이라고 본다. 역사적 제도주의는 제도의 기원과 변화에 영향을 미친 다양한 요인에 관한 역사적 분석을 한다. 이를 통해 궁극적으로 구조화된 관행과 제도를 총체적으로 이해하려 한다(안희남, 2002; 구현우, 2009). 역사적 제도주의 관점에 따르면, 다양한 맥락 간 상호 작용의 산물인 제도는 정치와 경제의 다양한 수준에서 행위자 간 관계를 구성한다. 더 나아가 그들의 이익과 정책 방향을 틀 짓는다(하연섭, 2011).

　역사적 제도주의에서 핵심 용어는 '제도'와 '역사'다. 먼저 제도에 관해 이야기해 보자. 이 접근법에서는 제도를 비교적 느슨하게 규정한다. 제도의 실질적 영향, 제도가 사회적 맥락과 맺는 관계에 주목하기 때문에 분석하고자 하는 대상에 따라 제도를 유연하게 정의한다(Liberman, 2001). 그러나 대체로 제도를 '행위자들의 전략과 목표를 형성하고 외부의 환경적 맥락과 구체적인 행위 사이를 조정하는 존재'라고 파악한다. 제도 내 행위자의 행위에 영향을 미치는 규범과 관행 일체를 제도라고 정한다는 말이다. 구체적으로는 제도 안에 존재하는 조직, 규정, 관행뿐 아니라 비공식적인 규칙과 절차까지도 포함한다(Hall, 1986; Thelen & Steinmo, 1992).

역사적 제도주의에서 말하는 '역사'란 제도의 지속성과 변화에 영향을 미치는 다양한 수준의 맥락과 이들의 역학 관계를 뜻한다. 제도의 역사성을 설명하기 위해 이 접근법에서는 두 개의 중요 개념을 도입한다. 특정한 제도적 환경의 형성 과정, 즉 제도의 역사적 인과 관계를 설명하는 개념인 '결정적 전환점critical juncture'과 '경로 의존성path dependency'은 역사적 제도주의 분석의 핵심이다.

결정적 전환점은 기존 제도의 성격을 완전히 변화시키는 외생적 사건을 말한다. 제도는 사회적 맥락 속에서 형성되기 때문에 외부 환경의 변화에 민감하게 영향을 받는다. 특정 사건이 촉발한 정치, 경제, 사회적 조건의 변화는 제도의 변화를 초래한다. 예를 들어 전쟁, 공황과 같은 충격적 사건은 제도를 본질적으로 변하게 만들어 새로운 제도적 경로를 형성하게 하는 기점으로 작용한다(Krasner, 1984; 1988). 역사적 제도주의는 제도에 새로운 전기를 마련하는 그 국면conjuncture 을 찾아내고 규정하는 작업이다.

결정적 전환점으로 인해 제도가 변화된 이후에는 괄목할 만한 충격이 없는 한 제도는 지속성을 유지하거나 미미한 변화를 이어가게 된다. 경로 의존성은 제도의 지속성과 점진적 변화를 설명하기 위한 개념이다. 특정 시점에서 행위자들의 우연한 선택은 자기 강화적 과정을 거쳐 제도화된다. 이후의 선택 과정과 변화 방향을 제도가 제한한다. 일단 제도가 구조화된 관행으로 굳어지면, 반복적인 행위 선택과 제도적 네트워크의 확대 탓에 외부 조건의 변화에도 불구하고 기존의 성격이 일정 부분 유지되기 때문이다. 결정적 전환점 전후 과정은 제도의 변화를 제약하고 경로 의존성을 갖게 된다(김명수, 2015). 즉 사회적 조건의 변화에도 불구하고 유지되는 현재 제도는 과거 제도의 종속 변수인 셈이다. 동시에 미래의 정책 결정과 제도적 특성에는 독립 변수로 작용한다. 따라서 특정 시점에서의 행위자들의 선택과 그 결과를 온전히 파악하기 위해서는 제도의 역사적 맥락과 제도적 경로에 영향을 미친 요인에 대한 종합적인 이해가 필요하다.

구체적으로 제도의 지속과 변화는 제도 안팎의 사정에 따라 이뤄진다. 외부의 구조적 맥락인 제도 외적 요인과 제도적 환경을 구성하는 요소인 제도 내적 요인의 상호 작용에 의해 지속 혹은 변화한다. 특정 제도를 둘러싼 사회경제적 맥락을 제도 외적 요인에 포함시킬 수 있다. 글로벌 체제, 국내의 정치경제적 맥락, 사회 구조와 같은 거시적 차원의 환경적 요인이 그에 속한다. 제도 내적 요인에는 제도적 환경의 영향을 받는 정치경제적 주체로서의 행위자 요인과 기존 제도의 조직 방식 및 특성을 뜻하는 제도적 맥락이 포함된다. 행위자 요인은 제도적 환경과 관계를 맺는 이익 집단 및 이해관계 당사자들의 특성과 구체적인 행위, 이들이 지닌 정책적 선호나 아이디어에 대한 분석을 통해 설명된다. 특히 행위자들이 지닌 아이디어는 제도의 경로 의존성으로 인해 선택 범위가 제한된 상황에서도 공유되는 특정한 이해관계나 전략적 판단을 반영하기 때문에 제도의 점진적 변화를 유발하는 요인이 된다(최진응, 2013; 하연섭, 2011). 제도적 맥락에 대한 분석은 제도의 경로 의존성을 유발한 기존 제도적 환경의 특성을 설명함으로써 가능하다. 제도적 맥락이 반드시 제도의 지속성에만 영향을 미치는 것은 아니다. 역사적 제도주의 관점에서 제도는 고정적 형태나 단일한 체계로 존재하지 않는다. 오히려 제도는 다양한 조직, 다른 제도들 및 사회적 맥락과의 관계, 개별 특성들의 결합 방식 등으로부터 형성되는 복합적인 성격을 지닌다. 따라서 새로운 제도적 특성은 기존 제도의 경로 의존성 아래서 발생하지만, 단순히 제도적 환경을 구성하는 개별 요소의 추가에 그치지 않고, 제도 전체의 점진적 변화를 초래하는 요인으로 작용할 수 있다.

　이 책에서는 인터넷 기업, 포털 서비스, 구체적으로는 네이버가 한국 사회의 특수한 맥락 간의 상호 작용을 통해 역사적으로 형성된 제도임을 밝히고자 역사적 제도주의를 주 연구틀로 활용했다.[8] (여기서 연구틀이라 함은 문제 설정problematic에 가까운 개념이다. 던진 질문에 답하기 위한 이론적 틀이기도 하고, 분석을 위한 방법론 역할도 한다.) 시간의 흐름에 따라 네이버의 성장 과정을 살펴보고, 내외부의 변화와 지속에 맞추어 어떤 주체적 행위를 행했으며, 또한 자신의 존재 조건을 만들어 갔는지를 설명한다.

국내 포털 서비스의 변화에 영향을 준 결정적 전환점, 제도 외적 요인, 제도 내적 요인들의 분석을 통해 한국의 인터넷 서비스 환경에 대한 폭넓은 이해를 시도하고자 한다. 이를 위해 그림 1에 정리된 분석틀을 적용한다. 포털 서비스 환경 급격한 변화를 가져온 변곡점이자 시기 구분의 기점을 결정적 전환점이라고 부른다. 전환점을 도출하기 위해 연역적인 방법과 귀납적인 방법을 혼용하였다. 인터넷 산업의 변화가 일어난 전환 시기를 귀납적으로 포착하고, 그 시기를 대표할 수 있는 특성을 규정한 후 다시 그 전후에서 벌어진 구체적인 인터넷 사건을 정리하는 방식이었다. 그 같은 방법을 통

---

8 네이버를 제도로 바라보고자 한다. 하지만 여기서 제도로서의 네이버는 네이버 이상의 의미를 지닌다. 한국 내에서 포털 서비스를 실시하는 사업자의 대표로서 네이버로 이해할 필요가 있다. 네이버로 대표되는 한국 내 포털 서비스, 포털형 인터넷 기업을 제도로 파악할 수 있다. 주지하다시피, 포털 서비스는 국내 인터넷 서비스의 제도화된 틀이자 표준으로 작용해 왔다. 한국 인터넷 문화와 정보의 유통, 소비 양상은 포털 서비스를 통해 특정한 방식으로 구조화되어 왔다.

그림 1. 분석틀

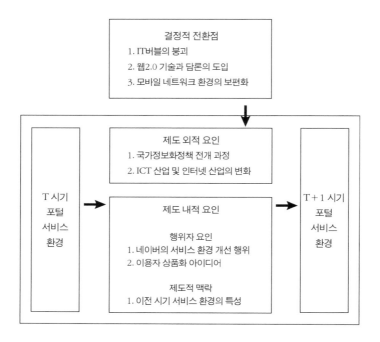

해 세 개의 전환점을 찾을 수 있었다. 2000년의 IT 버블 붕괴, 2006년 웹2.0 기술과 담론의 확산, 2011년 모바일 네트워크 환경의 보편화가 그것이다. 이들 사건이 만들어 낸 국면을 제 I국면(2000~2005), 제II국면(2006~2010), 제III국면(2011 이후)으로 부르고자 한다.

　　이 사건들은 제도 내외적 요인의 변화를 야기했다. 사건들로 인해 바뀌게 된 제도 외적 요인으로는 국가 정보화 정책, ICT 산업 및 인터넷 산업을 들 수 있다. 사건들로부터 구체적으로 어떤 영향을 받게 되었는지를 알아보기 위해 정권별 정보화 정책의 변화, 각종 산업과 이용자 통계를 살펴보았다. 그를 통해 구체적으로 어떤 변화가 발생했으며 어떤 경향성을 띠었는지를 추적했다. 또한 디지털 광고 시장의 규모, 주요 인터넷 기업의 매출 규모 자료를 챙겨 네이버를 포함한 인터넷, 포털 기업의 경로 의존성과 확대 과정을 설명하였다. 물론 이 같은 외재적 요인들의 큰 배경으로는 초국가 정보자본주의의 형성, 그리고 그를 뒷받침하는 글로벌 무대에서의 지식, 정보 산업의 성장, 그를 뒷받침하는 ICT 기술의 발달을 포함시켰다.

제도 내적 요인에는 행위자 요인과 제도적 맥락을 포함시켰다. 네이버가 사업 전략을 구상하고, 발전 방향을 모색하는 일 등이 이에 포함된다.[9] 이를 드러내기 위해 시기별로 네이버가 보인 사업 전략을 분석하였다. 주요 서비스 및 이용자를 가치 증식에 동원하는 아이디어의 변화를 통해 그를 파악해 냈다. 네이버는 외부의 구조적 맥락 변화에 맞춰 독자적인 서비스를 펴왔을 뿐 아니라, 이전 시기와 구별되는 서비스 환경을 지속적으로 구축해 왔다. 타 인터넷 기업들이 서비스 환경을 구축함에 있어 네이버를 따라 하게 하는 선도 역할을

9　여기서도 마찬가지로 네이버는 네이버 이상의 의미를 갖는다. 국내에서 활동 중인 포털 서비스들의 대표로서 네이버를 의미한다.

했다. 포털 서비스의 변화를 초래한 주요한 요인으로 네이버의 행위를 손꼽는 것은 당연한 일이다. 이용자들을 포섭하고 이들의 활동을 전유하고자 하는 행위자 내부의 아이디어 역시 포털 서비스의 변화에 영향을 미친 요인이다. 막대한 가입자 규모와 이들이 유발하는 네트워크 효과, 그리고 이용자들이 축적한 데이터는 인터넷 기업의 가치 증식에 가장 직접적인 자원이다. 따라서 실제 서비스 환경 이면에서 비가시적인 방식으로 이용자들을 가분화dividualization시켜, 상품화한 전략은 서비스 환경의 변화로 이어갔다. 이용자를 가분화시킨다 함은 더 이상 쪼개질 수 없는 이용자 개인individuals을 다양한 조건에 처하게 하거나, 다양한 시기에 다양한 욕망을 갖게 하여 더욱 다양한 방식의 접속을 행하도록 하였다는 말이다. 인터넷 기업으로서는 이를 두고 다양한 메뉴를 선사한 서비스 개선이라고 표현할 수 있겠으나 여기서 이를 가분화 전략의 행위자 요인으로 파악한다. 그 행위자 요인 파악을 위해 서비스 개선에 대한 네이버 내부 관계자의 발언과 각종 보도자료를 활용해 분석했다.

제도적 맥락 요인은 결정적 전환점 이후에도 유지되는 포털 서비스의 특성을 말한다. 이 책에서는 특정 시기 포털 서비스의 주요 이윤 창출 방식, 이용자 상품화 방식, 서비스 환경 관리 방식에 대한 분석을 통해 제도적 맥락 요인을 설명하였다. 서비스 환경 관리 방식이란 개별 서비스의 확대 이면에서 인터넷 기업이 안정적인 이윤 창출을 담보하고, 이용자 포섭과 타 기업에 대한 경쟁 우위를 위해 활용하는 전략을 말한다. 이러한 전략들은 표면적인 이용자 인터페이스 이면에서 작동한다. 구체적으로는 기술적인 서비스 환경 구성, 이용약관의 변화, 데이터 전유 방식 분석을 통해 서비스 환경 관리 방식을 추출하였다.

이상의 분석틀과 자료를 기반으로 다음과 같은 질문을 던지고 그에 답하고자 했다. 이 질문들은 포털 서비스 혹은 네이버로 향한 것이기도 하지만 대체로 한국의 인터넷 문화의 성격 규정과도 관련이 있다. 첫 번째 질문은 포털이 한국 인터넷 기업을 대표하게 된 배경과 관련된 것이다. 도대체 어떤 정치경제적 맥락으로 포털 기업이 한국의 인터넷 기업을 대표할 만큼 제도화되었는가다. 두 번째 질문은 포털 중에서도 네이버가 대표적 인터넷 포털 기업으로 성장하게 된 데는 어떤 배경이 있었는지다. 네이버의 진전, 변화에 영향을 미친 제도 내외적 요인을 찾고자 던진 질문이었다. 세 번째 질문은 네이버의 압도적 독점 지위가 한국의 인터넷 산업의 특성을 규정할 정도의 큰 사건인가다. 이 질문은 많은 역사적 제도주의 접근법이 궁극적으로는 비교 연구로 이어지고 있음에 기반을 둔다(Skocpol, 1979/1981). 우리는 다른 사회의 정보자본주의 이행 방식과 직접 비교하고 있지는 않지만 간접적 방식으로 한국 정보자본주의와 타 사회의 그것을 비교해 한국의 정보자본주의, 인터넷 산업 그리고 인터넷 문화의 특성을 추출하려고 노력했다. 이 같은 문제에 답함으로써 네이버의 진화,

즉 '종합 포털에서, 플랫폼형 포털로 다시 메가플랫폼으로까지' 이어지는 과정과 그 과정에서 생긴 특성을 정리할 수 있을 것으로 기대했다.[10]

이 책은 서론과 결론을 포함한 총 7개의 장으로 구성되어 있다. 이후 3장부터 6장까지는 시간적 흐름에 따라 국내 포털 서비스의 발전, 변천 과정을 네이버를 중심으로 서술한다. 3장은 한국 인터넷 경제의 형성 과정에서 포털 서비스가 안정적으로 제도화된 과정을 적는다. 4장은 IT버블 붕괴 이후 네이버의 포털 시장 재편과 종합 포털로의 진입 과정을 설명한다. 5장은 웹2.0 담론이 표방하는 가치가 인터넷 기업의 이윤 창출 기제로 내부화되면서 발생한 플랫폼형 포털로의 변화를 적고 있다. 6장은 모바일 네트워크 환경의 보편화가 메가플랫폼 환경의 성립에 끼친 영향을 논의한다. 그리고 메

---

10   우리는 결정적 전환점 이후 포털 서비스의 각 국면을 '종합 포털,' '플랫폼형 포털,' 그리고 '메가플랫폼'이라고 명명한다. 이는 검색과 커뮤니티 서비스를 기반으로 한 초기 포털이 점차 영역을 확대해 플랫폼 서비스를 포괄하고, 종국적으로 포털에서 플랫폼으로 변모하게 되었음을 시기별로 설명하기 위함이다. 국내 포털 서비스는 결코 갑작스러운 단절이나 완전한 대체를 통해 플랫폼 환경으로 변화한 것이 아니다. 각 시기 새로 등장한 서비스 특성은 기존의 경로 의존적 특성과 결합하여 포털 서비스 환경을 변화시켜 왔다. '플랫폼형 포털'은 이전 시기까지 제도화된 포털 서비스의 틀은 유지하면서도 새로 도입된 플랫폼 서비스가 포털 서비스의 성격 변화를 가져왔음을 뜻한다. '메가플랫폼'은 포털 사이트 중심의 서비스 환경이 개별 플랫폼들의 망으로 구성된 독자적 생태계로 변화했음을 드러낸다. 플랫폼들의 플랫폼 형태를 띠는 와중에도 '종합 세트'식의 서비스는 지속되고 있다.

가플랫폼이 주도하는 한국의 인터넷 환경에 대한 평가를 시도한다. 결론 부분에서는 6장까지 진행된 논의를 요약 정리하고 네이버의 성장과 변신이 뜻하는 바를 해석하고 한국 사회가 그에 대해 펼쳐야 할 대응을 제안하였다.

3장

네이버의
시작

1. 초국가 정보자본주의론

정보 통신망의 구축과 관리는 정부의 개입을 수반한다. 정부가 정보 통신망 구축과 관리에 뛰어들게 되는 데는 다 이유가 있다. 정부의 그 같은 결정에 영향을 미친 사건이 있게 마련이고, 정부는 당연히 정책적 기반을 갖추고 그를 담당하게 된다. 정보 통신망 구축이 국가의 프로젝트이긴 하지만 인터넷은 다른 정보 통신망 정책과는 다른 질감을 갖고 있었다. 인터넷은 상용화 초기 단계부터 이미 새로운 자본 축적 체제를 확립하려는 세력의 수단으로 활용되어 왔다(한국IT기자클럽, 2016). 국가가 나서서 정보 통신망을 구축하였지만 그를 산업적 기반으로 파악하였거나 상업적 활용을 염두에 두는 경향이 강했다. 이전의 정보 통신망 구축 사유와는 확연히 다른 행보였다. 이전의 정보 통신망 구축이 공공 편의라는 측면이 강했던 데 비해 인터넷 정보망 구축은 산업 프로젝트 성격이 강했다. 그런 탓에 국가의 인터넷 관련 정책은 상업적 네트워크 환경의 구축으로 쉽게 전환되었다. 그뿐만 아니라 국가 정책 자체가 인터넷 산업 활성화의 밑바탕이 되었다. 정보 통신 정책은 국가가 이용자의 편의를 제공한다든지, 국토의 네트워크화를 통한 복지라든지 그런 쪽으로 향하지 않았던 셈이다. 오히려 상업적 활용, 인터넷 산업의 활성화 쪽으로 귀결되었다(Kotz, 2015).

정부마다 성격을 조금씩 달리하지만, 국내 정보 통신 환경의 구축은 국가 정보화 정책이란 이름으로 '위로부터' 추진되었다. 인터넷 기술 도입 및 산업 형성 과정에서 정부는 자금을 투입하고 인프라를 확충하는 주도적인 역할을 담당했다. 민간 자본은 이를 뒷받침하고 그 과실을 챙기는 역할을 맡았다. 미국에서도 이와 유사한 방식으로 초기 정보 통신 산업의 발전이 이뤄지긴 했다. 그런 점에서 한국 정부와 미국 정부의 정보 통신 산업 육성 노력에서 어느 정도 유사점을 찾을 수 있다. 하지만 한국 정부의 정보 통신 산업에 기울인 노력은 훨씬 더 계획주의적이고 발전주의적인 성장 모델에 근거했다.

서구 자본주의 국가의 경우 ICT 기술의 보급이 일단락된 이후 시장이 형성되면 정부는 이를 민영화한다. 그리고 정부는 시장의 활성화를 장려하는 역할만을 담당하게 된다(Schiller, 1999/2001). 한국의 경우 조금 다른 행보를 보였다. 국가가 나서서 민영화를 적극적으로 추진하진 않았다. 급작스럽게 취해야 할 조처가 있을 때까지는 관망하는 자세를 취했다. 심지어 외국 특히 미국의 정보 통신 분야 개방 압력이 있을 때조차도 그랬다. 개방 압력에 시달리면서도 소극적으로 시장을 민간 자본에 개방하는 모습을 취했다. 이처럼 민영화는 정부 정책에서 주요 의제가 되질 않았다. 민영화를 지연시키면서 국가 주도의 정보화 정책에 이어 정보 통신 산업 육성책을 동시에 진행했다. 국가가 사업을 주도하겠다는 의지가 강했던 셈이다.

1997년 IMF 통치 경제라는 상황을 맞이하면서 민영화가 이뤄지기 시작한다. IMF 통치 경제 기간 정부는 대기업에 공적 자금을 투여하고, 금융 자본은 새로운 산업을 찾아 나서는 등 산업 구조를 개편해 나갔다. 산업 구조 개편 과정에서 정보 통신 산업은 맨 앞줄에 서는 희망과 같은 존재로 부상한다. 정부와 대기업, 금융 자본 간의 상호 호혜적인 방식으로 관계가 재편되면서 한국의 본격적인 정보화 과정은 급격히 이루어졌던 것으로 평가할 수 있다. 정보 통신에 대한 사회적 수요에 맞춘 것이라기보다는 산업 구조 개편에 맞추고 미래의 주력 산업을 정책적으로 강구하다 정보화라는 정책 과정으로 들어서게 된 것이다.

국내 인터넷 경제의 형성과 상업적 포털 서비스의 등장은 정부 주도의 망 구축 사업과 실제 수요보다 앞선 산업의 형성이라는 특수한 상황적 맥락의 결과로 이해할 수 있다(한국IT기자클럽, 2016). 이른바 미래의 먹거리를 챙겨 놓는 심산으로 구축된 것으로 이해해야 한다. 현재 정보 통신 사업으로 수익을 챙기는 기업들은 쉽사리 인정하지 않겠으나 이 사업 시작의 밑바닥에는 미래를 걸고 밀어붙인 공공적 투여가 있었음을 알 수 있다. 시장 원리에 맡겨 두었다면 수요가 형성되지 않았다는 이유로 정보 통신 사업의 진전은 훨씬 더 뒤로 미뤄졌을 수도 있다. 어쨌든 정보 통신 사업은 위기에 처한 한국 경제, 사회를 챙겨 낼 미래의 산업으로 규정되고 온 사회의 지원을 받게 된다.

이 같은 흐름은 국내 사정에 기인했던 것으로만 설명할 수 없다. 20세기 후반에 이르러 정보 통신 사업은 세계 자본주의 사회 전반의 재구조화를 담당할 신생 주자로 지목되었다. 당시 정보 기술의 총아였던 인터넷은 자본 축적을 보장할 최고의 유망주로 떠올랐다. 그 가능성과 잠재력은 점차 현실화되기 시작하였다. 잘 알려져 있다시피 1970년대 이후 서구 자본주의 경제는 위기를 절감하고 새로운 자본 축적을 보장할 경제 체제를 요청하고 있었다. 그 필요에 따라 산업 구조 조정이 서서히 이뤄지기 시작했다. 초국가적이고 유연한 자본 축적 체제인 이른바 포스트포드주의 체제가 등장한다 (Dyer-witheford, 1999/2003; Marrazzi, 2009/2013; Srnicek, 2017/2020; Schiller, 1999/2001). 그 체제에 적절한 산업으로 지식 정보 산업이 선택된다. 정보 통신 기술은 상품 생산과 자본 순환에서 제약이 되어 온 공간적, 시간적 장애물을 제거하거나 최소화할 수 있었다. 점차 정보 통신 기술과 그를 등에 업은 정보 통신 사업은 자본주의의 구조 변화 기획에 기여할 총아 대접을 받기 시작했다.

정보 통신 기술 진전에 힘입어 지식과 정보, 커뮤니케이션의 자본화는 큰 어려움 없이 이뤄졌다. 기존 산업 구조의 질적 변화, 새로운 산업의 형성, 동시에 정보, 미디어 문화 상품 생산을 통한 자본 축적에 정보 통신 기술, 즉 인터넷이 앞장서게 된다(Castells, 2000/2003) 인터넷을 기반으로 정보와 자본이 한몸이 된다. "자본의 정보화"와 "정보의 자본화"(조동원, 2013b: 7)로 설명할 수 있는 이러한 경향은 초국가 자본의 핵심 프로젝트가 된다. 그 결과 기존의 선진 자본주의는 미국을 중심으로 한 정보 통신망의 영역 안으로 포괄된다.

세계 자본주의인 전체의 네트워크가 만들어짐과 동시에 각국 자본주의의 부분을 담당하는 네트워크도 형성되고 둘은 하나로 연결되기에 이른다. 그로써 새로운 자본주의 질서가 구축된다. "경제의 지식-정보 기반, 지구적 파급 범위, 네트워크 기반의 조직 행태 그리고 정보 기술 혁명 사이의 역사적 연계"(Castells, 2000/2003: 117)의 산물로 신경제가 탄생한다. 정보 통신 기술을 팽창주의적인 자본주의 질서를 실현하는 네트워크 시스템으로 활용한 것이다. 그로써 마침내 초국가(적) 정보자본주의transnational informational capitalism[11]로의

---

11 강상현은 이를 초국적 정보자본주의로 번역한다. 이 용어를 제안한 크리스티안 푹스Christian Fuchs는 자본의 국적國籍을 따지는 작업을 벌이지는 않았다고

이행이 이뤄진다. 특히 인터넷은 전 세계를 단일한 정보 권역 안으로 포섭하는 핵심 수단이 됨과 동시에 초국가적 자본 축적을 매개한다. 이어 초국가적 자본주의 체제를 통제, 관리하는 장치로 기능하기에 이른다(Fuchs, 2009a).

보다 구체적으로 인터넷의 상용화는 기업의 네트워크 관리뿐 아니라 웹 환경 자체의 상업화로 이어진다. 그로써 새로운 형태의 기업 그리고 그에 기반을 둔 산업이 탄생한다. 초기 인터넷은 개별 컴퓨터 간의 개방적이고 자유로운 정보 교환이 가능한 '분산 병렬형 네트워크' 형태였다. 그러나 TCP/IP 프로토콜을 기반으로 한 월드 와이드 웹World Wide Web 시스템이 등장하면서 사정은 달라진다. 이 시스템의 등장으로 서비스 요청자인 클라이언트와 서비스 제공자인 중앙의 서버로 구성된 '클라이언트-서버 모델'이 구성된다. 이 구조는 정보를 출력할 수 있는 응용 프로그램과 정보를 집적한다. 그리고 클라이언트의 요청을 수행하는 웹 서버의 필요성으로까지 이어진다. 웹 브라우저와 웹 서버를 제공하여 이윤을 창출할 수 있는 조건이 마련된 것이다(Kleiner, 2010/2014). 웹 환경으로서의 인터넷은 구조적으로 지식과 정보를 생산, 유

우리는 본다. 국가 간 경계를 넘어 정보자본주의가 퍼져 나가고, 그 과정에서 국가를 뛰어넘는 자본 축적이 이뤄진다는 점을 강조했다고 파악하였다. 그 취지에 맞춰 초국가(적) 정보자본주의로 번역한다. 물론 강상현의 번역 '초국적'이라는 용어도 '국적'을 따지기보다는 국가의 경계를 넘는다는 의미로 '초국적超國的'을 사용했을 수도 있다.

통, 통제하는 인터넷 기업과 이를 소비하는 이용자를 구분하고 그들 간 거래가 이뤄지는 시장을 형성시켰다.

월드 와이드 웹 시스템이 화폐 교환이 이뤄지는 시장 공간이 되기 위해서는 적어도 세 개의 기본 요소를 갖추어야 했다. 먼저 정보를 관리하는 웹 서버가 필요했다. 그리고 이를 보여 줄 수 있는 응용 프로그램인 웹 브라우저를 갖추어야 했다. 아울러 이용자가 직접 정보를 찾을 수 있도록 할 응용 프로그램도 필요했다. 웹 서버 문제는 마이크로소프트Microsoft, 선마이크로시스템즈Sun Microsystems, IBM과 같은 기업이 각기 IIS, 선 자바 시스템 웹 서버Sun Java System Web Server, 아파치Apache와 같은 웹 서버를 출시함으로써 일단락된다. 웹 서버 출시와 비슷한 시기에 최초의 상업화 웹 브라우저가 등장한다. 넷스케이프가 1994년, 익스플로러가 1995년에 출시된다. 그 이후 파이어폭스, 크롬과 같은 웹 브라우저가 뒤를 이어 등장한다. 또한 비슷한 시기에 웹 서버와 웹 브라우저 문제가 해결되자 이어 검색 환경을 제공하는 인터넷 기업과 프로그램 이른바 검색 엔진이 절실해졌다. 1990년대 중반 알타비스타Altavista(1995), 라이코스Lycos(1995), 야후Yahoo(1994)가 등장해 그 역할을 떠맡는다. 이들은 인터넷상에 존재하는 정보를 색인하고 색인된 내용을 서비스 형태로 제공하였다. 그리고 수익 창출을 꾀했다. 1998년 등장한 구글 역시 자체 검색 엔진의 기술력을 광고와 같은 수익 모델에 접목해 이윤을 창출하기 시작했다(강병준·류현경, 2008).

세 개의 기본 요소가 갖추어지자 네트워크 환경을 통해 수익을 창출하려는 기업도 등장하기에 이른다. 전자 상거래 업체들이 대표적인 예다. 그들은 새로운 네트워크 환경을 기반으로 상품 판매자와 구매자를 매개하였다. 이어서 웹 환경을 판매 창구로 활용하는 새로운 방식의 사업을 추진해 나갔다. 이베이나 아마존은 웹 환경을 상업적 수단으로 활용하였고 인터넷 상거래 거대 기업으로 성장하였다. 이는 인터넷을 바탕으로 한 새로운 자본 축적의 방점을 상품 생산이 아닌 유통에 찍는 계기가 된다. 그들의 등장으로 한층 상업화된 웹 환경이 구성된다(Kleiner, 2010/2014). 인터넷 환경을 기반으로 신경제는 이렇듯 국가의 공공 기반 조성으로부터 시작한 이래 빠른 속도로 인터넷 네트워크 환경 조성에까지 이르렀고 이어 수익 창출 공간이 된다. 자본에 의해 가치 생산과 축적을 위한 새롭고 매력적인 제도로 받아들여졌으므로 상업화는 정해진 일이었다.

　　20세기 후반 정보 통신 기술을 기반으로 세계 자본주의 사회 전반이 앞의 설명처럼 재구조화되는 변화에 주목한 연구들은 많다. 그중에서 크리스티안 푹스Christian Fuchs의 입장에 주목하고자 한다.[12] 그는 특정 학파를 대표하지는 않는다.

12　이 책은 푹스의 논의를 전적으로 다 따르지는 않는다. 푹스의 인터넷 이용에 관한 논의에는 오히려 반대하는 입장에 서 있기도 하다. 정보자본주의에 대한 큰 그림을 제공하며, 그리고 국경을 넘는 초국가적 성격, 생산력과 생산 관계의 변화 등을 들어 설명하는 부분에는 대체로 동의한다.

하지만 현재까지 벌어지는 재구조화 현실을 비교적 소상히 적고 있으며 완성도 있는 이론화 작업으로까지 이어가고 있다. 이 책에서는 한국의 정보자본주의 성장을 설명하는 과정, 더 구체적으로 말하자면 네이버의 성장 과정을 설명하는 데 푹스의 연구를 활용하고자 한다. 푹스는 현대 자본주의 구조의 변화상을 설명하기 위해 초국가(적) 정보자본주의 개념을 제안하였다(Fuchs, 2009a; 2010). 사회 전반이 정보 통신 기술에 의존하게 되면서 등장한 새로운 형태의 자본 축적 사회를 설명하기 위한 개념이다. 그에 따르면, 현대 사회는 정보의 생산력 측면에서 보아 정보 사회다. 또한 생산 관계의 측면에서 보자면 자본주의적이다. 20세기 말 자본주의의 재구조화 과정에서 정보적 생산력으로서의 지식과 정보, 네트워크 기술은 자본주의의 세계화와 구조 조정, 유연 축적 체계로의 전환에 중요한 역할을 담당했다(Fuchs 2010). 그 같은 새로운 자본주의의 심화에 따라 정보 통신 기술에 기반을 둔 거대 자본의 기업이 등장한다. 이들은 과거 산업 사회와는 다른 고용 형태를 유지한다. 고용은 줄고 새로운 형태의 생산 관계가 나타나고 지속된다. 과거에 비해 부의 불평등 배분은 심화되고, 노동자가 고용 관계로부터 배제되거나 불완전한 상황에 놓이는 생산 관계를 유지하게 된다. 즉 정보 생산력의 발전과 자본주의적 생산 관계의 심화에 따라 초국가적 정보자본주의라는 새로운 자본주의 경향이 발생한 것이다.

　　푹스에 따르면 20세기 말부터 세계 자본주의 구조는 금융화financialization와 하이퍼산업화hyperindustrialization, 정보화 informatiztion의 특성을 띠게 되었다. 그 형성의 배경에는 국가의 경계를 넘어서는 전 세계적 규모의 대자본이 버티고 있었다. 지식, 서비스, 정보 기술의 발전이 대자본과 세계 내 지배 집단에 봉사하는 방식으로 진행되었다. 지식 정보를 생산하는 지식 정보 산업은 제조, 서비스 산업에 비해 수익 폭이 컸다. 수익 폭은 늘어났지만 고용에 따른 비용 부담은 과거에 비해 현저하게 줄었다. 자금 유동성이 커진 형편에서 새로운 산업 영역이며, 고용 부담이 적고 수익 폭이 늘어난 지식 정보 산업으로 돈이 몰리는 것은 당연했다. 주식 시세 증가 폭에서도 지식 정보 산업은 제조·서비스 산업을 압도해 나갔다. 자본은 수익이 있는 곳을 쫓게 마련이므로 국가 단위를 뛰어넘는 초국가적 규모의 투자가 발생했고, 이어 이익 편취가 이뤄졌다. 그로 인해 국가 간 불평등, 국가 내 계급 불평등은 심화되기에 이른다. 푹스의 논지를 다시 정리하자면, 현대 자본주의 사회에서 화폐 자본, 권력, 문화적 규정 능력의 축적은 (1) 초국가적 수준에서 이뤄지며 (2) 이 과정은 정보의 주관적 측면인 지식 생산과 객관적 측면인 정보 통신 기술의 발전에 더욱 의존하게 된다. (3) 즉 정보 통신 기술에 의해 증대된 생산력이 생산 관계에 의해 매개됨으로써 부정의하고, 불평등한 자본주의 질서는 더욱 굳어진다는 것이다(Fuchs, 2009a).

이러한 논의 끝에 푹스는 초국가(적) 네트워크를 통한 정보, 지식 상품의 생산과 유통 과정을 분석하기 위한 비판적 인터넷 이론Critical Internet Theory을 제안한다(Fuchs, 2009b). 그는 정보와 지식을 본래 개인들의 협동적 과정을 통해 만들어진 공공적 산물로 파악한다. 그러나 정보와 지식이 정보자본주의 아래에서는 사적 이익 창출과 축적을 도울 상품으로 변모했다고 주장한다. 그 현상에 주목하고 그 과정을 비판한다. 본래 선물 경제에 기반을 둔 진정한 형태의 네트워크 사회true network society가 선물 상품 인터넷 경제gift commodity Internet economy로 변질되었음을 지적한다.[13] 정보와 지식이 자본 축적을 위한 자원으로 활용됨에 따라 인터넷 공간은 점차 지식 상품의 생산과 확산 통로로 기능한다. 이로써 정보자본주의를 두고 지식, 정보를 공공재로서 파악하려는 측과 상품으로 파악하고 생산, 유통하려는 측 사이에 적대가 발생한다. 비판적 인터넷 이론은 둘 간의 간극을 다루고, 그 역사를 추적하여 공공성을 더욱 강조하는 한편, 정보자본주의 내 동학을 비판적으로 분석한다.

미디어와 정보의 상품화를 꾀한 후 수익을 창출하는 기업의 자본 축적 모델을 두고 전유 모델proprietary model이라는 이름을 붙였다. 정보와 지식을 생산, 유통하는 수단을 소유한 거대 자본은 네트워크 환경을 통해 사업을 벌인다. 먼저 이용자가 모여든 공간을 활용해 광고주에게 그 공간을 판매하여 수

---

13 선물 상품 인터넷 경제 개념은 푹스가 D. 스마이드D. Smythe(1997)의 수용자상품론으로부터 빌려 왔다.

익을 올린다. 더 나아가 이들은 이용자가 생산한 정보, 콘텐츠를 배타적으로 소유, 활용, 통제한다. 그리고 궁극적으로 가치를 창출하며 자본을 축적한다. 이용자가 정보 이용 과정에서 남긴 데이터와 창작물을 자신의 자원(자본재)으로 활용하기도 한다. 이러한 사업 방식은 상업화된 인터넷 환경에서 지배적 실재로 자리 잡은 지 오래다. 푹스는 현대의 인터넷 환경을 "지배 이익에 의한 미디어와 웹2.0의 상품화 및 식민화"(Fuchs, 2009b: 84)의 결과로 파악한다. 초국가(적) 정보자본주의라는 자본주의의 거시적 변화와 함께 온라인상에서는 "인간 창의성의 총체적 상품화"(Fuchs, 2009b: 82)가 발생했다고 주장한다. 이러한 관점에서 현대 자본주의 사회의 생산 관계는 자신이 직간접적으로 생산한 지식과 산물materials에 대한 보상을 얻지 못하는 다중multitude과 정보의 생산, 유통 구조를 소유한 거대 플랫폼 자본의 관계로 나타난다(Fuchs, 2011).

상업적 인터넷 환경에서 이용자는 세 가지 대립에 직면한다. 그 첫째는 경제적 대립이다. 이용자가 생산한 콘텐츠나 데이터를 미디어 자본이 수익 창출을 위해 활용하고 그 이익을 독점적으로 챙겨 감으로써 생기는 대립이다. 두 번째는 정치적 대립이다. 이용자의 프라이버시와 감시-산업 복합체 surveillance-industrial complex로서의 플랫폼 기업 사이에서 발생하는 대립을 말한다. 세 번째는 시민사회적 대립인데, 공론장의 형성과 기업과 국가에 의한 공론장의 식민화 사이의 대립이 그것이다(Fuchs, 2015). 이용자는 자신이 만든 데이터로부터의 소외, 감시당함으로써 발생하는 소외, 적극 소통할 수 있는 기회로부터 소외를 겪게 된다. 이러한 대립과 소외 관계는 상업적 인터넷 공간의 상품화 방식과 이데올로기화부터 비롯된다.

상업적 인터넷 환경은 이용자의 데이터부터 각종 콘텐츠 및 정보와 지식까지도 상품화함으로써 자본을 축적한다. 이와 함께 이용자 간 사회적 관계와 이들의 활동(예를 들어 SNS 이용) 역시 상품화의 대상이 된다. 푹스에 따르면, 정보자본주의하에서 인터넷 기업은 각종 서비스를 선물 형태로 무료인 것처럼 제공함으로써 이용자를 포섭한다. 그리고 이들을 광고에 노출시키거나 유료 서비스를 이용하게 하여 수익을 극대화한다. 이용자가 남긴 데이터나 콘텐츠는 그 자체로 교환 가치를 지닌 문화 상품으로 활용한다. 이용자는 자발적으로 데이터 생산과 콘텐츠 공유에 참여함으로써 상품 생산자이자 광고 판매를 위한 자원, 즉 생산 이용자 상품producer commodity이 된다. 이러한 웹 환경 전반의 상품화를 통해 자본을 축적하지만 정작 수익을 올리는 쪽에서는 상품화 과정을 참여와 공유, 자유 등의 가치로 포장한다. 이용자들이 실제 인터넷 서비스 내의 대립 관계에 직접 참여하여 영향력을 미칠 수 있는 여지는 적다. 멋진 가치로 포장된 인터넷 환경은 마치 표현과 소통 기회를 확대하는 것처럼 인식된다. 참여적, 민주적 공간이거나 유익한 정보를 무료로 제공하는 서비스인 것처럼 인터넷에 대한 환상이 발생한다. 이와 함께 이용자 편의 증진을 위한 개인화된 서비스와 상품 광고가 이용자들의 정보 상품에 대한 수요를 촉진한다. 그로써 보다 많은 이용자들이 자본주의적 개인화 이데올로기를 체험한다. 사회 내 개인은 자본주의 사회 내에서 사업을 벌이는 정보 관련 기업으로부터 큰 비용 지불 없이 여러 혜택을 받는다는 느낌을 체험케 된다. 푹스는 상품화와 개인화 이데올로기 사이의 변증법을 통해 지배적 이해관계에 맞춘 인터넷 공간의 식민화가 이뤄진다고 지적한다(Fuchs, 2009b).

　　푹스는 생산력과 생산 관계, 구조와 행위자, 기술과 사회 사이의 변증법적 상호 작용에 주목해 위에서 설명한 바와 같은 결론을 얻었다. 그의 결론은 주류 정보사회론이나 기존의 비판적 논의가 정보 사회를 잘 설명하지 못한다며 불만이던 연구자들로부터 호응을 얻어 냈다. 신자유주의 축적 체제로부터의 변화, 세계 금융 질서의 변동, 생산 기술 영역의 변화 등으로 인한 세계 자본주의 질서 변화를 포괄하면서 현 정보자본주의를 이해할 수 있는 가능성을 열어 주었다는 평가를 받았다. 부분적인 수정과 변주를 하기는 하겠지만(예를 들어 인터넷 이용자를 노동자로 파악하고 인터넷 이용 시간을 노동 시간으로 파악하는 점 등에 대한 수정), 우리는 푹스의 논의 방식을 받아들여 이론적 골격으로 활용하고자 한다. 정보 지식이라는 상품의 생산(산업 혹은 기업), 그리고 생산된 상품이 유통, 분배되는 시장의 방식, 그리고 그를 관리하는 정책(혹은 조절regulation)에 주목해 논의를 끌고 갈 것이다. 그 과정을 통해 정보자본주의

라는 보편적 세계 질서의 변화를 살펴봄과 동시에 한국적 정
보자본주의라는 특수성을 동시에 살펴본다.

네이버의 서비스 변화를 분석하기 위한 기준으로 선택한
푹스의 전유 모델은 정보와 지식의 집단적 생산과 공공적 활
용과 인터넷 상품 경제를 대비해 설명한다. 푹스의 전유 모델

표 4. 인터넷 선물 경제와 인터넷 상품 경제

구분	인터넷 선물 경제	인터넷 상품 경제
정보의 위상	공공재로서의 지식과 정보	상품으로서의 지식과 정보
정보 생산과 소유	정보의 집단적, 사회적, 협동적 생산과 상호 공유	정보의 사적 전유(배타적 소유)
정보의 소유 · 통제 주체	시민 또는 이용자 다중	기업
정보 이용과 접근	개방된 접근과 무료 이용	제한적 접근과 부분적 유료화
경제적 특징	• 비영리성, 비상업성 • 선물 경제의 상호 호혜적 협동 • 정보의 사용 가치만 존재	• 영리성, 상업성 • 상품 경제의 경쟁 및 수익지향성 • 정보의 사용 가치가 교환 가치로 전환
도덕적 가치	평등equality,상호 관계mutuality	자유liberty
정당화 수단	개방성, 공공성, 상호호혜성	지적재산권, 경쟁, 자유 시장
이용자의 지위	정보 생산자, 이용자	정보 생산 노동자, 소비자, 광고 판매를 위한 상품
주요 모델	대안적 생산 모델	전유(배타적 소유)모델
구체 사례	위키피디아, 리눅스, 인디미디어	구글, 유튜브, 페이스북
관련 사회 평가	참된 정보 사회	거짓 정보 사회

출처: 강상현, 2015; Fuchs, 2009b, 2015; Murdock, 2011 재구성.

논의를 도식화해서 공공적 활용과 비교하면 표 4를 얻을 수 있다.

전유 모델에 따르면 인터넷 상품 경제하에서 정보와 지식은 특정 인터넷 기업에 의해 전유된다. 인터넷 기업들은 생산 수단이자 유통 수단인 포털 또는 플랫폼과 기술을 소유하고, 그를 기반으로 막대한 가치를 창출한다. 인터넷 상품 경제에서는 사회적으로 생산된 재화, 즉 공공의 산물로서의 데이터, 콘텐츠를 소유하고, 이를 관리, 통제하는 수단도 소유함으로써 생산 과정상의 독점적 소유 문제가 대두된다. 산업 자본주의 과정에서 발생했던 생산력과 생산 관계 문제가 정보자본주의 하에서도 반복된다. 그럼으로써 정보자본주의는 문제의 영역으로 다가오고 분석, 비판 그리고 변혁의 대상이 된다.

오늘날 상업적 인터넷 환경의 가장 큰 문제는 (1) 사회적으로 생산된 정보와 데이터가 사적으로 전유되고, (2) 전유의 주체는 소수의 거대 기업으로 한정되어 독점으로 이어지고, (3) 이용자 및 다른 경제 행위자들의 포털 및 플랫폼 서비스 의존이 심화되면서 사적 전유와 독점 체제가 재생산된다는 점에 있다. 이용자들의 기여에 대한 보상은 오직 서비스 개선과 이용자 편의 확대라는 측면에서만 이루어진다. 또한 이용자들의 활동을 상품화하는 방식이 정교해짐에 따라 인터넷 기업 간 배타적 경쟁은 첨예해진다. 지적 재산권은 점차 정보, 데이터에 대한 사적 활용을 정당화하는 논리로 활용된다. 이용자들의 편의가 — 피상적으로 — 증진되는 이면에서 인터넷 산업 구조는 플랫폼을 중심으로 재편된다. 언론사, 콘텐츠 제작자, 창작자, 예술가 등은 단순히 정보 제공자의 역할만을 담당할 뿐이다. 포털을 통한through portal 이용자들의 커뮤니케이션과 유무형의 상품 교환이 포털을 위한for portal 활동으로 기능하는 것이다.

포털 서비스에 대한 결과론적인 비판이라는 위험을 무릅쓰고 우리는 포털 서비스를 중심으로 한 이용자 활동 및 정보의 상품화 양상과 이를 정당화하는 이데올로기 전략을 파악하고자 한다. 구체적으로, 네이버의 서비스들이 어떻게 이용자 데이터와 이용자 생산 콘텐츠를 상품화하는 데 활용하는지, 이 과정에서 이용자는 어떠한 역할을 담당했는지 분석한다. 그리고 네이버가 서비스 개선과 이용자 편익 증대라고 내세우며 가치 증식에 활용해 간 과정을 추적하기 위해, 이용 약관의 변화를 살펴본다. 이러한 분석의 목표는 기업의 영리 추구 활동을 일방적으로 비판하는 데 있지 않다. 오히려 새로운 기술을 통한 혁신, 창의적 서비스를 통한 발전과 같은 찬사에 가려져 있던 네이버의 이해관계와 이용자의 기여를 확인함으로써 포털 서비스의 작동 원리를 파악하는 데 그 목적을 둔다. 이용자의 정보 활용이라는 표피적 현상 아래에 깔려 있는 생산 과정, 그리고 그 과정에서 형성되는 인터넷 기업과 이용자 간 관계를 드러내고자 한다.

2. 정보화 정책과 네이버

한국의 정보화 정책은 수립 단계부터 국가 경쟁력 확보라는
궁극적 목표를 지녀 왔다. ICT 산업 정책의 수립, 정책 실행
으로서 집중 육성 등 대부분의 계획 수립 및 실행이 궁극적
으로 가닿는 지점은 국가 경쟁력 확보였다(한세억, 2010). 국가
경쟁력 확보의 동기 배경에는 푹스가 설명했던 전 지구적 축
적 체제의 변화가 자리 잡고 있다. 선진 자본주의 국가들의
보호무역주의, 후발 자본주의 국가의 급격한 성장, ICT 산업
의 자유화라는 흐름으로부터 한국의 정책, 실물 경제는 자유
로울 수 없었다. 1994년 세계무역기구 기본 통신 협상 이후
ICT 산업에 대한 초국적 자본의 개방 압력이 강화되었다. 개
방 압력은 정보 통신 기술을 자본 축적에 활용할 수 있다는
학습 효과로 이어지게 했고, 이어 그에 맞춘 정책을 내놓게 하
는 강제적 영향력을 미쳤다.

1994년 세계무역기구 기본 통신 협상 이후 통신 산업은
초국적 자본의 영향을 받는다. 이에 정부는 개방 압력을 넘
어 산업 구조의 변화까지 감안하는 적극적인 정보 통신 산
업 정책을 강구하기 시작한다.[14] 1994년은 체신부가 정보통신
부로 이름을 바꾼 해이기도 하다. 이름 변경의 의지대로 통신

---

14   연구자들은 이 시기의 정보 통신 정책을 두고 정책의 정착기로 파악하기도
한다(한세억, 2010).

산업의 구조 개편과 산업 육성의 필요성을 강조했다. 1993년 김영삼 정부가 들어서면서 통신 산업의 경쟁력 제고를 이유로 민간 부문의 참여를 허용한다. 이로써 통신 산업의 경쟁 체제가 구축된다(강인수 외, 2001). 이 과정에서 1994년 한국이동통신이 민영화되어 SK그룹에 흡수된다. 이어 신세기통신을 제2이동전화사업자로 선정한다. 1996년 6월 PCS(Personal Communications Service 개인 휴대 통신), 무선 데이터 사업 등에 걸쳐 27개 사업자 선정이 이뤄지면서 국내 통신 산업의 외형이 점차 갖춰졌다. 김영삼 정부는 '세계화'라는 기치 아래 정보 통신 산업의 육성과 산업 사회 전반의 생산력 제고를 목표로 한 정책을 내놓는다. 정보 통신 기반 구축 사업을 국가 전략 사업으로 선정한다. 예산 45조 원을 들여 초고속 정보 통신망 구축 사업을 1994년부터 실시하기에 이른다(안정배, 2014; 한국전산원, 2005). "산업화는 늦었지만 정보화는 앞서가자"는 슬로건을 내걸고 산업 육성에 박차를 가했다.[15] ICT 기술의 도입과 발전을 국가 산업 경쟁력과 동일시하며 정책을 수립 실행해 나갔다.

구체적으로 인터넷 산업의 본격적인 착수와 경쟁은 한국통신의 민영화와 궤를 같이한다. 정보화 산업과 정보화 정책은 대체로 인터넷 인프라에 대한 관심으로 수렴되면서 한

---

15   이 슬로건이 만들어져 대중화되기까지의 과정에 대해서는 〈조선비즈〉(2014, 6. 16)의 기록과, 한국IT기자협클럽(2016)을 참조하라.

국은 이 분야에서 선진국으로 분류되기에 이른다. 사실 인터넷 환경의 도입이 정부와 자본에 의해서만 이뤄진 것은 아니다. 국내 인터넷 통신의 효시는 1982년 5월 서울대학교 컴퓨터공학과와 구미의 전자기술연구소 사이의 SDN(System Development Network) 개통이었다(전길남, 2011). SDN으로 연결된 컴퓨터 간의 통신이 오늘날 웹 환경의 기반인 TCP/IP 프로토콜을 바탕으로 재구성되었는데 이를 한국 인터넷의 원형이라고 할 수 있다. 물론 그 목적이 학술 연구에 있었고, 이용은 대학과 연구소로 한정되었다. 현대적 의미의 인터넷 환경이라기보다는 폐쇄적인 망 형태의 기술이긴 했다. 하지만 그 같은 사전 실험은 이후 짧은 기간 내에 초고속 통신망을 구축하는 일에 관심을 갖게 하는 등의 긍정적인 역할을 한다. 물론 상용화까지는 아직 더 시간이 필요했다.

1990년대 초반 미국은 인터넷 환경을 상용 인터넷 체제로 전환한다. 한국도 그에 영향을 받아 한정적이었지만 인터넷 상용화의 움직임이 뒤따랐다. 1993년 3월 한국통신은 일반인을 대상으로 한 상업적 상용 인터넷 접속 사업 계획을 발표한다. 1994년 코넷KORNET이라는 최초의 ISP(Internet Service Provider) 사업을 실시한다(〈매일경제〉, 1994. 6. 18). 개인 가입자들은 컴퓨터에 모뎀을 부착해 일반 전화망을 통해 KORNET을 이용할 수 있었다. 이를 통해 이메일 교환, 파일 전송, 웹 검색 등이 가능해졌다. 그러나 명령어를 통해 응용 프로그램을 수행하는 방식이었기 때문에 진입 장벽이 높았다. PC 통신에 익숙한 소수의 이용자에게만 적합한 제한된 환경 구축이었다(안정배, 2014).

이후 1994년 데이콤의 보라넷BORANET, 아이네트의 누리넷NURINET,[16] 하이텔의 콜넷KOLNET 등 민간 상용 인터넷 서비스들이 등장한다. 또한 1990년대 말 초고속 인터넷 서비스가 등장하면서 인터넷은 점차 보편적 정보 통신 미디어로 자리 잡는다. 1990년대 중반 기간 통신 사업자에 대한 제한이 일부 풀리면서 두루넷이 1998년 7월 초고속 통신망 서비스를 출시한다. 그럼으로써 인터넷 접속 환경이 비약적으로 개선된다. 모뎀을 이용한 56kbps 속도의 통신 환경은 10Mbps 속도의 초고속 인터넷 환경으로 변화한다. 빠른 속도의 데이터 전송 환경은 이용자 유치 경쟁으로 이어진다. 한국통신이 1999년 ADSL 서비스[17]를 시작하면서 초고속 인터넷 서비스 사업의 경쟁이 본격화되었다(《문화일보》, 1999. 6. 15).

IMF 통치 경제의 극복 과정에서 정부의 역할이 커지면서 정보 통신 인프라 구축 및 수요와 공급 양 측면의 산업 활

16   아이네트의 누리넷은 국내 최초로 웹 브라우저를 사용해 미디어 콘텐츠를 접속하게 해 주었다. 이에 따라 이메일이나 파일 교환과 같은 텍스트 기반 응용 프로그램 활용을 넘어 멀티미디어 콘텐츠 소비가 가능해졌다(안정배, 2014).

17   ADSL(Asymmetric Digital Subscriber Line 비대칭 디지털 가입자 회선)은 전화선을 이용하여 일반 전화와 데이터 통신을 동시에 행할 수 있는 장치다. 한 개의 전화선에서 전화는 낮은 주파수를, 데이터 통신은 높은 주파수를 사용하는 원리를 이용하여 혼선을 막는 동시에 통신 속도도 떨어지지 않게 한 장치다.

성화에 정부가 적극 참여하게 된다.[18] 그로써 ICT 산업은 적극적인 육성 대상이 되었다(한국전산원, 2005). 김대중 대통령은 2000년 신년사에서 "지식과 정보에 의한 경쟁력이 중요한 시대"(대통령비서실, 2000)임을 역설했다. ICT 산업 육성을 위한 정부의 대대적 정책적 지원을 강조했다. 경제 위기로 인한 사회의 질서 혼란을 재정비하고 새로운 부의 축적 영역 확보를 위한 경로로 ICT 산업을 택한 것이다.

　김대중 정부가 1999년 3월에 발표한 'Cyber Korea 21' 계획으로 ICT 지원, 육성 정책은 정점에 달한다. 지식 기반 산업의 저변 확보와 초고속 국가 기간망 구축 등 광대역 통신 시대에 대응한다며 세운 정책이었다(강인수 외, 2001). 구체적으로는 정보 통신 기기 수요 창출을 위한 정보화 교육 정책을 시행하였다. 또한 컴퓨터 보급을 위한 정책도 적극적으로 폈다(강상현, 1996). 그 결과 1997년 29%에 불과하던 가구당 컴퓨터 보유율은 2000년 42.9%까지 증가한다(통계청, 2001). 1994년 전체 인구의 0.3%였던 인터넷 이용자 규모는 1999년 23.6%까지 증가했다(강상현, 2015). 정보 생산력의 증대를 위한 국가 주도의 정보화 정책은 구체적인 경제적 성과로 이어졌다. 1997년 ICT 산업의 부가 가치액이 경상 GDP에서 차지하는 비중은 8.6%에 지나지 않았다. 하지만 2000년에 이르러

18　연구자들은 이 시기의 정보화 정책을 정책 확장기로 파악한다(한세억, 2010).

13% 수준으로 급격하게 성장하게 된다. ICT 분야의 수출 규모는 2000년 전체 산업 수출 규모의 29.7%, 약 512억 달러를 기록했다(정보통신부, 2001). 정보 통신 기기 소비자 증가, ICT 산업의 비중 확대, 네트워크 환경의 구축이 이뤄지면서 한국에서도 정보자본주의로의 이행이 본격화되었다. 이러한 상황은 이후 인터넷 기업의 등장을 위한 주요 물질적인 조건이 되었다.

정보 지식 산업의 인프라 구축과 함께 정보 지식 생산 기업의 육성도 이뤄졌다. 이른바 인터넷 기업이 새로운 산업의 선두 주자로 나가는 계기가 되었다. 인터넷 기업의 등장을 촉발한 가장 주요한 요인은 국가의 벤처 기업 지원 정책과 그결과 발생한 IT 버블이었다. 1999년 인터넷 가입자가 1,000만명에 이르는 등 인터넷 이용의 저변이 확대되자 정부는 공공벤처 캐피털을 조성한다. 아울러 주식 시장의 규제 완화를 단행하여 주식 시장 상장을 쉽게 하였고, 기관과 개인 투자를 유도하여 주가를 끌어올렸다(《매일경제》, 1998. 2. 24). 1999년 김대중 대통령은 신년사에서 "벤처 기업은 새로운 세기의 꽃"(대통령비서실, 1999)이라고 치켜세운다. 김대중 정부는 IT 벤처 기업이 침체한 대규모 제조업을 대신해 대체 산업을 이끄는 역할을 할 것으로 기대했다. IT 벤처 기업이 저자본, 소인력으로 고부가 가치를 창출할 수 있다는 낙관적 전망에 기대어 육성책을 세웠다. 그를 통해 인터넷 벤처 붐이 조성되었고 IT 버블로 이어졌다(박태훈, 2000).

IMF 이후 주식 시장의 반등과 정부의 벤처 지원 정책은 국내 인터넷 산업의 형성으로 이어졌다. 1998년 5월부터 1999년 10월까지 월평균 289개의 벤처 회사가 생겨났다(김정호·김완표, 1999). 국내 대기업들은 사내 벤처팀을 운영해 새로운 수익 창구를 모색했다. 네이버, 인터파크, G마켓은 모두 1990년대 후반 대기업 사내 벤처로 시작해 설립된 기업들이다. 골드만삭스와 같은 해외 투자 기관이 한국 인터넷 산업의 급성장을 예측함에 따라 투자처를 찾던 주식 시장 내 유동 자금과 외국계 자본이 벤처 기업으로 유입되었다. 벤처 기업을 둘러싸고 국가와 금융 자본 사이의 공조 관계가 형성된 것이다.

　　정부의 주식 시장 활성화 방안과 함께 1998년에는 7조 9,000억 원에 불과했던 코스닥 시장의 시가 총액은 1999년 106조 원으로 급증했다. 코스닥 시장의 신규 등록 기업 수도 1998년 8개에서 1999년 161개로 증가했다. 또한 벤처 캐피털 규모가 급격히 커지면서 1998년부터 2000년 상반기까지 창업 투자 회사에 대한 신규 투자액은 7배가량 상승하였다. 그중 인터넷 벤처가 차지하는 비중은 1998년 31%, 2000년 63%에 달했다. 2000년 기준 인터넷 벤처에 대한 벤처 캐피털의 누적 투자액은 약 1조 8,000억 원으로 여타 분야의 벤처 투자 규모를 웃돌았다(박진우·김민혁·김주환, 2008). 이에 따라 '테크,' '미디어,' '털레콤' 등 IT 테마주에 시중 자금이 몰려들어 이들 기업의 주가가 치솟았다. IT 벤처 기업은 초기 자본금 없이 투자금만으로 사업을 유지할 수 있었다.[19] 이처럼 국가 주도의 정보화 정책과 산업 육성 정책이 인터넷 경제 형성의 주요 기반으로 작용했다. 즉 한국의 인터넷 서비스 환경은 그 형성 단계부터 자본 축적을 위한 상업화의 논리에 충실했으되, 그 중심에는 정부가 있었다.

3. 포털 기업의 인터넷 공간 선점

정보 통신망이 구축되기 시작한 1990년대 중반 이후 국내에도 인터넷을 기반으로 수익을 창출하는 기업이 등장한다. 최초의 한글 검색 엔진 코시크(kor-seek.com)가 1995년에 사업을 시작한다. 코시크는 1998년까지 약 3년간 한국 인터넷 검색 서비스 분야에서 선두 자리를 유지한다. 이후 까치네, 와카노, 미스다찾니와 같은 한글 검색 엔진이 등장한다(《매일경제》,

---

19   1990년대 후반 인터넷 환경을 기반으로 사업 모델을 내놓은 새롬기술, 골드뱅크, 한글과컴퓨터, 다음 등의 주식이 1998년 말부터 단기간에 급증하면서 IT 벤처에 대한 비정상적 투자가 지속되었다. 1999년 한글과컴퓨터의 시가 총액은 전년보다 193배가량, 메디다스의 경우는 무려 7,636배까지 폭등했다(박진우·김민혁·김주환, 2008). 1999년 말 이 기업들의 시가 총액은 3,000억 원에서 2조 원을 상회했다. 특히 새롬기술의 시가 총액은 4조 원을 넘어 중견 기업의 시가 총액에 육박하기도 했다(장진모, 2004). 이후 코스닥 시장의 시가 총액 상위 20위 종목 중 절반이 넘는 기업이 인터넷 산업 관련 벤처주일 정도로 주식 시장에서의 IT 버블은 확대되었다. 이러한 현상은 국내 인터넷 기업의 등장과 코스닥 등록 움직임으로 이어졌다.

1996. 10. 28). 1996년 한글과컴퓨터는 최초의 상업화된 검색 사이트 심마니를 출시했다. 초기 검색 엔진은 인터넷상에 정보를 직접 제공하기보다는 정보를 제공하는 곳으로 안내하는 안내자 역할을 담당했다. 주요 기능은 웹 사이트에 대한 분야별 분류(디렉터리) 서비스나 홈페이지를 검색하는 것이었다. 검색 엔진 편집자가 수작업으로 웹 페이지 정보를 사이트에 등록하면 이용자를 링크를 통해 해당 웹 사이트로 이동시켜 주는 방식이었다. 인터넷 관문으로서의 포털의 의미는 이러한 초기 검색 엔진에 적합한 것이었다. 웹상의 자료가 부족하고 검색 엔진 능력이 떨어지던 당시 국내 인터넷 환경에서 디렉터리 방식이 효율적이긴 했다. 하지만 점차 증가하는 개별 이용자의 검색 의도에 신속히 대응할 수 없다는 한계를 금방 드러내고 만다.

초기에 검색 엔진 역할을 국내 기업이 어렵사리 해내던 1997년경부터 글로벌 인터넷 기업 야후와 알타비스타(1998년 한국 진입), 라이코스(1999년 한국 진입)가 국내에 진입한다. 비슷한 시기에 다음과 네이버 같은 인터넷 기업들도 등장하면서 국내 인터넷 서비스 환경은 국내외 기업 간 경쟁 공간이 된다 (《동아일보》, 1998. 11. 2). 이 같은 시장 경쟁은 인터넷의 실제 수요보다 앞서 이뤄진 것이긴 했다. 정부와 자본 주도의 급격한 네트워크 환경 형성이 그런 경쟁 분위기를 조성했다. 포털 서비스가 제도화된 이면에는 이처럼 실제 수요보다 먼저 이뤄진 지원책, 인터넷 기업 간 경쟁이라는 사건이 배경으로 자리 잡고 있었다.

　1990년대 후반 포털 시장 내 경쟁에 참여한 인터넷 기업은 다음의 세 부류 중 하나에 포함된다. 첫 번째로 1990년대 중반 등장한 검색 엔진 및 1999년 이후 등장한 국내 포털 기업이다. 심마니, 네띠앙, 네이버, 엠파스 등이 여기에 포함된다. 이들 초기 국내 인터넷 기업은 디렉터리 방식으로 정보를 제공하였다. 마땅한 수익 구조를 가지지 못한 이들은 공통적으로 이윤 창출에 애를 먹었다. 이용자들이 사이트에 머무는 시간이 짧았을 뿐 아니라, 광고 노출 역시 원활히 이루어지지 않았기 때문이다. 심마니와 같은 초기 검색 엔진이 인터넷 산업에 진출한 대자본(LG 인터넷)에 의해 인수되는 것은 뻔한 수순이었다(《한국경제》, 1997. 12. 20). 네띠앙, 네이버, 엠파스 등은 검색 기능에 더해 각종 정보 서비스를 제공하기 시작하는 등 생존 방식을 모색한다. 그러나 이미 외국 포털 기업이 시장을 선점한 상태여서 후발 기업들의 영향력은 미미할 수밖에 없었다. 2000년대 초까지 이들은 군소 포털로 머물렀다.

　두 번째로는 다음, 프리챌, 싸이월드와 같이 이용자들 간 커뮤니케이션을 매개하는 인터넷 기업 유형이다. 1995년 다음을 시작으로 등장한 국내 인터넷 커뮤니티 사이트들(싸이월드 1999년, 프리챌 2000년)은 이용자들이 벌이는 커뮤니케이션을 이윤 창출에 활용한 최초의 국내 인터넷 기업들이었다. 1995년 다음은 1만 원 안팎의 사용료를 내야 했던 PC 통신의 이메일 서비스(김태규 · 손재권, 2007)를 웹 환경으로 옮겨와 무료 이메일 서비스인 한메일(hanmail.net) 사업을 시작했다. 이메일을 통한 커뮤니케이션이 PC 통신 이용자들에게 이미 보편적이었기 때문에 이용자들은 인터넷으로 유입되는 과정에서 자연히 다음으로 몰리게 된다. 편의성과 무료를 내세운 다음의 이메일 서비스는 출시 1년이 지나 가입자 100만 명을 넘어섰다. 하루 평균 30만 건 이상의 접속을 기록하는 등 이 서비스는 급속도로 성장했다(《연합뉴스》, 1998. 12. 10). 커뮤니티 서비스를 내세워 인터넷 기업의 가치 증식에 가장 주요한 물적 기반인 가입자를 확보하는 기업도 등장했다. 1999년 도입된 다음의 온라인 카페나 프리첼의 커뮤니티 서비스는 인터넷 이용 행위를 상업적으로 포섭하는 주요한 도구가 되었다. 이들은 온라인 커뮤니티 개설 요건을 간소화하고, 무료로 서비스를 제공하면서 PC 통신의 동호회 문화에 익숙한 이용자들을 자신들의 서비스 가입자로 확보해 나갔다.

세 번째는 야후, 라이코스와 같은 외국 포털 사이트 유형이다. 이들은 자국에서 이미 확인된 검색 엔진 성능을 바탕으로 빠르게 한국 내 영향력을 확대했다. 야후는 웹 사이트에 대한 디렉터리 방식의 분류를 통해 검색 환경을 구성하였다. 야후는 서비스를 개시한 지 채 2년이 되지 않아 하루 1,200만 페이지 뷰, 450만 건의 검색 건수를 기록했다(《매일경제》, 1999. 5. 26; 〈경향신문〉, 1999. 2. 8). 1999년 말 국내 인터넷 이용자 수(약 1,000만 명)를 고려하면 사실상 인터넷 이용자 대부분이 야후의 서비스 환경 안으로 포섭되었다 해도 과언이 아니다(장정훈, 2007). 야후와 함께 점유율 1, 2위를 다투던 라이코스는 자체 검색 엔진에 더해 증권, 환율, 지도, 부동산 정보 등 다양한 서비스를 도입해 이용자를 확보했다. 이들이 포털 시장 내 경쟁을 선도함에 따라 다른 인터넷 기업 역시 유사한 형태의 서비스 환경을 구성하게 된다. 이에 따라 독자적인 서비스를 내세우며 등장한 인터넷 기업들은 포털 사이트 형태로 수렴되기 시작한다. 정보 검색, 커뮤니케이션 등 이용자들의 인터넷 이용 행위는 점차 포털 서비스 안에서 이뤄지게 된다.

서로 다른 기능과 수익 창출 방식을 갖고 있지만 유형을 막론하고 1990년대 말 우후죽순처럼 생겨난 인터넷 기업들은 공통으로 몇 가지 어려움을 겪었다. 한글 데이터 부족, 낮은 수준의 검색 환경, 자본력과 이윤 창출 모델의 부재라는 세 가지 문제점을 안고 있었다. 정부 주도하에 급속도로 인터넷망이 형성되었고, 인터넷 산업의 외형도 갖춰졌지만, 웹 사이트나 웹 문서 등 인터넷 공간을 채울 자료는 턱없이 부족했다. 인터넷 이용자가 1,000만 명을 넘어선 1999년 중반까지도 한글 도메인 수는 5만여 개에 불과했다(한국전산원, 2000). 양질의 정보를 제공하는 웹 사이트와 한글 웹 문서 수는 그에 훨씬 미치지 못했다(김지연, 2013; 김태규·손재권, 2007). 정보 부족에 대한 포털 사이트 이용자들의 불만이 터져 나온 것은 당연한 수순이었다(오삼균·박희진, 2000). 그에 대한 대응책으로 인터넷 기업들은 직접 데이터베이스 확보에 나선다.

이용자가 검색 기능을 통해 정보를 찾는다고 하더라도 많은 경우 의도나 목적에 부합하는 만족할 만한 검색 결과를 얻지는 못하는 불편함도 있었다. 정확한 정보를 제공받기 위해서는 고성능의 검색 엔진이 필요했지만, 현실적으로 당시 국산 검색 엔진의 수준은 높은 기대에 미치지 못했다(김지연, 2013; 한국전산원, 2000). 웹 문서나 웹 사이트를 찾는 검색 로봇의 정밀함도 문제였다. 검색 결과를 제공할 때 어느 정보를 우선으로 할지를 결정하는 순위 결정 기술이나 알고리즘 역시 지체된 상태였다(김태규·손재권, 2007). 이를 해결하고자 일부 국내 포털 기업이 외국계 검색 엔진을 사용하기도 했다. 그러나 영어를 바탕으로 개발된 검색 엔진이었던 탓에 한국어 자료를 색인하고 결과를 도출하는 데는 어려움이 뒤따랐다(강병준·류현경, 2008, 한국전산원, 2000).

야후나 라이코스 같은 글로벌 포털 기업은 검색 기능을 중심으로 서비스 환경을 구성했다. 그러나 국내 기업의 사정은 달랐다. 네이버나 엠파스 등 일부 기업만이 독자적인 검색 환경 구성에 나섰을 뿐이다. 인터넷 이용의 주된 목적이 자료 검색이었던 만큼(한국전산원, 2000), 검색 서비스는 장기적으로 가입자를 확보할 수 있는 가장 중요한 수단이었지만 국내 인터넷 기업들은 디렉터리 방식을 유지하는 것에 머물고 있었다. 뿐만 아니라 직접 편집하고 구성한 정보를 일방적으로 제공하는 방식을 취했다. 검색 서비스 도입에 특정한 물적 조건이 필요했지만 아직 그를 충족시키기엔 한계가 있었기 때문이다. 포털이 좋은 검색 서비스를 제공하기 위해서는 우선 검색의 대상이 될 양질의 웹 사이트나 웹 문서가 필요하다. 검색에 부응하는 데이터베이스야말로 검색 결과의 정확도와 신뢰도를 높일 수 있는 가장 기본적인 조건이기 때문이다. 또한 데이터베이스에서 찾은 자료를 포털 내에 색인하거나 결과로 도출할 수 있는 기술, 웹 문서를 크롤링crawling하는 검색 로봇 기술도 절실했다. 하지만 당시 한국어 형태소 분석의 어려움 탓에 국내 검색 엔진 개발은 더딘 행보를 보였다. 소규모 벤처 기업 수준에 머물러 있던 국내 인터넷 기업들로서는 막대한 자금이 드는 검색 엔진 개발에 투자하는 것이 현실적으로 어려운 형편이었다. 초기 국내 포털 기업은 — 정부의 지원 등 공적 투여에도 불구하고 — 자신의 사업에 충실할 수 있는 물적 기반을 충분히 가지지 못하였다.

초기 포털 기업 대부분이 소자본의 벤처 기업이었다. 당연히 검색 기술 향상에 큰 투자를 하기가 여의치 않았다. 검색이나 커뮤니티 서비스 등 자사의 주요 서비스에 의존해 광고 수익을 올려 사업을 영위하는 형편이었다. 급속도로 증가하는 인터넷 이용자를 감당할 기술을 개발할 엄두를 내진 못했다. 트래픽 증가와 함께하는 서버 이용료 증가를 감당할 비용을 대는 일조차도 버거웠다. 애초 무료 서비스를 통해 이용자를 확보한 탓에 급격히 유료화로 전환하는 일도 역시 쉽지 않았다. 인터넷 광고 시장도 아직 활성화되기 전이었다. 그마저도 광고가 소수 사이트에 집중되어 있어 모두가 혜택을 누릴 수도 없었다. 1990년대 중반부터 2000년대 초반까지 매해 인터넷 광고 시장의 규모가 조금씩 늘긴 했다. 하지만 전체 국내 광고 시장에서 인터넷 광고가 차지하는 비중 자체는 미미한 수준이었다. 인터넷이 보편화하기 시작한 1999년에도 인터넷 광고 시장 규모는 812억 원 수준으로 전체 광고 시장의 1.1%에 불과했다(한국인터넷진흥원, 2008).

　전통적으로 인터넷 기업의 자본 증식은 두 가지 방식으로 이뤄진다. 주식 시장에서 높은 평가를 받아 벤처 자금 투자를 유치하는 간접적 증식이 그 첫째 방식이다. 둘째 방식은 안정적인 광고 수익을 올리는 직접적인 증식이다. 두 방식 모두 인터넷 이용자를 서비스 가입자로 전환해야 증식이 가능해진다. 인터넷 이용자를 인터넷 공간 안으로 초청해 그 안에서 적극적으로 서비스를 이용하는 충성스러운 이용자로 만들어야 한다. 주식 시장에서 인터넷 기업의 발전 가능성이나 건전성을 평가받기 위해서는 많은 수의 가입자가 있음을 밝혀 안정적인 수익 모델을 지니고 있음을 증명해야 했다. 그러니 인터넷상에 더 많은 트래픽이 발생하도록 하는 일은 무엇보다 중요했다. 당장 기술에 엄청난 예산을 퍼부을 수도 없고, 더 많은 광고를 확보할 여건도 되지 않은 형편이다 보니 우선은 가입자를 늘리는 일이라도 도모해야 했다. 그리고 그에 보태어 더 많은 영리한 움직임을 꾀했다. 자신들이 가진 기술적 자본, 지적 자본, 그리고 사회적 자본을 총동원해 제한된 조건 내에서 도약을 꾀해야 했다.

　국내 인터넷 기업들은 다양한 형태로 당장에 처한 어려움을 돌파하기 위해 목숨을 건 도약을 꾀하였다. 먼저 포털 기업들은 직접 데이터베이스를 추가해 인터넷상에 유통할 한글 자료를 늘렸다. PC 통신 사업자들이 금융, 주식 정보, 운세 및 각종 상품 정보를 제공했던 선례를 따랐다. 증권, 환율, 취업 정보, 날씨, 지도, 사전 정보로 제공한 서비스를 심사했다. 직접 정보를 편집하고 가공하여 양질의 정보를 기대하던 이용자의 수요에 맞추려 하였다. 이러한 정보 제공 서비스를 위해 외부 사이트들과 제휴 계약을 맺거나 직접 아날로그 자료를 디지털화하는 방식을 택했다. 네이버나 야후, 다음은 동부화재, 벼룩시장, 외환은행 등의 기업과 제휴를 맺어 외부 기업이 수시로 업데이트하는 정보를 이용자들에게 제공했다. 외부 웹 사이트들과 인터넷 기업의 데이터베이스 간 제휴는 양자 모두에 이익이 되었다. 외부 웹 사이트들은 자사가 보유한 데이터베이스를 제공하여 자세한 정보나 서비스를 원하는 이용자들의 유입을 늘릴 수 있었다. 인터넷 기업은 확보한 정보를 가공하기만 하면 됐기 때문에 데이터베이스 확대와 서비스 제공에 드는 품을 덜 수 있었다. 또한 인터넷 기업은 영어 사전이나 백과사전 자료를 온라인 자료 형태로 전환하여 독자적으로 데이터베이스를 축적하기도 했다. 아날로그 형태의 지식을 디지털화하여 해당 자료의 소유권을 확보하기 시작하였다. 그 결과 특정 키워드로 정보를 검색했을 때 관련 자료를 찾을 수 없던 문제를 어느 정도 해소하였다(김지연, 2013).

또한 인터넷 기업은 검색 엔진 강화, 새로운 검색 방식을 도입을 통해 이용자들의 검색 만족도를 높여 나갔다. 애초 포털 사이트는 이메일이나 커뮤니티 서비스를 제공하는 주체로만 인식되고 있었다. 그러다 데이터베이스 확보와 검색 환경 개선 노력으로 인식 변화가 생기기 시작한다. 여러 형태의 정보와 서비스를 한자리에서 제공하는 사업자로 이해하는 움직임이 생겼다. 인터넷 이용의 주된 목적인 검색 기능을 국내 포털 사이트들이 개선해 가자 이용자들은 검색 서비스만을 전문으로 하는 고기능 포털을 찾아 나서던 일을 멈추게 된다. 구체적으로 말하면 네이버나 다음을 이용할 경우 검색을 포함한 여러 서비스가 한번에 해결되는 탓에, 라이코스를 이용할 필요성은 줄게 된다. 이용자 자신이 즐겨 찾는 특정 포털에 주로 머물며, 그 안에서 여러 서비스를 받는 이용 방식을 택하였다.

이러한 이용 행태의 변화는 네트워크 효과로 이어진다. 네트워크 효과란 특정 상품이나 서비스에 대한 수요가 체계적으로 형성되어 다른 사람의 상품 선택에 영향을 미치는 현상을 말한다. 특정 포털을 이용하는 사람들의 숫자가 늘면 그 포털에는 더 많은 데이터가 축적된다. 더 많은 데이터가 축적되면 당연히 더 많은 이용자가 거기로 몰려들게 된다. 이용자가 많이 모여 더 큰 네트워크가 되면 더 데이터가 늘고, 또 신규 이용자도 그 네트워크를 이용하게 되는 현상이 발생한다. 그러면 당연히 그 포털의 가치는 높아지고 점차 시장을 주도하게 된다. 바로 그러한 결과가 네트워크 효과다. 충성도 높은 이용자가 특정 포털에 머물게 되고, 그에 편승하여 타 이용자도 그 포털에 몰려들게 됨으로써 2000년대 초반 소수 포털 기업은 급격한 성장세를 누리게 된다. 2000년 네티즌과 전문가를 대상으로 한 분야별 인터넷 사이트 만족도 조사가 있었다. 조사 결과 포털, 검색 엔진, 커뮤니티 부문에서 순위권을 기록한 포털 사이트는 야후, 다음, 네이버, 엠파스뿐이었다 〈매일경제〉, 2000. 5. 5). 네트워크 효과가 어김없이 독과점 효과로까지 이어진 것이다.

당시 검색 환경 개선에 가장 적극적인 기업은 엠파스와 네이버였다. 1999년 엠파스는 자연어 검색이라는 새로운 문장 검색 방식을 도입했다. 기존의 키워드 단위 검색은 검색 내용에 포함된 모든 단어와 관련된 페이지를 무작위로 제시하였다. 그와는 달리, 자연어 검색은 질문자의 의도를 반영한 결과만을 제공하여 검색 정확도를 높여 주었다. 네이버는 2000년 7월 검색 엔진 개발 업체 서치솔루션과 합병한다. 합병 후 검색 엔진 '넥서치'를 개발하였다. 기존의 웹 문서 단위 검색을 뛰어넘는 기술이었다. 웹 문서, 웹 사이트, 사전, 뉴스 등 정보의 출처와 성격에 따라 분야를 나눠 중요한 정보로 예상되는 결과를 도출하는 서비스였다. 이른바 통합 검색 기술이었다.[20] 이 새로운 검색 방식은 포털의 데이터베이스를 통해 한글 자료의 부족을 해소하려는 목적에서 시작되었다.

---

20 네이버 고객센터에서 소개하는 통합 검색은 다음을 참조하라. https://help.naver.com/support/contents/contents.help?serviceNo=606&categoryNo=1903

포털이 확보한 데이터베이스와 고성능 검색 엔진 덕에 이용자는 전에 없는 편리함을 맛보게 된다. 관련 정보의 부재나, 의도와 무관한 결과를 직접 걸러 내야 하는 노고를 피할 수 있었다. 이처럼 통합 검색은 당시 인터넷 환경의 한계를 극복할 수 있는 가장 효율적인 방식이었다. 이 때문에 점차 국내 포털의 통합 검색은 검색 환경의 표준으로 자리 잡기 시작했다. 아울러 포털 사업자가 인터넷 사업의 대표처럼 자리를 차지하는 인식의 지도가 형성된다.

어려움을 겪던 인터넷 기업들은 1990년대 말 새로운 검색 방식의 도입, 새로운 서비스의 제공 등을 통해 사정을 호전시켜 나갔다. 새로운 방식과 서비스 제공으로 광고와 유료 콘텐츠 판매를 늘릴 수 있었다. 광고와 콘텐츠 판매 증대는 이윤 창출에 큰 몫을 해 주었다. 초기 인터넷 기업은 주로 CPM(Cost-Per-Mille) 방식의 디스플레이 광고를 시행했다. 1000회 노출을 기준으로 광고비를 책정하는 방식이었다. 광고 수익의 극대화를 위해서는 더 많은 가입자를 확보해야 했을 뿐 아니라 다양한 광고를 여러 콘텐츠에 노출시킬 필요가 있었다. 이에 따라 커뮤니티 서비스나 메일, 검색에 한정되었던 서비스를 넘어 인터넷 공간 구석구석에 광고를 배치할 수 있는 새로운 서비스를 고안한다. 광고 공간의 확대를 위한 서비스의 선회를 꾀한 셈이다.

각종 엔터테인먼트 서비스나 뉴스, 미디어 콘텐츠와 같은 부차적인 서비스를 제공하기에 이른다. 먼저 방문자 확대를 위해 뉴스 서비스를 도입하였다.[21] 초기의 뉴스 서비스는 기사 제목만을 단 후, 하이퍼링크를 통해 이용자를 언론사 홈페이지로 이동시키거나(아웃링크out-link) 아예 뉴스 관련 사이트 정보만을 제공하는 형태였다. 그러나 이러한 방식은 이용자를 지속적으로 광고에 노출시키는 데 한계를 보였다. 이 문제를 해결하기 위해 포털 기업들은 독자적인 뉴스 섹션을 마련하고 언론사의 기사를 직접 포털 사이트에서 제공하는 인링크in-link 방식을 도입했다.[22] 포털 내에서 뉴스 소비를 하도록 유도해 광고 노출을 늘리려 했다. 언론사 홈페이지 방문을 통해 뉴스를 구독하던 이용자까지 포섭하려는 시도였다. 또한 뉴스 콘텐츠를 포털 사이트가 편집, 재가공하여 검색 결과에 활용하였다. 언론사가 생산한 뉴스 콘텐츠를 포털 사업자가 독자적인 데이터베이스 형태로 전유하기 시작한 것이다(원용진, 2005. 2. 1). 오늘날 뉴스 이용자들이 영향력 있는 언론 미디어나 가장 열독하는 언론 미디어로 포털 기업을 꼽는 것(《시사저널》, 2019. 8. 13)은 이러한 초기 뉴스 서비스 방식의 영

---

21   1998년 야후코리아가 국내에서 최초로 언론사 뉴스를 공급받아 뉴스를 제공하기 시작했다. 다음은 1999년부터 뉴스 서비스를 제공했고, 2003년부터 미디어 다음을 출범시켜 서비스를 확대한다. 네이버는 2000년 5월 뉴스 서비스를 시작한다.
22   네이버는 뉴스 박스와 뉴스 섹션에서의 선택에 따라 인링크와 아웃링크가 이뤄지도록 차별화하였다. 첫 화면에 등장하는 뉴스 박스에서 선택된 뉴스는 인링크되어 이용된다. 그러나 뉴스 섹션을 선택한 후에 클릭된 뉴스의 경우 아웃링크되어 언론사 사이트로 넘어간다.

향 탓이다.[23] 포털의 뉴스 서비스 도입은 데이터베이스 축적을 통한 검색 환경의 개선과 방문자 확대에 큰 보탬이 되었다. 그 결과 광고 수익에 기반을 둔 안정적인 이윤 창출이 가능해졌다. 국내에서는 신문과 방송이 인터넷 기업 특히 포털 기업의 성장에 불쏘시개가 된 사실은 부인하기 어렵다.

또 다른 한편으로, 인터넷 사업자 특히 포털 기업들은 유료 콘텐츠 제공이라는 서비스 확장을 통해 수익 창출을 꾀하였다. 만화, VOD, 영화, 음악 등 유료 콘텐츠를 제공하고 이윤을 챙기고자 했다. 포털이 콘텐츠 관련 정보나 관련 홈페이지 정보만을 제공하던 데서 벗어나 포털 내에서 이용자들이 직접 콘텐츠를 소비하도록 하였다. 포털 기업들은 콘텐츠 제공자와의 제휴를 통해 유료 콘텐츠 서비스를 구성하고, 정액 요금이나 개별 콘텐츠당 이용료를 부과하여 이익을 얻었다.[24] 실제 포털 기업의 매출 구성에서 그가 차지하는 비중은 크

---

23 1990년대 후반 포털 사이트와 언론사의 제휴 관계는 양측의 필요로 이뤄졌다. 한글 데이터베이스가 필요했던 인터넷 기업과 디지털 뉴스를 통해 새로운 수익 모델을 만들고자 한 언론사의 이해관계가 맞아떨어진 결과다. 포털은 전재료 제공을 통해 뉴스 콘텐츠를 확보하고자 했다. 언론사는 방문자 트래픽 확대를 통해 광고 수입을 늘릴 심산이었다. 그러나 포털 사이트를 통한 디지털 뉴스 소비가 증가하고, 포털 기업의 영향력이 확대되면서 언론사는 콘텐츠 제공자Content Provider로서 포털 사이트에 종속되기 시작했다(박영흠, 2017).

24 닷컴 기업의 위기를 맞은 시기인 1999, 2000, 2001년에 신규 수익원 발굴 조처로서 일부 콘텐츠 유료화가 이뤄진다. 일부에서는 그 시기를 포털의 (위기) 조정기라 부른다(김영주, 2008).

지 않았다. 하지만 유료 콘텐츠 판매 경험은 포털 기업이 지속해서 미디어 콘텐츠 서비스를 강화하고, 이후 독자적인 플랫폼 서비스로까지 발전하는 데 중요한 밑천이 되었다. 구체적으로 2002년 다음의 총 매출에서 유료 콘텐츠를 통한 매출이 포함된 '거래형 서비스' 부문 매출이 차지하는 비중은 9.4%에 불과했다(다음커뮤니케이션(주), 2003). 네이버의 경우 전체 매출의 45.3%를 차지한 '프리미엄 게임' 부문을 제외한 유료 콘텐츠 판매의 비중은 2.6%로 그 규모는 19억 5,000만 원 정도였다(NHN(주), 2003). 그러나 게임, VOD, 만화와 같은 유료 콘텐츠의 판매 규모는 2000년대 중반까지 지속적으로 늘어난다. 네이버의 경우, 디지털 광고 시장의 확대로 광고 상품 판매가 급격히 증가한 2005년 이전까지 게임과 기타 유료 콘텐츠의 판매가 전체 매출에서 가장 큰 비중을 차지하였다. 2005년 게임 부문의 매출은 920억 7,000만 원 규모였다. 기타 유료 콘텐츠 판매 역시 해마다 증가해 2005년 102억 6,000만 원에 달했다(NHN(주), 2006). 다음의 유료 콘텐츠 판매 규모 역시 점차 늘어났다. 2004년 352억 7,000만 원 규모로 전체 매출의 20%에 이르렀다(다음커뮤니케이션(주), 2006).

이처럼 포털 기업들은 디지털 뉴스 서비스를 통한 광고 수입 확보와 멀티미디어 콘텐츠 제공을 통한 이익 증대를 기반으로 소규모 자본의 한계를 극복하고자 했다. 또한 한글 데이터베이스 축적과 검색 환경의 개선, 각종 정보 서비스의 제공을 통해 이용자와 이들의 인터넷 이용 활동을 대거 포털 사이트로 포섭하였다. 다수의 인터넷 기업들이 점차 포털 형태로 서비스 환경을 구성해 가면서 포털 서비스는 인터넷 서비스의 표준으로 인식되기 시작한다. 애초 인터넷으로 들어가는 관문portal이라는 의미를 지녔던 데서 인식의 변화가 생긴다. 다양한 정보가 집적된 공간이면서, 인터넷 이용 활동을 서비스로 매개하는 공간이라는 새로운 의미를 갖게 된다(김영주, 2008). 그 결과 한국에서는 컴퓨터를 열어 인터넷을 접속하는 일은 곧 포털과의 만남을 의미하게 된다. 인터넷 이용은 곧 포털 사이트 이용을 의미하게 되었다. 인터넷 공간을 포털이 지배하는 지극히 한국적인 인터넷 문화가 형성되기에 이른다(윤호영, 2011; 이호영 외, 2009).

4. 포털이 취한 폐쇄성과 캐치올 전략

국내 포털 사업자 간 경쟁은 인터넷 공간이 상업적 경쟁 공간이 되는 데 큰 몫을 한다. 초기 국내 인터넷 환경의 한계를 극복하는 과정에서 포털 사업자들은 그야말로 혼신의 힘을 다해 경쟁을 벌였고, 외국계 기업과의 극심한 경쟁을 버텨 내야 했다. 다국적 포털인 야후, 그리고 유수한 외국계 검색 사업자가 물러난 데는 국내 포털 사업자들의 약진이라는 배경이 있었다. 1999년 당시 포털 점유율 1위였던 야후코리아를 대상으로 한 다음과 엠파스의 광고는 포털 기업 간 경쟁의 정도가 얼마나 치열했는지 보여 주는 사례라 할 수 있다. 다음은 1999년 7월 "이순신장군님, 야후는 다음이 물리치겠습니다," "광개토대왕님, 대한민국 인터넷 영토는 다음이 넓혀 가겠습니다" 등과 같은 민족주의 정서를 건드리는 문구로 광고를 진행했다. 같은 해 11월 엠파스는 자사의 검색 환경을 내세워 "야후에서 못 찾으면 엠파스"라는 문구의 광고를 진행했다. 특정 기업에 대한 노골적인 비교 광고가 논란이 되었으나 이용자들에게 각 포털의 대표적인 서비스를 각인시키는 계기가 되었다(《한국경제》, 2001. 6. 13).

포털 사업자들의 치열한 경쟁으로 인해 인터넷 공간이 곧 상업적 경쟁 공간이고, 그를 통해 포털 공간이 새로운 미래 산업의 공간이라는 인식이 자리 잡게 된다. 이에 따라 타 포털로의 유입을 막고 자신의 서비스 공간에 이용자를 머물게 하는 일을 목표로 삼고 각 포털 서비스는 이용자 발 묶기 전략을 펴게 된다. 이른바 폐쇄적이고 배타적인 서비스 환경을 경쟁적으로 구축하게 된다. 그 같은 구축으로 인한 비용도 감수해야 했다. 포털은 점차 사회적 비평의 과녁이 되었다. 아울러 포털 사업자에 대한 인식도 과다 경쟁자, 상업적 이윤 추구자 등으로 굳어져 갔다. 폐쇄성, 배타성으로 굳어지는 상업적 경쟁 탓에 IT 분야에 어울릴 만한 새로움, 창의성, 미래 산업, 모험 등의 개념은 점차 옅어져 갔다.

국내 포털 서비스의 특징이랄 수 있는 '폐쇄성'은 네이버가 도입한 통합 검색을 통해 강화되었다. 통합 검색은 이용자가 입력한 검색어와 관련된 콘텐츠를 블로그, 카페, 홈페이지, 뉴스, 이미지 등 다양한 서비스에서 찾아 한 화면에 보여 주는 서비스다. 통합 검색은 개별 인터넷 기업이 독자적으로 확보한 데이터베이스를 기반으로 한다. 이 서비스 방식을 통해 포털 사업자는 이용자가 외부 사이트나 웹 페이지로 이탈하는 것을 막고 이용자의 포털 내 순환 시간을 증가시켰다. 표면적으로는 이용자의 의도에 맞는 정보를 분야별로 제공하는 노력이라고 포장해 냈다. 그러나 실상은 페이지 뷰, 접속 시간, 광고 노출을 늘려 광고 수입 확대와 시장 내 경쟁 우위를 점하려는 포털의 이해관계에 맞춘 서비스였다. 당시 네이버 관계자는 "이용자가 원하는 검색 서비스는 웹 사이트가 아닌 정보라는 점에 주목"(강병준·류현경, 2008: 121)했다고 밝혔다. 하지만 통합 검색은 이용자 편익을 위한 것이라기보다는 포털 기업이 정보의 독점과 상업적인 기술 아키텍처(Lessig, 2006/2009)의 구성을 통해 가치를 증식하는 수단 역할을 해냈다.

포털의 폐쇄적인 전략은 이후 확보한 이용자를 바탕으로 "그들의 인터넷 이용과 소비 행위까지 이윤 축적의 자원으로 활용하는 보다 정교"(한선, 2010: 118)한 형태로까지 발전한다. 이에 따라 실제 인터넷 이용의 측면에서 한국의 인터넷 공간은 점차 상업적 기업의 서비스 환경으로 편향되기 시작했다. 포털 이용자를 자신이 선호하는 서비스 환경 안에 머물게 함에 따라 인터넷 공간은 서로 독립된 포털 사이트들로 영토 분할된다. 국내 인터넷 환경은 전체적인 수준에서는 포털이 그 중심에 서는 포털화의 성격을 지닌다. 한편 개별 인터넷 기업의 수준에서는 배타적인 포털 서비스 구성을 통해 독자적인 인터넷 이용 환경을 구축하는 양상을 보인다. 그 원리상 인터넷은 수많은 정보와 이용자를 어떠한 제약도 없이 매개할 수 있어야 한다. 그러나 한국의 인터넷 환경에서는 오직 이용자가 특정 포털 사이트를 이용하는 한에서만 정보 바다에서의 항해가 가능했다.

포털 사업자가 언론사의 뉴스를 활용하는 방식이 폐쇄성의 대표적 예다. 포털 서비스는 이용자의 뉴스 검색이 자기 포털 내부에서만 이루어지길 희망하였다. 언론사와의 제휴를 통해 포털 사업자는 언론사 사이트로의 연결을 제어하였다. 그로써 언론사 사이트를 통한 뉴스 소비의 활성화 동기는 차단되었다(물론 초기는 언론사 닷컴 회사들이 강세를 보일 정도로 독자적인 서비스를 꾀했다).[25] 그럼으로써 언론사는 뉴스를 제작할 때 포털 사이트 내에서 잘 포착되도록 전력을 다하게 된다. 초기 뉴스 서비스 단계에서 포털 사업자는 임의로 뉴스 편집과 가공까지 한 탓에 언론사 전체가 포털의 뉴스 서비스에 종속되었다는 비평까지 나왔다. 디지털 뉴스의 병폐로 지적되는 어뷰징 기사, 가짜 뉴스 등의 범람을 포털 서비스의 폐쇄성 탓이라고 말하는 것도 이 같은 배경 탓이다. 국내 포

---

25   조인스JOINS 등 언론사 닷컴 회사의 부침 과정을 살피는 일도 앞으로의 중요 연구 과제다.

털 사업자들은 포털 서비스의 제도화 단계부터 대부분의 인터넷 이용 활동을 포털 서비스 내로 수렴하는 폐쇄적인 인터넷 환경을 만들어 나갔다.

이용자의 이동을 제한한 후 포털 서비스는 이용자를 광고에 최대한 노출시킨다. 서비스 화면 내 광고 영역을 늘린다. 광고성 정보가 검색 상단을 차지하도록 기술적으로 배려하기도 한다. 포털 서비스의 상업성에 대한 사회적 비판은 그 같은 사건들을 경험하면서 이루어졌다. 사실 한국의 인터넷 사업, 인터넷 문화 전반에 이 같은 포털의 형태는 부정적 영향을 미쳤다. 포털 서비스에 대한 사회적 신뢰가 점차 하락하였다. 2006년 한국에 진출한 이후 구글이 점차 점유율을 확대해 나가는 비결로 크게 두 가지 요인을 꼽고 있다. 첫째, 2010년대 모바일폰의 대대적 보급으로 사이트 점유율을 높일 수 있었다. 모바일에서의 점유율이 높았고, 그런 이유로 국내 포털 서비스의 2인자 자리를 넘보게까지 되었다. 둘째는 국내 포털 서비스에 대한 반발 작용이라는 요인을 들 수 있다. 2019년도 검색 만족도 조사 결과에서 구글이 가장 만족도가 높은 검색 포털이라는 답이 나왔다. 네이버를 이용하는 이유로는 '익숙함'을 꼽았지만 구글 이용에는 검색 정확도와 정보량이 많음을 그 이유로 들었다.[26] 이처럼 국내 포털 서비

---

26 온라인 기반 시장 조사 기관인 오픈서베이가 실시한 검색 포털 이용 관련 설문 조사 결과다(《중앙일보》, 2019. 5. 6).

스는 국내 이용자에게 큰 만족을 주지 못하고 있다는 평가를 받고 있으면서도 폐쇄적인 사업을 지속하고 있다.

포털 서비스에 내재한 폐쇄성과 그에 대한 불만은 포털이 제공하는 서비스 범위를 넓혀 가면서 조금씩 줄여 갈 수도 있었다. 하지만 이용자가 다른 포털로 이동하는 것을 막기 위한 새로운 형태의 정보와 서비스를 제공하는 데 주력한다. 이용자를 잡을 수 있고 이용자가 남긴 콘텐츠를 활용할 수 있는 서비스라면 어떤 비판을 감수하고서라도 팔을 걷어붙이고 나선다. 포털 사업자는 모든 것을 다 붙잡아 자신의 이익에 복무하게 하는 이른바 '캐치올catch-all' 전략을 통해 정보 검색 외의 다양한 서비스를 추가했다. 이 과정에서 포털은 정보 검색 기능을 넘어 정보를 편집, 구성하여 제공하는 콘텐츠 생산, 제공 역할까지 담당하게 되었다. 외형적으로 보아 이용자의 편의는 증가한 것처럼 보였고 한번 입장하면 불편함 없이 취할 것을 모두 얻을 수 있다는 만족감을 선사하기도 했다. 캐치올 전략으로 포털 서비스는 인터넷 이용을 시작할 때 가장 앞자리에 서는 존재로 자신을 인식시킬 수 있었다. 정보 이용 대부분이 포털에 의해 충족되는 이른바 '포털 세상'을 형성해 냈다.

포털 안에 머물러 광고에 노출하게 하는 전략을 편 포털 사업자로서는 인터넷 이용자의 규모를 늘리고 이들의 활동을 관리하는 일이 소중한 과제가 되었다. 이용자의 규모뿐 아니라 이들의 활동까지도 수익원이 되기 때문이다. 이용자가 남긴 이용 흔적은 데이터로 집적되고 또 다른 서비스를 할 수 있는 자원으로 활용된다. 그로써 이용자가 곧 상품이 되는 이용자 상품화 현상이 굳어진다. 실제로 유용한 정보의 제공을 빌미로 광고 상품 판매를 위한 이용자 동원이 이루어지기도 했다. 인터넷 이용자 대부분은 배너 광고에 관심을 표시하고, 해당 광고를 통해 웹 사이트를 방문하고, 더 나아가 그 웹 사이트 내 정보가 유용했다고 인식하기도 했다(한국전산원, 2000).[27] 포털이 정보 제공 창구로서 이용자들의 커뮤니케이션 활동과 검색 활동을 매개해 왔기 때문에 디스플레이 광고에 노출되는 것조차 이용자들은 경계하지 않았던 것이다.

2008년 한국의 포털 비즈니스를 진단한 한 연구 보고서(김영주, 2008) 한국 포털 기업의 성장 단계를 네 단계로 나누어 2001년까지를 어려움을 겪은 시기로 규정한다(표 5). 2002년에서 2004년 사이가 모색기에 해당하고, 그 이후는 안정기에 접어드는 것으로 적고 있다. 당시로서는 포털 사업이 짧은 역사를 갖고 있었기 때문에 이 보고서에서는 각 단계를 부자연스럽게 잘게 나눈 감이 있다. 하지만 전체적으로 보아 고비 때마다 위에서 언급한 폐쇄성을 담은 서비스를 고안해 실행하고 이용자의 콘텐츠를 활용해 수익을 올리고, 이른바

---

27   1999년 이루어진 한국전산원의 조사에서 인터넷 배너 광고에 관심을 둔다고 응답한 이용자는 전체 응답자 중 약 40%에 달했으며, 포털 사이트를 통해 배너 광고를 가끔, 또는 자주 클릭한다고 응답한 인원은 67%에 달했다. 또한 배너 광고를 통해 방문한 웹 사이트 만족도 조사에서 만족하지 못한다는 응답은 약 17%에 불과했다(한국전산원, 2000).

표 5. 포털의 시기별 성장 단계

시기	특성
태동기 1995~1999	• 국내 최초의 검색 포털 등장(1995~1997) 　– 코시크(1995), 까치네(1996), 와카노(1996), 미스다찾니 　　(1996), 정보탐정(1996), 네이버(1996), 라이코스코리아(1997) • 웹 사이트 단위의 디렉터리 검색 • 단순 검색 기능에서 내용 확장 　– 각종 뉴스, 날씨, 주식 정보 제공 시작 　– 검색 엔진에서 부가 서비스 제공하는 포털로 변신 　– 커뮤니티 기반 포털 등장(다음)
조정기 2000~2001	• 닷컴의 위기 　– 온라인 광고 성장률 둔화 　– 일부 포털 시장 퇴출, 모기업과의 통합 등 구조 조정 • 신규 수익원 발굴 　– 검색 광고의 일종인 '키워드 광고' 등장 　– 쇼핑 사이트와의 제휴 통한 전자 상거래 실시 　– 일부 콘텐츠 유료화 시작(게임, 교육, 아바타 아이템 등)
성장기 2002~2004	• 국내 포털 시장의 성장 　– 포털 이용률 급증 　– 업체 간 경쟁 구도 명확: 네이버, 다음, 야후 선도 기업군 형성 • 수익원 다각화 및 사업 확장을 위한 투자 본격화 　– 사업 모델 다각화와 해외 시장 진출 • 본격적 뉴스 서비스 • 다음, 네이버, 네이트 3강 구도 형성 　– 네이트의 부상(라이코스 합병(2002), 싸이월드 합병(2003), 네이 　　트온(메신저 서비스), 검색 포털 엠파스 인수(2006))
안정기 2005~현재	• 상위 포털 사업자로의 집중 현상 강화 • 검색 광고 시장의 성장 • 웹2.0 기반의 새로운 서비스의 강화 　– 동영상 UCC 활성화 　– 소셜 네트워크 서비스(SNS)의 확산 　– 열린 서비스: API 공개 • 새로운 플랫폼 개척 　– IPTV 참여 　– 무선 인터넷을 이용한 모바일 서비스

김영주, 2008 참조

이익이 남을 것이라 생각되는 것을 모두 사업으로 벌이는 모습을 연출한다. 인터넷에 부여되었던 (이상적) 성격인 개방성, 연결성, 진취성과는 다른 방향을 취하고 있었다. 다른 미디어 형식을 자신의 내용으로 취하며 자신의 형식을 새롭게 구축하는 방식을 취하였다. 포털의 뉴스 서비스를 다시 예로 들어 보자. 포털 사업자는 먼저 신문의 내용을 자신의 형식으로 취한다. 그 내용을 자신의 형식 안으로 취한 후 그를 포털 뉴스라는 형식으로 독자들에게 서비스한다. 이후로 독자는 포털 형식의 뉴스에 익숙해지고 이를 이용하는 습관을 갖게 된다. 포털 자체가 신문과는 독립된 뉴스 미디어인 것처럼 받아들인다. 포털은 그 같은 재매개를 기반으로 한 독립적인 성장 경험을 시작부터 갖고 있었다. 그리고 이후에 그런 경향을 지속해 간다. 상업성, 폐쇄성 그리고 모든 것을 자신과 연결시켜 나가는 캐치올 전략 등의 성격을 지녀 왔을 뿐 아니라 그를 성장 발판으로 활용하고 있었다.

정리하면, 국내 인터넷 경제의 형성 과정에서 등장한 포털 서비스는 점차 인터넷 기업의 서비스 환경 구성 표준으로 자리 잡았다. 국가 주도의 급격한 인터넷 인프라 구축, 이용자 주체의 형성 및 한글 정보 축적보다 앞서 이뤄진 인터넷 산업의 형성, 이용자 확보를 통한 이윤 축적이라는 포털 기업의 이해관계 등이 복합적으로 한데 어울린 결과였다. 이 과정에서 포털 서비스 영역은 지속해서 확장된다. 포털 내 서비스는 폐쇄성을 구축하여 다른 사회에서는 찾기 힘든 '한국형

표 6. 국내 포털 서비스의 제도화 과정

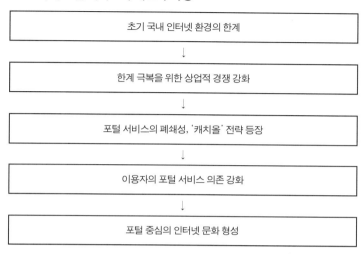

> 초기 국내 인터넷 환경의 한계
>
> ↓
>
> 한계 극복을 위한 상업적 경쟁 강화
>
> ↓
>
> 포털 서비스의 폐쇄성, '캐치올' 전략 등장
>
> ↓
>
> 이용자의 포털 서비스 의존 강화
>
> ↓
>
> 포털 중심의 인터넷 문화 형성

포털 서비스의 특성'을 갖게 된다. 포털 시장 내 경쟁이 심화하면서 배타적인 서비스 구성이 포털 기업의 서비스 환경 관리 전략으로 굳어졌다. 배타성은 이어 모든 콘텐츠를 자신의 포털 안에서 제공해야 한다는 강박으로 이어졌다. 포털 본연의 임무인 정보 검색보다 광고 확보를 위한 콘텐츠 서비스의 확장, 유료 콘텐츠 서비스의 증설에 더 관심을 갖게 된다. 이용자의 인터넷 이용 습관도 그에 맞추어 갔고, 그럼으로써 이용자 개인이 선호하는 특정 포털 서비스에 대한 의존도가 높아졌다. 인터넷 이용이 곧 포털의 이용이라는 등식까지 형성될 정도였다. 표 6은 그 과정을 정리한 것이다.

4장

포털 시장 독과점
종합 포털이 되다
(2000~2005)

1. IT 버블 붕괴와 인터넷 산업의 물적 기반 확대

2000년 이른바 IT 버블이 터진다. 1995년과 2000년 사이에 발생한 IT 분야의 투기 현상을 놓고 닷컴 버블이라고도 부른다. 국내에서는 IT 버블로 표현하는데 이 버블의 붕괴로 국내 IT 업계의 재편이 벌어진다. 버블이 꺼지면서 국내 포털 서비스가 종합 포털 형태로 자리 잡게 된다. 타 IT 업계 특히 닷컴 회사들이 문을 닫는 판에 국내 포털 기업은 생존을 넘어 인터넷 산업 내 강자로 자리 잡는다.

　　앞 장에서 설명한 바와 같이, 인터넷 경제의 형성을 유발한 가장 유력한 요인은 막대한 금융 자본의 유입과 벤처 기업에 대한 투기 현상이었다(Kleiner, 2010/2014; Srnicek, 2017/2020). 당시 갈 데를 찾지 못한 유동 자금에게 있어 지식 정보 산업은 새로운 투자처였다. 경기 순환이 기술 순환으로 대체되었다는 논리에 기반을 둔 닷컴 기업에 대한 과열 투자가 이뤄졌다. 그로써 기술 혁신 경쟁과 투자금 유치를 통한 자본 증식이라는 신경제의 작동 원리가 현실화된다(Mandel, 2000/2001). 현재의 이윤보다 미래의 고수익을 우선시하는 도착적인 축적 양식이 IT 버블로 나타났다(Marrazzi, 2009/2013). 이름 그대로 버블이었다. 예상과 달리 버블은 빠른 시간 내에 터졌고, 그 결과 2000년부터 투기 현상은 급격히 줄고 점차 자취를 감춘다.

IT 벤처 기업의 자금 유치는 시장 점유율 확대를 통한 주식 시장에서의 평가 상승을 바탕으로 이루어졌다. 그러므로 안정적인 수익 모델의 부재는 곧 금융 자본의 이탈로 이어졌다. 근본적으로 인터넷 벤처 기업들의 자본 순환은 금융 자본의 유동성에 기댔다. IT 버블 시기 금융 자본은 실제 인터넷을 이용한 이윤 창출 모델의 개발이 아니라 네트워크 인프라 구축이나 인터넷 기업 간 합병에 사용되었다. 효율적으로 자금이 투여되지 않았던 셈이다. 막대한 자본 유치에 힘입어 1990년대부터 대륙 간 광섬유 케이블 구축 사업이 진행되었지만, 실제로 주목할 만한 트래픽이 발생한 케이블은 전체 케이블 중 5%에 불과했다(Gross, 2007). 이는 인터넷 산업의 물적 기반인 대규모 이용자도, 이를 활용한 이윤 창출 모델도 현실화되지 않았음을 뜻한다. 다시 말해 인터넷의 상업적 활용 가능성이 아직 실현되지 않았던 것이다. 결국, 투자 자금의 회수가 어려워졌고 마침내 벤처 기업들이 도산하고, IT 버블 붕괴로 이어졌다.

나스닥 시장의 폭락은 한국 증시에도 영향을 미쳤고 2000년 국내 IT 버블 붕괴까지 이어진다. 안정적인 수익 모델의 부재, 투자자들의 정보 부족, 투기와 다름없는 단기 매도 현상이 복합적으로 작용하면서 2000년 4월 나스닥 시장은 최대 낙폭을 기록한다. 국내 주식 시장은 급격히 위축되었다. IT 버블 당시 주식 시장의 붕괴와 외국인 직접 투자(Foreign Direct Investment: FDI) 규모의 변화는 한국의 신경제가 글로벌 금융 자본주의의 영향 아래 있었음을 여실히 보여 주었다. 외국인 직접 투자 규모는 1997년 IMF 통치 경제의 시작 이후 3년 동안 연평균 73%씩 상승했다. 1999년에 이르러서는 155.4억 달러를 기록한다. 하지만 이후 2001년 112.9억 달러, 2002년 91억 달러 수준까지 축소되기에 이른다(강수정, 2014). 투자금 회수로 인해 주식 시장 붕괴 역시 심각한 수준에 달했다. IMF 이후 277P 수준까지 떨어졌던 코스피 지수는 2000년 초 1066P까지 급등하지만 2000년 말 다시 500P 수준으로 내려앉았다. 같은 기간 283P까지 올랐던 코스닥 지수 역시 2000년 말 50P 초반까지 떨어진다(《동아일보》, 2000. 12. 20).

IT 버블이 터지면서 소규모 벤처 기업이 대부분이었던 국내 인터넷 산업 역시 침체의 늪에 빠져든다. 2002년 말까지 무려 2,300여 개 IT 벤처 기업이 도산하거나 폐업한다. 이로써 국내 IT 벤처 붐은 완전히 사그라들었다. 한편 주식 시장이 계속 침체하면서 코스닥에 상장하려는 인터넷 기업들의 기업 공개(Initial Public Offering: IPO)가 미뤄지거나 등록 심사에서 재심 판정을 받는 사례도 발생하였다(《머니투데이》, 2000. 7. 26). 네이버도 그 바람을 피하지 못했다. 기술 혁신과 시장 점유율 확보를 위해 벤처 기업을 합병하던 네이버는 높은 출자금 비중의 위험성을 이유로 2002년 6월 코스닥 등록 심의에서 재심의 판정을 받았다(신무경, 2018).

인터넷 기업은 방향 전환을 꾀하기 시작하였다. IT 버블의 붕괴 이후 투자금을 유치하기 어려워진 인터넷 기업은 안정적인 수익을 가져올 새로운 이윤 창출 모델을 모색했다. 당시 포털 기업 대부분은 광고 수입에 재정을 의존하고 있었다. 인터넷 산업에서 공통으로 드러나는 선점 효과 탓에 소수의 대형 포털만 적정 광고 수입을 올렸다. 1999년 상위 8개 포털 기업이 전체 디지털 광고 시장의 63%를 차지했다. 업체 간 광고 수입의 불균형은 점차 심화하여 2000년에는 야후, 라이코스, 다음이 전체 디지털 광고 시장의 80%를 차지했다(《동아일보》, 2000. 10. 16; 〈한국경제〉, 2000. 6. 14). 포털 기업은 광고 의존도를 낮추기 위해 사업 모델 다각화를 시도한다. 유료 콘텐츠 강화, 서비스 유료화, 기업을 대상으로 한 호스팅 서비스와 기업 솔루션 서비스 제공으로 눈을 돌린다. 이처럼 2000년 이후 포털 기업은 변화를 꾀하며 수익 창출에 매진하였다. 하지만 이 같은 변화 노력에도 불구하고 매출과 수익은 눈에 띌 만큼 증가하지 않았다. 2000년대 초반까지는 포털 기업의 안정적인 수익을 보장할 만큼 조건이 갖춰지지 않았던 탓이다. 초고속 정보

통신망의 보급과 대규모 이용자 주체의 형성이 이뤄져 안정적 수익을 올리기까지에는 아직 시간이 더 필요했다.

국내 대기업은 벤처 기업을 인수해 네트워크 환경에서의 자본 축적을 꾀했다. 대표적으로 현대백화점은 1999년 까치네를 인수한 후 인터넷 쇼핑몰 사업을 시작한다. KT는 인터넷 포털 사이트 파란(paran.com)을 출시한다. SK커뮤니케이션즈는 2001년 네이트(nate.com)를 통해 포털 업계에 진출하고 이후 2002년 라이코스코리아, 2003년 싸이월드, 2006년 엠파스를 합병하며 영향력을 확대해 간다. 다음, 네이버 같은 포털 기업도 대기업의 행보를 따라 기업 규모 확대를 통해 IT 버블 붕괴의 여파를 최소화하고자 했다. 검색 엔진, 온라인 채팅 서비스 등 자체 기술력을 지닌 소규모 기업을 합병해 나갔다. 그러한 과정을 거치며 포털 기업의 규모는 점차 커졌다. 이는 공황 이후 거대 자본이 과잉 축적된 자본을 흡수하여 독과점을 형성하는 현상과 유사하다. 대기업과 포털 기업에 의한 통합은 — IT 버블 붕괴 이후 — 인터넷 산업의 재조정 국면에서 자연스레 이뤄졌다.[28]

한편 이용자들의 이해관계와 무관하게 일방적으로 이루어진 서비스 유료화 추진도 포털 시장 내 경쟁 구도의 변화를 야기했다. IT 버블의 붕괴 이후 안정적인 수익 창출을 위해 유료

28　미국의 경우도 버블 붕괴를 버텨 낸 벤처 기업인 구글, 넷플릭스, 아마존닷컴이 이후 글로벌 대기업으로 성장한다.

화를 진행한 프리챌은 이용자 대거 이탈과 함께 몰락의 길을 걷게 된다(김인성·김빛내리, 2012). 2002년 다음은 온라인우표제를 실시한다. 우표제는 스팸 메일에 대한 대응을 목적으로 한다고 밝혔으나 실상은 "이용자들로부터 직접적으로 이윤을 수취하고자 하는 포털의 유료화 모델"이었다(《한국경제》, 2002. 12. 10). 다음은 온라인우표제를 통해 3년간 1,000억 원의 비용 효과를 예상했다. 그러나 쇼핑몰, 인터넷 마케팅 업체들의 'e메일 자유모임' 결성과 이용자 반발에 부딪혀 2005년 해당 제도 자체를 폐지했다(《아이뉴스24》, 2003. 5. 30).[29] 유료화를 계획했던 사업자들은 곤경에 처했다. 해당 기업들의 유료화 실패는 타 포털 기업의 반사 이익으로 이어졌다. 프리챌의 유료화에 반발한 이용자들은 싸이월드로 이동했다. 그 결과 싸이월드는 2000년대 후반까지 커뮤니티 사이트 중 업계 1위의 지위를 유지할 수 있었다. 또한 다음은 불법 스팸 메일을 줄인다는 이유로 온라인우표제를 도입한 후 이용자의 이탈이 늘어난 반면 야후코리아와 엠파스는 신규 회원이 100만 명 이상 증가하는

---

29   다음의 온라인우표제 시행은 광고를 집행할 자금이 부족한 소규모 인터넷 기업의 반발에 부딪혔다. 이들 온라인 업체들의 마케팅 방법이 주로 이메일을 통해 이루어졌기 때문이다. 온라인우표제가 실제로 스팸 메일 감소에 기여했는지에 대해서도 의견이 분분하다. 2003년 e메일자유모임의 김경익 대표는 온라인우표제의 대상이 법인을 갖추고 정상적인 영업을 하는 업체인 반면, 스팸 메일의 발송은 대부분 불법 사이트로부터 비롯된다며 온라인우표제의 실효성에 의문을 제기했다(《아이뉴스24》, 2003. 5. 30).

반사 이익을 얻었다(《매일경제》, 2002. 4. 5).

이러한 사례는 인터넷이 이용자의 자유로운 활동을 보장하는 공간이어야 하며 지나친 상업화에 대한 거부 반응이 있음을 확인시켜 주었다.[30] 그러나 이용자들이 충분히 의식하지 못했을 뿐, 한국의 인터넷 환경은 초기부터 포털 사이트의 매개에 의해 이루어지는 상업적 환경의 색채가 강했다. 물론 이용자들은 포털 기업이 이용자로부터 직접적인 수익 확보를 꾀하려는 강한 의지, 즉 유료화 등에 대해 반발하는 등 일정 부분 이용자의 존재를 과시할 수 있었다. 하지만 상업화 의도가 숨겨져 작동하거나 엷은 색채로 드러났던 탓에 이용자들은 은연중에 암묵적 동의를 보낼 수밖에 없었다. 그 결과 포털의 지속적인 수익 창출을 위한 상업화가 이뤄지고 있었다. 다만 포털 기업은 이용자의 동의 수준에서 상업화를 지속해 나갔다. 강한 반발을 불러일으킬 수 있는 사업 방식은 피해 갔다. 그 동의 수준에서 광고 영역을 확대했고, 동시에 콘텐츠 수급을 강화하였다. 이어 부분 유료화도 꾀하였고 전자 상거래 서비스를 통해 수익 창출을 조심스레 도모했다. 광고와 콘텐츠 유료화라는 콘텐츠의 양면 시장 속성을 유지하며 그를 촉진시켜 갔

---

30   인터넷 기업이 포털화하면서 콘텐츠나 서비스를 무료로 제공한 것은 인터넷 서비스 이용이 무료라는 인식을 강화했던 것으로 보인다. 2001년 《매일경제》와 네이버가 인터넷 이용자 8,600명을 대상으로 실시한 조사에서 전체 응답자 중 57%는 포털 내 유료 콘텐츠를 이용하지 않겠다고 대답했다. 또한 응답자의 43.4%는 유료화 자체가 있을 수 없는 일이라는 강경한 태도를 보였다(《매일경제》, 2001. 3. 25).

다. 이용자들의 인터넷 이용을 보다 적극적으로 그러나 조심스럽게 포털 서비스 안으로 포섭시켜 나가는 일은 그래서 인터넷 기업으로서는 소중한 일일 수밖에 없었다.

IT 버블 붕괴로 타 기업이 도산하였고, 반대급부로 이용자 규모가 늘어났다는 사실은 버블 붕괴가 국내 포털 기업에 호재로 작용하였음을 대변한다. 이미 인터넷 이용 과정에서 포털이 주 관문이며 매개체가 된 이상 소수의 대형 포털은 네트워크 효과를 누릴 수밖에 없었다. 정보 제공도 소수 포털로 집중되었고, 이용자 또한 소수 포털로 몰리면서 포털은 사업 독점을 누릴 조건 안으로 진입하게 된다. 그 같은 조건 아래서 포털 기업은 자족하기에 이른다. 서비스 영역을 확장하는 일을 지속하여 포털 안에서 이용자들이 여러 인터넷 활동을 이어가는 데 어려움을 못 느끼도록 하였다. 결국 포털 내부에서 더 다양한 서비스를 제공하여, 그로부터 벗어나지 않게 하는 이른바 폐쇄성의 지속과 강화를 거듭하였다.

벤처 붐은 금융 자본이 갈 곳을 찾지 못해 생긴 결과라는 사실을 IT 버블의 붕괴가 알려 주었다. 그러나 붕괴 이후에도 소수 인터넷 산업으로 자본은 집중했고, 독과점도 발생하였다. 금융 자본과 정보 자본 중심으로 사회가 재편될 거라는 현대 자본주의에 대한 예상이 국내 인터넷 경제 심리에도 고스란히 담겨 있었기 때문이다. 이러한 점에서 새로운 자본주의 체제의 한국 인터넷 산업은 변화한 자본주의 축적 체제의 산물로 받아들여졌을 뿐 아니라 상징 역할을 해내기도 했다. 그런 배경 탓에 좌절된 벤처 붐에도 불구하고 인터넷으로 향한 정부 지원, 육성 정책은 멈추지 않았다.

인터넷 시장 내 지각 변동과는 별개로 국가 정보화 정책은 지속되었다. 정책 덕에 인터넷 산업의 물질적 기반은 급격히 확대되었다. 2002년에 김대중 정부는 제3차 정보화 촉진 기본 계획 'e-Korea Vision 2006'을 내놓았다. 이를 통해 인터넷 보급의 양적 팽창에서 벗어나 정보 통신 산업의 생산성 제고와 성과 중심의 정보화 사회를 달성하고자 했다(한국전산원, 2005). 그 덕에 민간 영역에서의 정보 통신 기술 수요가 급증했다. 특히 1990년대 후반부터 증가한 PC 수요와 정부 주도의 PC 보급 정책이 맞물려 2002년 가구당 컴퓨터 보유율은 80%에 육박했다(과학기술정보통신부, 2017). 인터넷 이용자 역시 급속도로 증가했다. 1999년엔 인구 100명당 0.6명이 초고속 인터넷에 가입해 있었다. 온세통신, 데이콤, 드림라인이 초고속 인터넷 서비스를 개시하면서 2002년에 이르러 1,000만 명 가입자 시대를 맞았다. 1999년 24%에 못 미치던 인터넷 이용률 또한 2004년 전체 인구의 70%까지 증가했다. 가구 단위 인터넷 접속률은 2000년 약 50% 수준에서 2005년 92.7%에 달하면서 인터넷 이용은 일상 안으로 들어왔다.

시장 내 정보 통신 기술 수요 또한 큰 폭으로 증가한다. 정보 통신 기술 수요의 큰 폭 증가는 ICT 산업과 인터넷 산업 확대로 이어졌다. 인터넷이 보편화하면서 정보 통신 기기, 소프트웨어, 인터넷 서비스 등 유관 산업 분야가 활성화되었기 때문이다. 구체적으로 2001년부터 2004년까지 국내 ICT 산업의 실질 성장률은 연평균 15.25%를 기록했다. 같은 기간 국내 경제 성장률이 평균 5%에 미치지 못했던 것과 비교하면 큰 폭의 증가였다. ICT 산업의 생산과 수출 규모 역시 큰 폭으로 증가했다. 2001년 155조 7,600억 원 규모였던 ICT 산업 생산은 2004년 256조 원 규모로 증가했다. 국내 총수출에서 ICT 산업이 차지하는 비중은 2004년 29.4%에 달했다(정보통신부, 2005). 인터넷 산업 규모 또한 급속도로 커졌다. 2002년 인터넷 산업의 매출 규모는 총 15조 3,070억 원으로 2002년 정보 통신 산업 총생산액 중 8%를 넘는 수치를 기록했다(한국인터넷진흥원, 2008). 이 중 인터넷 활용 산업[31]의 매출은 전자 상거래 수수료와 포털 사이트 매출 증가에 힘입어 전체 인터넷 산업 매출의 62%인 9조 5,130억 원을 기록했다. 인터넷 광고 시장 역시 큰 폭으로 확대되어 2001년 1,280억 원 규모에서 2003년 3,559억 원, 2005년에는 6,625억 원 규모로 급성장했다(한국인터넷진흥원, 2008).

　　IT 버블 붕괴는 인터넷 산업 전반의 위기로까지 이어지진 않았다. 이른바 닷컴 기업은 역사의 뒤안길로 대부분 사라졌지만 포털 기업, 각종 인터넷 서비스 기업은 살아남아 인터넷

31　정보통신부의 분류에 따르면 인터넷 산업은 기반 산업, 지원 산업, 활용 산업으로 나뉜다. 이 중 포털 서비스는 콘텐츠 제공 서비스의 일종으로 인터넷 활용 산업에 포함된다(한국인터넷진흥원, 2008).

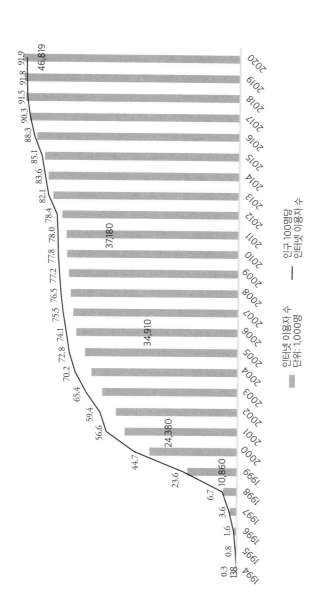

그림 2. 만 3세 이상 인터넷 이용자 및 이용률 변화

출처: 한국지능정보사회진흥원, 2021(단, 1994~1999년 자료는 강상현, 2015. 단위: %, 1000명).

산업 내 강자로 부상하게 된다. 정부의 새로운 인터넷 산업 육성책과 인프라 구축에 힘입어 사업의 확장, 인터넷 영역의 상업화를 꾀하며 인터넷 산업을 선도하는 주체로 자리 잡게 된다. 그 한복판에 네이버가 있었다.

2. 네이버의 놀라운 약진

인터넷 콘텐츠 사업, 포털 사업을 위한 조건이 어느 정도 갖춰지자 포털 사업자인 네이버는 새로운 서비스를 도입하기 시작한다. 검색을 주로 하는 포털 서비스가 아니라 온갖 서비스를 포털 내에서 제공할 수 있는 이른바 종합 포털 서비스 환경을 구축하고 선도해 나간다. 기존에 확보한 이용자들에 더해 새로운 이용자 유도를 위해 포털 서비스 외부에 있는 서비스 분야까지 포털 사이트 내로 편입하였다. 그로써 더 많은 이용자가 모여들면서 생길 네트워크 효과를 적극적으로 내부화하고자 전력을 다하였다.

　　실제로 2000년대 초 네이버의 주된 이윤 창출 창구는 온라인 게임과 전자 상거래였다. 광고 수익 이외의 안정적인 수익 모델을 확보하고자 했던 네이버는 2000년 7월 한게임과의 합병을 발표한다. 포털 기업이 콘텐츠 확보 과정에서 게임 서비스를 제공하는 것은 일반적인 일이었다. 포털 기업의 게임 서비스는 대체로 이용자 확보를 위한 수단이었다. 그런 탓에 포털 내 온라인 게임은 무료였고, 대부분 플래시 게임과 같은 단순한 형태였다. 수익을 보장하기 힘든 무료 게임 서비스를 위해 게임 회사를 인수한 당시 네이버의 전략에 대해 많은 이들이 의구심을 표했다. 네이버는 합병 직후 한게임이 고정적인 이용자를 확보할 만큼 양질의 게임을 제공한다고 확신하며 온라인 게임의 부분 유료화를 감행했다(임원기, 2007). 기존 게임은 무료로 제공하는 한편 프리미엄 게임에는 사이버 화폐, 유료 아바타, 유료 아이템, 정액 요금제를 도입했다. 이용자로부터 직접 수익을 확보하는 전략을 꾀한 것이다(장정훈, 2007). 유료화 도입 3개월 만에 23억 5,000만 원의 매출이 발생했다. 게임을 통한 네이버의 이윤 창출 전략은 적중한 듯 보였다. 이로써 콘텐츠 유료화를 통한 수입은 광고와 함께 중요 수익 통로로 포털 기업 내에 자리 잡게 된다. 네이버가 게임을 통해 얻는 수익은 그에 그치지 않았다. 한게임 이용자가 네이버 페이지를 통해 게임에 접속함에 따라 네이버가 통합 관리하는 회원 수는 무려 1,500만 명으로 늘어났다. 페이지 조회 수는 하루 평균 1억 회에 이르렀고, 네이버의 시장 가치는 1,200억 원대로 상승한다(김태규·손재권, 2007). 게임은 현금 수익과 함께 기업 가치를 올려놓으며 네이버에 효자 노릇을 했다.

2000년대 들어서면서 전자 상거래 또한 국내 포털 기업들의 주요 서비스로 자리 잡는다. 다음은 2000년 3월 다음쇼핑몰을, 야후코리아도 같은 해에 쇼핑몰을, 프리챌은 같은 해 12월에 쇼핑몰을 연다. 네이버도 2000년 5월에 네이버쇼핑을

열며 전자 상거래에 뛰어들었다. 네이버는 애초 인터넷 쇼핑
몰과의 제휴를 통해 상품 정보를 제공하는 서비스를 했다. 점
차 그 같은 방식에서 벗어나 종합 쇼핑몰 형태로 전자 상거래
를 매개하기 시작했다. 기업-소비자 간(B2C) 전자 상거래가
활발해지는 것에 착안하여 직접 거래에 뛰어들었고[32] 전자
상거래 서비스를 장기적으로 수익을 확보할 수 있는 수단으
로 정착시켰다. 특히 네이버 지식쇼핑은 타 쇼핑몰 및 결제 대
행 업체와의 제휴를 통해 상품 검색, 가격 비교, 결제까지 가
능하게 서비스를 구축하였다. 독자적인 상품 판매 서비스를
구축한 탓에 네이버는 상품 노출을 대가로 한 수입과 판매
수수료를 동시에 얻을 수 있었다. 이는 포털 기업이 데이터베
이스와 이용자 규모를 활용해 인접 분야로 서비스 범위를 확
대한 대표적 사례였다. 독점적인 네트워크 효과를 바탕으로
외부 업체로부터 지대를 수취하는 방식이었다(이항우, 2016).[33]

수익 모델 다각화 전략은 검색과 정보 제공 서비스를 강
화하면서 더욱 큰 효과를 거둘 수 있었다. 검색 서비스의 만

---

32   2000년 기업-소비자 간 전자 상거래 매출은 1조 8,000억 원 규모였으나
2003년에는 7조 550억 원에 달할 정도로 빠르게 증가하였다(한국전산원, 2004).
33   네이버는 전자 상거래 서비스 도입 초기부터 쇼핑몰 규모에 따른 수수료 책정
방식을 도입하고, 자신은 판매 중개만을 담당한다고 명시했다. 상품 거래 공간만을
제공함으로써 사실상의 지대를 수취하고자 한 것이다. 한편 인터넷 쇼핑몰들의 입
점은 이용자 유입 증가 및 상품 정보 데이터베이스의 확대로 이어질 수 있으므로
포털 기업의 가치 증식에 이바지할 수 있었다.

족도를 높이기 위해 네이버는 2004년 이후 실시간 인기 검색어와 연관 검색어 서비스를 도입했다. 인기 검색어는 일정 시간 동안 입력량의 증가 폭이 큰 순서대로 포털 메인 화면에 게시되었다. 인기 검색어는 즉각적인 검색 순위 집계가 가능해 현재의 관심 이슈를 알려 주는 지표로 활용되었다(김태규·손재권, 2007). 연관 검색어는 이용자가 제시한 키워드와 관련이 있을 것으로 추정되는 키워드를 함께 제공했다. 포털이 제시하는 검색 경로를 따라 이어 정보 검색을 하도록 유도하였다(김지연, 2013). 또한 네이버는 서로 관련 있는 정보를 종합해서 제공하는 '콘텐츠 검색' 방식을 통해 검색 정확도와 만족도를 높이고자 했다. '콘텐츠 검색'이란 가령 '대한민국 축구 국가대표 경기'라고 검색어를 입력하면 경기 일정, 중계 방송국, 대표팀 명단과 상대 팀의 정보 등 상호 관련된 정보들을 하나의 콘텐츠로 편집해 제공하는 방식이다(김태규·손재권, 2007). 연예인이나 특정 인물에 관한 정보를 종합해 제공하는 것 역시 이에 해당한다. 이처럼 네이버는 검색자의 검색 의도에 부합하는 정보를 종합해서 제공함으로써 검색 서비스 만족도 면에서 타 포털보다 우위를 차지할 수 있었다.

검색 서비스 강화가 이용자들에 편의를 제공하고 높은 만족도를 갖게 해 주었다. 사업자 측면에서 보았을 때 무엇보다도 검색량과 이용자 트래픽을 늘려 주는 결과를 얻게 된다. 이 증가는 페이지 뷰와 검색 점유율 확대로 이어졌다. 만약 이용자가 인기 검색어나 연관 검색어로 제시된 키워드를 클릭할 경우 네이버는 실제 키워드 내용과 관련된 페이지가 아닌 해당 키워드 검색 결과 페이지를 제공했다. 이용자는 검색 결과에서 관련 정보를 찾기 위해 다시 네이버 내의 다른 페이지로 이동해야 했다. 즉 이용자의 정보 획득 범위는 네이버의 데이터베이스 내로 제한되었던 셈이다. 검색 활동은 늘 포털 사이트 내를 순환하는 형태로 이루어졌다. 그 같은 방식을 통해 네이버가 더 많은 광고 수익을 확보하고 이용자가 포털 외부로 이탈하는 것을 막을 수 있었다. 검색 환경의 개선과 이용자에 대한 검색 편의 제공은 언제든 네이버의 네트워크 효과 내부화로 이어졌다.

콘텐츠 서비스 강화가 단기간 내에 직접적인 수익으로 이어지진 않았다. 포털 기업들은 광고를 통한 영업 이익 증대에 몰두할 수밖에 없었다(장정훈, 2007). 광고를 통한 수익 확보라는 사활을 건 기업 활동이 이뤄진다. 검색 기능조차도 광고하는 상품 판매를 위한 수단으로 활용하였다. 2001년 네이버는 최초로 키워드 검색 광고를 도입한다. 검색 광고는 이용자의 직접적 관심과 관련된 광고를 마치 관련 정보인 것처럼 노출시킨다. 이는 불특정 다수를 대상으로 한 디스플레이 광고에 비해 거부감이 적어, 구매를 유도하는 데 유리하다. 광고 과정에서 드러나 광고 대상 메시지를 정보 메시지로 받아들이게 된다는 말이다. 네이버는 키워드 경매를 통해 광고주들을 확보하고, '파워링크,' '스폰서 링크,' '플러스프로'라는 이름으로 검색 결과 상단에 상품 정보나 외부 사이트를 노출했

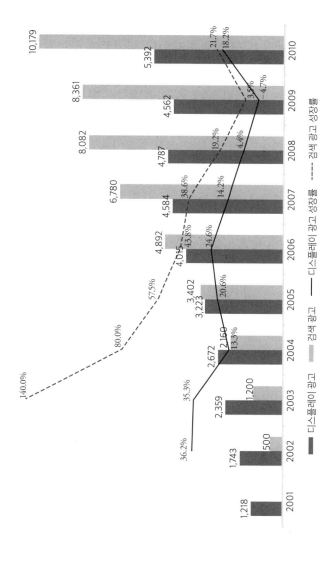

출처: 신원수, 2014. 5. 14. 단위: %, 억 원.

그림 3. 디스플레이 및 검색 광고 시장 규모 변화

디스플레이 광고 ▇   검색 광고 ▨   디스플레이 광고 성장률 ——   검색 광고 성장률 ----

다. 그를 통해 이용자들의 클릭을 유도하고 수익을 확보했다. 검색 광고 도입 초기에는 검색 빈도를 바탕으로 광고비를 부과했던 만큼 이용자 규모가 확대되고 검색량이 증가할수록 네이버의 광고 수익은 증가했다. 애초 네이버의 검색 광고는 클릭 수와 관계없이 일정 기간 노출에 대해 요금을 부과하는 CPM(Cost per Mille 1000개 노출당 비용) 방식이었다. 그러나 오버추어Overture[34]와의 계약 이후 경매를 통해 단가를 정하고 클릭 수에 따라 요금을 부과하는 CPC(Cost per Click) 방식을 도입하여(김태규·손재권, 2007; 신무경, 2018) 광고 수익을 극대화하려 하였다.

　검색 환경 자체가 포털 내를 순환하는 방식으로 구조화되어 있었으므로 검색량으로 양화된 이용자들의 검색 활동은 곧바로 가치 증식 수단으로 작용했다. 그 결과 전체 매출에서 검색 광고가 차지하는 비중은 급증했다. 2002년 전체 매출의 약 22%를 차지했던 검색 광고는 2005년 약 48%로 늘어 1,732억 원에 달했다. 검색 광고를 통해 네이버가 수익 모델 부재의 압박에서 벗어나자 야후, 엠파스, 다음 등도 자체 검색 광고를 도입한다. 이로써 검색 광고는 포털의 가장 중요한 이윤 창출 창구가 된다. 이는 정보 제공과 검색이라는

34　미국의 인터넷 광고 회사 오버추어는 1997년에 설립되었다. 이 회사는 키워드 검색을 통해 이용자 클릭이 생겼을 때 광고비를 지불한다는 광고 방식을 택하여 인터넷상에서 획기적인 수익 모델을 개발한 것으로 평가받았다.

포털 본연의 기능이 약화되고 상업화된 미디어의 길을 걷게 됨을 의미했다(김평호, 2007; 한선, 2010).

2002년 10월 도입된 지식iN 서비스는 네이버의 시장 점유율 확대에 가장 큰 영향을 미쳤다. 지식iN은 이용자 간에 질문과 답변을 벌이면서 정보를 교류하는 서비스다. 한국에서 이 서비스를 최초로 제공한 쪽은 〈한겨레신문〉이었다. 〈한겨레신문〉의 자회사였던 인터넷한겨레는 2000년 10월에 지식 공유 커뮤니티의 원조격에 해당하는 디비딕(dibidic.com)을 개설한다. 이는 '묻고 답하는 지식 커뮤니티'라는 모토로 개설한 지식 검색 사이트였다. 100여 개 범주에 걸쳐 하루 수천 건의 질문과 답변이 올라오면서 큰 인기를 누린다. 디비딕의 장단점을 검토한 후 네이버는 2002년 10월 지식iN 서비스를 출시한다. 디비딕을 보다 대중적인 지식 제공으로 변형시켜 출시하였고 출시 6개월 만에 100만 건의 질의응답이 작성될 만큼 폭발적인 인기를 끌었다(장정훈, 2007). 지식iN 서비스를 시작한 1여 년 만에 네이버의 검색 서비스 순 방문자 규모는 전체 포털 사이트 중 3위에서 1위로 올라서게 되었다. 2003년 11월에는 무려 1,400만 명의 이용자가 네이버 지식iN을 이용했다. 이는 전체 네이버 검색 서비스 방문자의 75%를 차지하는 수치였다.[35] 이용자는 정보 획득 욕구를 충족하기 위해 자

---

35   http://www.koreanclick.com/insights/newsletter_view.html?code=topic&id=
124&page=19

발적으로 데이터베이스 축적에 동참했다. 네이버는 이를 통합 검색 결과로 제공하는 등 검색 환경을 개선했다. 그 결과 네이버는 부족한 한글 데이터베이스를 보완하고, 최신의 검색 결과를 제공할 수 있었다. 또한 사용자 의도에 근접한 결과를 제시하는 것도 가능해졌다(김지연, 2013). 이른바 이용자의 적극적인 참여를 기반으로 한 기업 성장 이야기였다. 네이버의 영리한 기업 전략이지만 그 이면은 이용자 복지를 이용자 스스로가 정보 과정에 동참해 만드는 이용자 이야기가 담긴 장면이기도 하다. 그런 점에서 네이버는 뉴스 검색에서는 언론사의 노고에, 정보 검색에서는 이용자의 노고에 기댄 바가 크다. 검색 광고와 지식iN 모두를 네이버 역량으로 개발한 서비스로 인용하거나 언론사와 이용자를 자신의 성장 과정에서 생략하는 일은 중단되어야 한다. 그들의 기여 없이는 네이버의 성공은 불가능했다.

　서비스 영역의 지속적인 확대와 검색 환경 개선은 시장 점유율의 증가로 이어졌다. 순 방문자 숫자는 지식iN 서비스 개시 1년 만에 전체 포털 사이트 중 1위로 늘어났다. 2001년 18%에 불과하던 검색 시장 점유율은 2003년 51%까지 급증했다. 2004년 국내 인터넷 이용자 수 약 3,200만 명 중 네이버 회원은 무려 2,600만 명에 달했다. 2005년 이후 네이버의 검색 점유율은 70%에 육박해 검색 서비스 분야에서 독점적 지위를 차지하게 되었다(임원기, 2007). 네이버의 서비스 확대가 포털 서비스 전체의 변화뿐 아니라 네이버의 지배적 지위

확보로도 이어진 것이다(NHN㈜, 2005).

　이러한 시장 지배력의 강화는 곧 네트워크 효과를 내부화하는 구조가 갖춰진다는 점에서 의의가 있다. 네이버와 같은 포털 기업은 광고 수익을 주요 수익원으로 삼기에 이용자들의 네트워크 효과라는 사용 가치의 확보는 광고 상품 판매를 위한 교환 가치로 활용된다. 네트워크 효과를 활용한 이윤 창출이 가능해지는 것이다(조동원, 2013a). 실제로 네이버의 검색 시장 점유율이 약 70%에 달한 2005년의 매출액은 약 3,575억 원으로 2002년 매출액에 비해 4.7배나 상승했으며, 이 중 광고가 차지하는 비중은 무려 64%에 달했다(NHN㈜, 2003; 2006).

　지식iN 서비스의 대중화 이후 네이버는 국내 포털 서비스 환경의 변화를 주도하게 된다. 엠파스, 야후, 네이트, 다음이 지식 검색 서비스를 뒤따라 도입하면서 이용자의 검색 활동을 상품화하는 경향은 포털 서비스의 주요한 특징이 되었다.[36] 이해진 전 네이버 대표가 2002년 말 한 칼럼에서 언급한 바 있는 "친절한 사람"들의 "열정과 노력"(이해진, 2002. 11. 8)을 상업적으로 활용하기 시작한 것이다. 지식 검색 서비스

36　2002년 10월 네이버의 지식iN 이후, 네오위즈가 2003년 2월에 세이테마, 네이트닷컴이 같은 해 4월 지식뱅크, 엠파스가 5월에 지식거래소 그리고 야후코리아가 6월에 야후!지식검색 서비스를 시작한다. 다음은 이듬해 키워드지존이란 이름의 서비스를 내놓는다.

의 유행은 이용자들이 자발적으로 포털 기업의 데이터베이스 축적에 참여하는 것을 의미했다. 이용자들의 목적 의식적인 미디어 이용 활동이 포털 기업의 이해관계를 따르게 되었다. 보유한 데이터베이스가 포털 기업의 주요 자산이 되었다는 점에서 보면(김평호, 2007), 사회적으로 생산된 지식이 사적으로 전유되었다고 할 수 있다. 네이버는 "사용자들을 동원하는 새로운 형식을 발명해"(김지연, 2013: 198) 낸 것이다.

포털 서비스의 제도화 초기 인터넷 기업 간에는 치열한 가입자 확보 경쟁이 벌어졌다. 초기 인터넷 서비스들이 디스플레이 광고의 판매를 최고의 이윤 창구로 삼았기 때문이다. 그러나 인터넷 기업의 가치 증식에는 점차 데이터베이스의 확대, 네트워크 효과의 내부화를 통한 검색 점유율 상승, 서비스 확대를 통한 지속적인 이용자의 유입과 페이지 뷰 증가와 같은 요소들이 포함되기 시작하였다. 수익 모델을 다각화하기 위해 서비스를 확대하는 과정에서 네이버는 가입자 수뿐만 아니라 이들의 검색 활동까지도 가치 증식에 동원하였다. 이용자를 통한 데이터베이스 축적, 검색 활동의 상품화 등을 서비스의 목표로 삼으며 다양한 서비스를 펼쳐 나갔다.

이 책의 시작에서도 밝혔듯이 2000년대 초반 10년 이상을 검색 서비스 강화에 힘 쏟겠다고 당시 이해진 네이버 대표는 밝힌 바 있다(장정훈, 2007). 이후 검색 서비스를 통한 이윤 창출은 국내 포털 서비스의 특성으로 자리 잡았다. 네이버는 지식iN 서비스를 통해 데이터베이스 축적과 정보 제공에 드

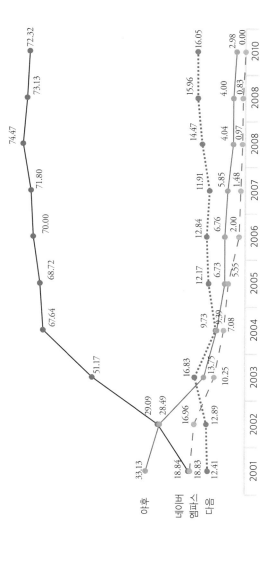

그림 4. 주요 포털사이트 검색 점유율 변화

는 비용도 최소화했다. 검색 서비스의 운영과 관리만을 담당하면서 이전 시기까지 자신이 맡았던 업무를 이용자에 전가시켰다. 이용자에게 외주화한 셈이다. 이해진 전 대표에 따르면, 지식iN 서비스는 "(한국어 데이터 부족이라는 문제를) 보완하기 위해 이용자들이 직접 콘텐츠를 만들도록 한 것"이며, "(검색 수요와 결과의 불일치를) 사용자가 직접 만든 콘텐츠로 해결했던 시도"였다(《조선비즈》, 2016. 7. 25). 더 이상 한글 데이터의 확보와 편집이 포털 기업의 몫이 아니게 된 것이다.

실제로 네이버 관계자들은 지식iN 서비스의 도입이 네트워크 효과를 확대시켰다고 밝혔다. 또한 데이터베이스 전유에도 큰 도움이 되었다고 말한다. 2005년부터 2009년까지 네이버의 전신인 NHN 대표를 역임한 최휘영은 네이버의 점유율 상승에 가장 크게 기여한 것이 지식iN 서비스였다며, 이용자 간 정보 공유를 통해 데이터베이스 확보가 가능했음을 밝힌 바 있다(《파이낸셜뉴스》, 2006. 2. 10). 지식iN 서비스 도입에 참여했던 한 관계자 역시 지식iN 서비스의 성공이 "사용자들이 가려워하는 부위를 긁어 주되 서비스 회사가 직접 나서지 않고 사용자들에게 맡겼기 때문"(임원기, 2007: 71)이라고 설명했다.

이렇듯 이용자가 쏟아내고 공유한 정보를 자신들의 데이터베이스로 배타적으로 전유함으로써 가치 증식이 가능했음을 네이버는 인정하고 있다. 네이버는 이용자들이 상호 작용할 수 있는 공간과 소정의 보상 포인트를 제공해 줌으로써 이용자의 활동을 상품화하는 기회를 얻었다. 이렇듯 이용자의 검색 활동을 상품화 과정에 동원하는 아이디어는 이후 이용자들의 참여 공간을 최대한 확대해 주고, 이들이 생산하는 콘텐츠 전반을 상품화하는 형태로 이어진다. 그 결과 국내 포털 서비스의 특징인 서비스 영역의 다각화, 비대화와 폐쇄성은 더욱 강화된다.

네이버는 더 많은 이용자가 자신의 공간을 방문하는 일이 갖는 의미를 절감했다. 더 많은 이용자의 방문이 광고주에게 자신을 매력 있는 존재로 내세울 수 있는 브랜드 가치를 만들어 준다는 사실을 알고 있었다. 더 많은 이용자의 방문은 더 많은 광고주를 이끌었다. 더 많은 이용자가 생기면서 이용자에게 자신의 유료 서비스를 늘리거나 강화시켜 머물게 하는 작업도 용이해졌다. 늘어난 이용자 방문을 기반으로 한 인터넷 쇼핑은 더 많은 상품 공급자 유치로 이끈다. 이른바 광고와 유료 서비스 제공을 통한 이익 증대라는 양면 시장의 성격을 극대화시키면서 네트워크 효과를 톡톡히 챙겨 가는 일을 경험하였다. 양면 시장은 "서로 다른 이용자 집단이 플랫폼을 통해 상호 작용을 하며, 이때 창출되는 가치는 간접적 네트워크 외부성의 영향을 받는 시장"을 의미한다. 네이버 상의 게임 업체들은 네이버에 게임을 제공하고 유료 수입으로부터 네이버 몫을 제외한 후 일정 수익을 취한다. 네이버에게 어떤 방식으로든 수수료를 지불하는 셈이다. 이용자는 네이버가 유치해 둔 게임을 즐기고 그에 대해 이용료를 지불한다. 네이버는 게임 업체와 이용자로부터 수익을 취하게 된다.

양면 시장의 혜택을 누리는 셈이다. 이때 네이버가 많은 게임을 유치해 둔 경우 이용자의 입장으로서는 다양한 게임을 즐길 기회가 많아진다. 이용자로서는 네이버를 유력한 게임 공간으로 인식하며 실제로 이용할 의도를 강하게 가지게 된다. 게임업자로서는 가능하면 더 많은 이용자를 가진 플랫폼에 자신의 게임을 제공하려 할 것이다. 그처럼 더 많은 이용자와 더 많은 공급자의 관계로 인해 양면 시장의 성격이 극대화되고 네트워크 (외부성) 효과가 발생한다. 양면 시장 개념은 '소수 대기업의 독과점은 바람직하지 못한 결과를 낼 것'이라는 예측을 한 경제학자(장 티롤Jean Tirole)로부터 비롯되었다. 양면성 시장과 네트워크 효과를 경험하며 큰 성공을 거둔 네이버가 시장을 독점할 것이라 예상하는 일은 그리 어렵지 않았다.

3. 네이버, 종합 포털이 되다

포털 서비스의 성격 변화는 포털 내의 사건으로 그치지 않는다. 그 변화는 인터넷 기업 간 관계뿐만 아니라 이용자의 인터넷 이용 방식에도 영향을 미친다. 이 책에서는 검색 광고, 지식iN, 그리고 전자 상거래 서비스 실시 이후 이뤄진 네이버의 모습 변화를 '종합 포털'의 구성이라는 사건으로 규정지으려 한다.

　　포털 기업은 처음에는 정보 검색 서비스에 자신의 역할을 한정했다. 그러다 점차 서비스 내용을 늘려 갔고 마침내 서비스 상품의 가치 사슬 전반을 매개하는 수직 통합을 꾀했다. 더 나아가 아예 전혀 다른 서비스 분야로 확장해 나가는 수평 통합을 시도하기도 한다. 수직적 통합은 생산과 유통 그리고 인터페이스에 이르는 과정 통합을 의미한다. 산업적 활동을 가치 사슬value chain로 파악할 때 사슬상에 놓인 각 과정을 통합하는 것을 수직 통합이라 부른다. 정보 통신 분야의 가치 사슬 구조는 콘텐츠Contents – 플랫폼Platform – 네트워크Network – 디바이스Device(CPND)로 재구조화된다. 플랫폼 사업자는 점차 콘텐츠를 자신 안으로 가두는 것은 물론이고 동업, 출자 등을 통해 네트워크와 장비 사업에도 참여하고 있거나 시도하고 있다. 수평 통합은 검색, 유료 콘텐츠 사업, SNS 사업, 전자 상거래 등 서로 성격이 다른 사업을 한데 묶어 사업을 확장하는 경우를 말한다. 국내의 포털 사업자들은 가치 사슬을 통합하는 일은 물론이고 다양한 사업 범주를 동시에 실행하는 수직, 수평 통합을 실행해 왔다. 국내의 포털 기업은 수직적, 수평적으로 서비스를 확대하고 통합하며 '종합 포털'이라는 거대 서비스 환경을 구축하였다(김인희·김태현, 2010).

　네이버는 포털 서비스의 경로 의존성을 지속하면서도 종합 포털로 변신해 갔다. 초고속 인터넷의 대중화를 활용해 IT 버블 붕괴 이후 새로운 수익 모델을 찾았다. 이용자의 검색 활동을 수익 창구로 최대한 활용하는 아이디어를 발전시켰다. 인터넷 산업 내, 외부의 맥락을 복합적으로 활용한 결과다. 네이버는 독자적인 서비스를 통해 막대한 영향력을 확보하였고 마침내 포털 서비스 변화의 기수로 자리매김했다. 포털 서비스가 더 이상 인터넷 세계의 입구이거나 경유지가 아니라 그 안에 머물며 뭐든 할 수 있는 목적지가 될 것이라는 예상을 스스로 관철한 것이다(NHN(주), 2003). 이는 폐쇄적 방식의 서비스 운영과 수직, 수평 통합을 통한 서비스 분야의 확대를 통해 가능했다. 그에 따라 포털 기업은 종합 포털 기업, 종합 포털 서비스업의 모습을 갖추었다. 네이버는 포털 사업 내 지배적 지위를 차지했을 뿐 아니라 '종합 포털'의 선도 자리에 서게 되었다. '종합 포털'로의 변화는 서비스 확장으로 늘어난 이용자들이 발생시킨 네트워크 효과를 내부화한 결과였다. 이용자들의 검색 활동을 상품화하여 가치 증식을 확대한 셈이다.

게임, 각종 정보 서비스 등과 함께 초기 포털 기업의 이용자 유입 요인 중 하나였던 뉴스 서비스는 포털 사이트가 인터넷 이용의 목적지가 되었음을 여실히 증명하였다. 2002년 월드컵과 대선을 기점으로 포털 기업은 뉴스 콘텐츠를 강화하고 각종 토론 게시판 및 댓글 기능을 개선했다. 이용자가 뉴스를 소비하는 공간을 제공하는 것을 넘어 뉴스에 관한 의견까지 주고받을 수 있는 장을 제공하기에 이른다. 네이버는 뉴스 큐레이션에 초점을 맞추고 언론사와의 제휴를 통해 텍스트 뉴스뿐 아니라 동영상, 이미지 등의 뉴스 콘텐츠를 이용자에게 제공하였다. 또한 섹션별로 최신 뉴스를 공급하고 연관 기사를 한꺼번에 묶어서 제공하는 등 이용자의 뉴스 소비에 편의를 최대한으로 제공하였다.

　포털의 뉴스 서비스가 강화되자 뉴스 서비스의 방문자 수와 페이지 뷰는 급증하기 시작했다. 2003년 1월 기준 네이버의 뉴스 서비스 방문자는 약 697만 명 정도에 불과했으나 2004년 5월 1,183만 명 정도까지 급증했다. 같은 기간 뉴스 페이지 뷰는 약 2억 9,200만 회에서 8억 4,640만 회 정도로 급격히 증가했다(김익현, 2015). 뉴스 서비스의 강화는 시작 페이지 점유율, 검색 시장 점유율 등과 복합적으로 작용하여 네이버의 영향력 확대로 이어졌다. 이용자들이 네이버를 시작 페이지로 설정함에 따라 포털 메인의 뉴스 서비스에 대한 접근이 더욱 용이해졌다. 동시에 통합 검색을 통한 뉴스 노출은 네이버 내 이용자의 활동을 증가시켰다.

　포털 사이트의 순 방문자, 시작 페이지 점유율, 검색 시장 점유율, 뉴스 서비스 방문자, 가입자 규모 등은 인터넷 이용 활동의 반경이 얼마만큼 특정 포털 사이트로 한정되었는지 보여 주는 간접적인 지표라 할 수 있다.[37] 네이버가 종합 포털

37　이용자의 지속적인 사이트 접속을 유도할 수 있는 시작 페이지 설정은 포털 내에 통합된 다른 서비스의 이용으로 이어졌다. 그 설정은 포털 사이트를 인터넷 이용의 종착지로 탈바꿈하는 주요한 요소로 작용했다. 실제로 2006년 11월 한국광고단체연합회와 한국인터넷마케팅협회가 공동 진행한 인터넷 이용 행태에 관한 조사에 따르면 전체 응답자 7,037명 중 80% 이상이 시작 페이지를 거의 바꾸지 않았다고 응답했다. 시작 페이지로 설정한 포털 사이트에 대한 충성도 높은 습관적

로의 면모를 갖춘 이래 네이버와 한게임 가입자 규모는 지속해서 증가해 2005년 말 기준 각각 2,300만 명, 2,400만 명에 달했다. 또한 네이버의 검색 점유율이 71%에 달한 2006년 월간 검색 페이지 뷰는 12월 기준 50억 회에 달했다. 뉴스 서비스 순 방문자는 2005년 대비 56% 증가한 약 2,127만 명에 이르렀다(NHN(주), 2007; 코리안클릭, 2006. 6. 21). 그뿐만 아니라 시작 페이지 점유율은 52.7%로 2위인 다음에 비해 34.2%나 앞서 있었다(《디지털타임스》, 2006. 11. 22). 인터넷 이용의 종착지로서 네이버의 면모는 뉴스 서비스에 아웃링크 방식을 도입한 이후에도 지속되었다. 일례로 뉴스 이용자들은 포털을 통해 언론사 사이트에 접속하더라도 해당 뉴스만을 소비한 후 다시 네이버 페이지로 돌아와 서비스를 이용하였다. 어떤 방식으로든 네이버는 막대한 이용자 트래픽을 유지하려 하였고 성공을 거두고 있었다(《디지털타임스》, 2007. 1. 16).

이용자의 인터넷 이용 행태에서도 포털 사이트의 영향력을 확인할 수 있다. 2005년과 2006년 한국인터넷진흥원의 조사에 따르면 응답자들은 인터넷을 통한 정보 습득 수단으로 '포털 및 검색 사이트(81.3%)'를 꼽았다. 이는 '일간지 등 뉴스 사이트'(6.3%), '특정 분야 전문 사이트'(6.1%)라는 응답을 훨씬 웃도는 수치였다(한국인터넷진흥원, 2007). 또한 인터넷 이용 목

이용의 경향이 드러났다(《디지털타임스》, 2006. 11. 22).

적(복수 응답) 중 45% 이상의 상위 5개 항목(이메일/채팅, 자료/정보 획득, 여가 활동, 홈페이지/블로그, 쇼핑/예약)은 포털 사이트의 주요 서비스 분야였다(한국인터넷진흥원, 2006). 나아가 2006년 5월 기준 전체 인터넷 뉴스 서비스(포털 내 뉴스 서비스, 6대 신문사, 3대 방송사 사이트 뉴스 서비스 포함) 방문자 중 93%에 달하는 2,760만 명이 포털 뉴스 서비스를 이용할 만큼 포털 서비스는 정보 획득 창구 역할을 담당했다(코리안클릭, 2006. 6. 21).

통합 검색의 사례에서 알 수 있듯 포털 기업은 검색 활동의 편의를 증가시키기 위해 특정한 방식으로 서비스 환경을 구성한다. 그 환경 구성 방식은 대체로 포털 기업의 이해관계에 부합하는 방향으로 이루어진다. 이용자의 편의를 도모한다는 슬로건을 달기는 하지만 포털 기업의 이익에 먼저 복무하는 방식을 취한다. 이처럼 이용자의 편의가 기업의 이익의 뒷줄에 서게 되면서 이용자의 활동은 관리의 대상이 된다. 실시간으로 이용자 동향은 계산, 점검되고 그에 맞춘 서비스 환경이 꾸려진다. 포털 서비스 환경은 자유로운 정보의 바다가 되기보다는 이용자의 활동을 관리, 통제하는 공간이 되고 만다(유승현, 2012). 앞서 언급했던 지식iN 서비스를 활용한 통합 검색의 강화, 실시간 검색어와 연관 검색어의 도입은 이용자들의 검색 활동을 어떻게 포털의 관리하에 두는지를 보여 주는 구체적인 사례다. 이용자들의 이탈을 막고 인터넷 이용 활동의 범위를 포털 기업의 서비스 환경 내로 제한하는 전략이 점차 구조화되었다. 그리고 그 구조화된 기술적 환경에 의해 이용자 관리는 더욱 강화된다.

이러한 이용자에 대한 폐쇄적 방식의 통제는 포털 기업이 제공하는 서비스 영역이 확대되면서 더욱 효과적으로 작동한다. 포털이 거의 모든 인터넷 이용 활동을 매개하고 각종 정보 및 여론 확산의 창구 기능을 담당하면서 이용자의 포털 서비스 의존도가 높아진다(이호영 외, 2008). 특정 포털에 의존하는 습관은 포털 관리자에 의해서 형성되었지만 결국에는 이용자가 쉽게 벗어날 수 없는 굴레가 된다. 의존 습관은 포털에 대한 충성도로 전환되어 포털의 폐쇄성에 일조한다. 포털 서비스의 폐쇄성이 강화되면서 이용자의 포털 내 순환이 증가했다는 사실은 외부 사이트로의 유입 비율(레퍼럴 페이지 뷰Referral PV)에서도 드러난다. 코리안클릭에 따르면 2007년 7월 네이버의 전체 검색 페이지 뷰 52억 9,000만 건 중 외부 사이트로 연결된 경우는 12억 4,000만 건으로 전체 검색 건수 대비 23.4%에 불과했다. 이는 주요 포털 기업 중 가장 낮은 비율이었다(《한국경제》, 2007. 9. 5).[38]

종합 포털로 변화하면서 타 기업에 대한 배타성과 독점적인 데이터베이스 소유의 정당화가 극심해진다. 포털 간 경쟁이 격화되면서 지적 재산권을 내세운 데이터베이스 통제

---

38 해당 조사에서 구글코리아의 검색 레퍼럴 페이지 뷰는 62.9%로 집계된 반면 야후는 31.4%, 다음은 28.2%에 불과했다. 검색 환경의 폐쇄성은 국내 포털 서비스의 일반적 특성이었다.

가 강화되었다. 단적인 예로 네이버는 2005년 엠파스가 타 포털의 데이터베이스까지 검색 결과로 도출하는 열린 검색 서비스를 도입했을 때 로봇 프로토콜(robot.txt)을 이용해 자사의 데이터베이스 접근을 막았다. 이용자들이 축적한 데이터베이스를 전유하고, 타 포털 사이트와의 연결을 차단하고, 그로부터 발생하는 이윤을 독점해 나가자 점차 포털 서비스는 사회문제로 대두된다.

네이버 관계자는 이용자들이 축적한 데이터베이스가 공공의 자산임을 인정하면서도, 기술적 환경의 배타적 소유권을 내세워 자신들의 조치를 정당화했다(강병준·류현경, 2008). 포털 기업이 임의로 데이터베이스를 통제하려는 시도는 2003년 지식iN 이용 약관에서도 확인할 수 있다. 지식iN 이용 약관 제12조 5항은 이용자들이 축적한 데이터베이스를 네이버가 사적으로 이용할 수 있음을 명시한다.

'모든 이용자가 만들어가는 지식광장'으로서[39] 지식iN 서비스를 공유와 편의 제공이라는 목적을 갖는다는 명목을 네이버는 내세우고 있다. 하지만 엄밀하게 말해 지식iN 서비스는 이용자들의 미디어 이용 활동을 상품화하는 수단으로 활용하고 있다. 네이버는 경쟁 우위를 점하기 위해 폐쇄적으로 운영하고 있었다. 그 결과 배타적인 데이터베이스 소유권을 통

---

39   https://web.archive.org/web/20030208000927/http://kin.naver.com:80/help/help_view.php?sid=k-in

표 7. 네이버 지식iN 서비스 이용 약관

제12조(회원의 게시물) 5항
회원이 등록한 게시물에 대한 저작권은 해당 저작권자에게 귀속됩니다. 자신의 게시물을 등록하는 것은 제13조의 포인트 보상을 대가로 자신의 게시물에 대한 회사의 이용을 허락하는 것으로 간주되며, 허락의 범위는 게시물의 복제, 배포, 전송, 출판 및 2차 저작물과 편집 저작물의 작성을 포함합니다. 또한 이러한 허락의 범위와 목적 안에서 회사는 관계 회사에 게시물의 내용을 제공할 수 있습니다. 다만, 회사는 게시물의 내용과 회원의 아이디 이외의 개인 정보는 제공할 수 없으며, 그 외의 내용에 대하여는 회사는 개인정보보호 정책을 준수합니다.

출처: https://web.archive.org/web/20030131052713/http://kin.naver.com:80/help/help_faq.php?sid=k-in&nid=49 (강조는 인용자)

해 정보의 공유 및 확산을 통제할 수 있었다. 그리고 정보 생산자와 이들의 생산물을 격리시키는 이른바 "지식의 인클로저 enclosure"(이항우, 2016: 200)를 행하기에 이른다.

종합 포털 서비스의 정착은 인터넷 이용 문화의 또 다른 양상을 만들어 냈다. 포털 서비스는 여론의 취합이라는 임무 부여 대신 여론을 형성할 수 있는 기제와 영향력을 확보하는 쪽으로 자신의 역할을 규정해 냈다. 실시간 검색어나 인기 검색어 서비스를 통해 인기 이슈에 궁금증을 갖게 하거나 그를 반드시 찾아보는 버릇이 형성되게 하였다. 당연하게도 포털 기업은 이러한 영향력을 경제적 이익으로 전환시켰다. 실시간 인기 검색어와 연관 검색어 서비스는 미리 설정된 검색 엔진의 알고리즘을 통해 무엇을 검색해야 하는지, 무엇이 현재 이슈인가를 알 수 있는 정보를 제공한다. 그로써 이용자의 검색 활동을 포털이 제공하는 관심의 경로에 의존하게 만든다.[40] 이는 적은 비용으로도 이용자의 검색 행위에 실시간으로 반응하고, 축적된 데이터베이스를 바탕으로 (그 구체적인 내용과 관계없이) 특정한 사실을 생산할 수 있음을 뜻한다.

이용자의 검색 활동이 알고리즘의 논리와 결합하면 특정 키워드에 관한 관심이 생긴다. 그 관심은 곧 검색량으로 이어진다. 일시적이라도 소수의 활동이 다수의 관심으로 전환되는 일이 벌어진다(김지연, 2013). 그리고 검색량 증가로 '인기 검색어나 연관 검색어에 올랐다는 사실 자체가 실제 이용자들의 관심을 반영하는 것'이라는 착시를 일으킨다. 당연히 그 같은 착시는 여론 추이에 영향을 미치게 된다. 포털 기업의 구조화한 기술적 환경이 "여론을 형성하고 동일한 판단을 가져오는 것만이 아니라 공통의 지각 형태를 만들고 공통의 지성을 표현하며 조직하는"(Lazzarato, 2004/2017: 209) 장치로도 작동하게 된다.

본래 검색 엔진은 자동화된 논리를 따르기 때문에 키워드의 내용과 질적 수준, 사실 여부를 판단하지 않는다. 따라

---

40 실시간 검색, 연관 검색어는 상업주의적 소산에서 만들었지만 여론 왜곡이라는 사회문화적 효과를 만든다는 비판이 있었다. 사회적 비판이 일자 다음은 2020년 2월, 네이버는 2021년 2월에 실시간 검색 기능을 중지하였다. 인물 연관 검색어도 다음이 2019년 10월, 네이버가 2020년 3월에 폐지한다.

서 포털 사이트는 외관상으로는 이용자의 활동을 수치화한 결과를 제시할 뿐 여론의 구체적인 내용이나 그 흐름에 대해서는 어떠한 개입도 허용하지 않는 것처럼 보인다. 이 같은 인식 탓에 인터넷은 자유의 공간이라는 평가를 받아 왔다. 궁극적으로 포털 사이트는 여론의 객관적 생산지이자 확산 창구로 대접받는다. 그래서 포털 서비스는 (이용자의 관심을 특정 방향으로 유도할 수 있음에도) 늘 자신의 기술 논리(특히 알고리즘)를 내세워 형식적 중립성을 지키고 있음을 강조한다. 이 과정에서 막대한 검색 점유율과 트래픽을 확보하고 그를 기반으로 이윤을 창출하는 경제적 주체에 지나지 않음을 강조한다. 위에서 언급한 논리를 기반으로 포털 기업은 미디어 기관에 부여된 사회적 책임을 회피하기도 한다. 투명하게 매개를 할 뿐 개입하거나 참여하지 않으므로 사회적 책임으로부터 면제될 수 있다는 논리를 펴기도 한다. 하지만 연관 검색어, 인기 검색어 장치를 걸어 포털 사업자를 평가하자면 그 해명은 초라할 수밖에 없다. 이용자 간 커뮤니케이션의 질적 향상보다는 이런 활동을 양화해 광고 상품으로 판매하는 것에 더 관심이 많고, 여론을 투명하게 매개하는 사업이 아니라 여론 형성에 일정 개입을 하고 있다는 평가를 받아 마땅하다.

결과적으로 인터넷 공간의 종합 포털화는 포털 시장 내 독과점과 상업적 인터넷 환경의 고착화를 초래했다. 인터넷 이용의 출발점이자 최종 목적지가 된 포털 서비스를 통해 수익을 창출하기 위해 포털 사업자는 지속해서 서비스 영역을 확대해 나갔다. 서비스 환경이 비대해지면서 포털 기업은 콘텐츠 배포자, 중개 사업자, 이용자의 활동을 상품화하는 자본가, 그리고 여론에 영향을 미치는 미디어 기구로서 위상을 갖추게 되었다. 이용자의 포털 서비스 의존도가 커져 가자 이들의 인터넷 이용 활동을 포털 기업은 가치 증식에 충실히 활용하였다. 하지만 네이버는 자신의 활동을 정당화하거나 변명하기 위해 여러 논리를 동원하고 있다. 더 많은 정보를 공정하게 더 많은 이용자에게 전달하기 위해 알고리즘을 사용하고 있으며, 더 많은 사업자에게 편의를 제공하기 위해 오픈 마켓의 방식을 활용한다며 자신을 변호한다. 네이버를 둘러싸고 벌어지는 정치경제적 관계를 다양한 서비스, 고객 편의, 알고리즘, 오픈 마켓 등 공정을 연상시킬 용어로 치환시켜 방어적으로 진술하고 있다. 이용자의 이용 경험, 정보 획득을 위한 욕망을 자신의 자본재로 갈아 챙기면서도 다른 용어로 은폐하거나 더 나아가 공익적 행위로 치환해 자신을 옹호한다. 포털의 덩치가 점점 커져 종합 포털의 지위에 이르면서 그런 경향은 점점 더 심화되어 갔다.

5장

웹2.0 시대의 개막과
플랫폼형 포털로의 변화
(2006~2010)

1. 웹2.0 기술과 담론의 활용

2004년 개방, 참여, 공유의 슬로건을 내건 '오라일리 미디어 웹2.0 컨퍼런스O'Reilly Media Web 2.0 Conference'가 열렸다. 웹 2.0이라는 용어는 그 이전에도 사용되긴 했다. 이 컨퍼런스 이후 대중화되기 시작한다. 대중화와 함께 웹2.0을 둘러싼 온갖 희망 섞인 담론들이 쏟아져 나왔다. 이용자와의 쌍방향 소통, 이용자 참여 중심의 콘텐츠, 집단 지성 등이 웹2.0 시대에 이뤄질 거라는 전망이 대두되었다. 민주적 소통과 개방된 사회로 이끌 동력이 될 거라는 기대 섞인 예언도 있었다. 국내외 포털 서비스도 그 담론에 올라탔다. 미리 결론부터 이야기하자면 포털 서비스가 플랫폼형 포털로 모습을 바꿔 가는 데 있어, 웹2.0 기술과 이를 기반으로 한 서비스, 그리고 이들을 둘러싼 담론이 큰 역할을 했다(김수철·오준호, 2013). 물론 포털을 웹2.0 담론의 중심에 두고, 새롭게 자신의 정체성을 꾸려 간 측은 포털 자신이었다. 포털 기업으로서는 웹2.0의 도래가 변신의 기회였다. 포털 기업이 새로운 인터넷 경제 구조를 꾸려 가는 선두 주자로 각인시킬 수 있는 기회이기도 했다. 적어도 한국에서는 포털 기업이 웹2.0 담론을 자신 안으로 끌어당기며 새롭게 정체성을 구축해 나가는 기회로 여겼고, 또 적극적으로 활용하였다.

웹2.0 기술과 담론의 도입은 무엇보다도 인터넷 기업으로 하여금 이용자의 자발적인 인터넷 활동을 시장 안으로 끌어들일 수 있게 해 주었다(Terranova, 2000). 웹2.0 시대는 이용자 중심의 인터넷 서비스가 일반화될 거라며 강조해 널리 알렸다. 대중이 인터넷을 더욱 친숙하게 대하고 인터넷 활동에 더 빈번하게 적극적으로 참여할 수 있는 시대가 왔다고 강조해 나갔다. 과거의 인터넷은 웹1.0 버전으로서 공급자 중심으로 서비스를 할 수밖에 없었고 이용자가 적극 참여할 수 있는 기회는 적었다며 웹2.0을 치켜세웠다. 그러면서 웹2.0이 만드는 새 인터넷 공간을 개방, 참여, 공유의 공간으로 규정했다. 그리고 인터넷 사업자들은 자신을 선의의 공간 제공자로 인식하도록 담론을 모아 갔다(Andrejevic, 2012). 웹2.0을 기술적인 변화 이상으로 인식하도록 하였다. 참여, 공동체, 능동적 활동, 사회적인 것의 복구 등등의 슬로건을 갖다 붙였다. 그 덕에 웹2.0에는 여러 희망의 담론들이 접합되기 시작했다. 심지어는 새로운 사회와 미래를 약속하는 데까지 나아갔다. 이용자 중심의 인터넷 공간으로 변화한다고 전망하기에 이르렀고 궁극적으로는 애초 인터넷이 꿈꾸던 새로운 소통의 사회로까지 이어진다는 희망의 담론으로 연결되었다. 그 담론은 인터넷 공간을 넘어 사회 전역으로까지 번졌다. 해당 영역에서 새로운 기술이나 형태가 발생한 경우 'XX.2.0'(민주주의2.0, 철강 산업2.0 등의 예) 식으로 이름을 붙이는 유행을 만들어 낼 정도였다. ICT 기술의 등장과 그 활용이 가져올 새로운 사회의 모습으로서 웹2.0 슬로건은 대중의 일상 속으로 번져 갔다.

사실 웹2.0 담론에는 모든 이를 인터넷 공간 내로 흡수하겠다는 의지가 담겨 있음을 쉽게 엿볼 수 있다. 오픈 소스와 웹2.0이란 용어를 대중화시킨 것으로 알려진 팀 오라일리Tim O'Reilly는 최초의 웹2.0 컨퍼런스에서 그 특징을 다음과 같이 정리한다.

(1) 웹은 플랫폼이므로 직접 서비스하진 않지만 이용자에게 참여 수단을 지원 제공하며, (2) 이용자들의 참여를 유도해 이를 통해 데이터베이스가 형성되도록 하여(집단 지성), (3) 데이터를 웹2.0의 엔진이자 동력으로 삼아 (4) 이용자에게 소프트웨어를 제품이 아니라 서비스로 제공하며, (5) 누구든 가볍게 프로그래밍할 수 있게 도우며, (6) 다양한 디바이스를 횡단 사용하게 해 주며, (7) 이를 통해 풍부한 이용 경험을 제공한다는 이상을 갖고 있다(O'Reilly, 2005).

미국 내 주요 인터넷 기업은 자신의 사업을 오라일리의 발언 방향으로 잡아나갔다.[41] 국내 인터넷 기업들도 영향을 받아 그쪽으로 사업의 물꼬를 튼다. 마침 한국에서는 2006년부터 차세대 인터넷 환경으로의 전환 필요성이 대두되고 있었다(《매일경제》, 2006. 2. 10). 전환의 필요성에 대한 호응을 웹 2.0 패러다임의 도입으로 포장하고 그를 이용자의 편의를 위한 조처라고 대대적으로 홍보해 나갔다.

초기 인터넷 서비스는 운영 주체에 의한 일방적인 정보 제공의 성격을 띠었다. 그런 점에서 방송 등과 같은 기존 매스 미디어와 큰 차별성을 보여 주지 못했다. 이용자 편에서 보아 인터넷은 매스 미디어와 비교해 시간 혁명을 선사하긴 했다(강지웅, 2008). 즉 이용자가 이용 시간을 정하고, 언제든 편한 시간에 인터넷을 접속하여 정보를 얻는다는 점에서 매스 미디어와 확연히 차별성을 보여 주었다. 하지만 인터넷 안 공간은 매스 미디어와 크게 다르지 않았다. 과거 미디어와 비슷하게 일방적으로 정보를 제공함으로써 새롭다는 느낌을 제공하지 못했다. 급기야는 큰 기대를 가졌던 이용자들이 불만을 제기하기에 이른다. 먼저 이용자의 의도와 무관한 불필요한 정보, 스팸 메일 등이 범람하는 문제에 대해 불평하였다. 쌍

41　본래 웹2.0이라는 용어는 닷컴 붕괴 이후 살아남은 업체를 분류하고, 새로 등장해 성장하는 업체의 특징을 분석하기 위해 분류학적 목적으로 출발했다는 주장도 있다(전종홍·이승윤, 2007).

방성, 상호작용성을 내세웠으나 막상 이용자에게 권한을 제공하지 못하는 문제도 제기했다. 또한 이용자들은 인터넷상에 자신만의 공간을 구축하고자 할 때 많이 불편하다며 불만을 털어놓았다. 누구든 쉽게 접근할 수 있는 인터넷 공간이 아니라 적어도 HTML과 같은 프로그래밍 언어를 직접 다뤄야 하는 문턱 높은 공간임을 지적했다. 실제로 이용자는 새롭게 공간을 구축하고 싶어도 인터넷의 문턱 앞에서 기술적인 문제로 좌절하기 일쑤였다(《오마이뉴스》, 2006. 2. 9).

이용자들이 제기한 이 같은 한계는 애초엔 애로 사항으로만 지적되었다. 하지만 시간이 흐르면서 불편과 불만의 영역으로 바뀌기 시작했다. 문제 해결, 불만 해소를 통해 매스미디어와 차별성을 갖는 일은 신생 사업자인 인터넷 기업으로서는 사활을 걸어야 할 과제가 되었다. 이용자의 불만은 이용자 감소로 이어지고 이는 곧 인터넷 사업의 위기로까지 이어지는 중차대한 일이었기 때문이다. 정리하면, (1) 이용자 개인에 맞춘 인터넷 서비스 요구가 증가했고, 인터넷 사업의 성장을 위해서는 무엇보다도 먼저 (2) 이용자들이 직접 정보를 생산, 편집하게 편의를 제공해야 했고, (3) 이용자와의 소통을 매개하는 플랫폼 서비스를 자처하고 제공해야 할 시기를 맞은 것이다.

IT 버블 붕괴 후에도 살아남은 인터넷 쪽은 대체로 웹2.0을 잘 활용한 기업이라는 평가를 받는다. 웹2.0의 활용을 통해 새로운 서비스를 창출한 기업의 경우 버블 붕괴 후에도 살아남았을 뿐 아니라 현재까지도 존속해 있다. 그들은 매스미디어와의 차별성 구현이야말로 인터넷 기업의 명운을 건 일임을 잘 알고 있었다. 앞서 밝힌 바와 같이 기존의 웹 환경은 전통적인 미디어와 큰 차이가 없었다. 여전히 생산자 중심의 일방향 소통에 머물러 있었다. 인터넷 비즈니스가 대중에게 새로운 경지에 도달했다는 느낌을 주는 데는 한계를 드러냈다. 즉 소수의 인터넷 기업이 지식과 정보를 상품화하고 판매하는 다소 폐쇄적인 공간으로 인터넷은 인식되었다. 초기 인터넷 사업의 대표적 주자들인 닷컴 회사들이 특히 그런 인식을 심어 주었다. 초기에 인터넷에 열광하며 환영하던 이용자들조차도 인터넷이 보다 획기적인 수준으로까지는 도달하지 못했다고 인식하고 있었다. 그 같은 인식을 앞장서서 확연히 바꾼 기업은 아마존, 구글, 이베이 등이었다. 이들은 웹 환경을 바꾸며 과거 미디어와 차별성이 없다는 인식을 떨치는 데 사활을 걸었다. 구글이 대표적인 사례다. 구글은 2006년 유튜브를 인수하면서 "구글과의 파트너십을 통해 유튜브는 전 세계 미디어를 위한 차세대 플랫폼을 구축하고자 하는 우리의 목표를 추구하는 데 필요한 유연성과 자원을 갖게 될 것이라고 확신한다"고 밝혔다(Burgess & Green, 2018; Youtube, 2006: Gillespie, 2010: 348에서 재인용). '차세대 플랫폼'과 '유연성'에 방점을 찍으며 변신해 갔다.

이들은 무엇보다도 쌍방향성을 적극적으로 구현하였다. 이어 누구든 참여할 수 있는 개방적인 서비스 디자인을 제공하며 나섰다. 이용자가 스스로 찾고, 머물며, 생산까지 해내도록 유도하는 일을 최우선 과업으로 내세웠다. 이용자로 하여금 사업자가 제공한 공간에서 더 많은 시간 동안 머물게 할 뿐 아니라 이용자끼리 서로 소통하게 하였다. 그럼으로써 이용자들의 집단 지성이 형성되어 콘텐츠가 되고 인터넷 사업자는 그를 활용하는 방식을 기획하고 실천했다. 전달하는 웹이 아니라 모여들어 활동하게 하는 웹 이른바 플랫폼으로서의 웹으로의 전환을 꾀하였다(O'Reilly, 2005). 인터넷 사업자들은 웹 사이트 내부에서 이용자가 큰 어려움 없이 활용할 수 있는 프로그램과 도구를 제공했다. 그로써 이용자는 전에 비해 훨씬 용이하게 그리고 더 빈번하게 지식과 정보의 생산에 참여할 수 있게 되었다. 전격적인 새로운 웹 환경으로의 변화였다. 이 변화, 전환으로 인터넷 기업도 서비스를 개선할 수 있었고 이용자 규모와 활동 정도를 늘릴 수 있었다. 더 많은 서비스를 기반으로 더 많은 수익을 창출하고 자본을 축적하는 기회를 갖게 되었다.

이용자의 참여와 공유를 근간으로 한 개방적 웹 환경의 도래는 이용자와 인터넷 기업 모두에게 획기적인 패러다임 전환이었다. 무엇보다도 먼저 콘텐츠 이용자와 생산자 간 경계가 허물어졌다. 새롭게 생산자 지위를 얻게 된 이용자들은 훨씬 더 다채로운 그리고 더 많은 콘텐츠를 만들었다. 이용자로서는 더욱 다양한 콘텐츠를 접하게 되었고 인터넷 사업자는 콘텐츠 수급에 대한 고민을 접게 된다. 콘텐츠가 늘어나고 다양해지면서 참여를 주저하던 이용자들도 정보를 구하거나 즐거움을 찾아 인터넷 공간에 참여하게 된다. 이용자 수가 늘 뿐 아니라 이용자가 인터넷 공간에 머무는 시간이 늘어나면서 인터넷 사업은 광고 수익 증대의 호기를 잡게 된다. 콘텐츠 생산과 이용자 증대 그리고 인터넷 사업의 성장이 연결되어 선순환 구조로 정착하게 된다.

자연스레 웹2.0 시대를 맞으면서 국내 포털 사업자의 발걸음도 분주해지고 사업의 다각화 모색도 활발해진다. 사업자들은 블로그, UCC(Users' Created Contents), 웹툰 등 이용자들이 직접 참여할 수 있는 서비스를 늘려 가기 시작했다. 이용자와 생산자 간 구분이 허물어졌지만 인터넷 사업자는 그 호기를 자신의 사업 확장으로 이어가고자 했다. 웹2.0 시대를 맞아 생긴 대부분의 신규 서비스는 그 서비스 안에서 이용자가 생산에 참여하도록 유도하는 형식을 띠었다. 이용자는 포털 사업자가 제공하는 공간 안에서 과거에 없던 공유, 쌍방소통, 참여를 경험할 수 있었다. 이용자의 경험은 포털 사업자가 전보다 훨씬 더 풍성한 데이터와 콘텐츠를 확보하고 이를 다시 서비스하는 데로 이어진다. 이용자가 웹 환경 내에서 자신이 참여할 수 있는 공간이 확대되는 기회를 얻는 만큼 포털 기업은 수익을 더 올릴 기회를 맞게 되었다. 포털 기업이 포털 서비스를 넘어서 플랫폼 서비스로 옮겨가는 데 웹2.0은 결정적인 역할을 한 셈이다. 인터넷 사업자로서는 사업의 확장, 수입 창구의 전환이라고 부를 수 있을 만큼의 순간을 웹

2.0과 함께 맞게 된다(김수철·오준호, 2013). 자신을 플랫폼화하여, 플랫폼 서비스하고, 그를 기반으로 이용자 규모를 확대할 수 있었고, 더 많아진 이용자의 활동과 그 결과물(콘텐츠)을 통해 더 많은 수익을 올릴 수 있었다.

웹2.0 기술 도입 이후 당장 인기가 높아진 영역은 블로그와 UCC였다. 둘 다 이용자가 만든 결과물이었다. 이용자가 콘텐츠를 만들어 올리면서 인터넷은 전에 비해 더 분주한 공간이 된다. 이들의 등장, 증가와 인기로 전통적 의미의 콘텐츠 상품 개념이 바뀌기 시작한다. 이용자 간 콘텐츠 공유가 활발해지면서 인터넷 기업은 콘텐츠 수급이나 유료화 방안에 힘을 덜 쓰게 되었다. 대신 이용자들이 참여할 수 있는 공간을 제공하고 이들의 소통을 매개하는 역할로 자신을 한정 짓는다. 그로써 서비스 관리와 정보 제공에 드는 노력과 비용을 절감하게 되었다. 절감한 에너지와 비용은 웹툰, 웹 소설, UCC와 같이 기존 미디어 영역의 주변부에 머물던 콘텐츠를 포털 서비스 안으로 포섭하는 데 사용하였다.

실제로 국내 포털 기업은 이미 2000년대 초부터 이용자 간 상호 작용과 소통을 장려하는 커뮤니티 서비스를 강화한 바 있다. 인터넷상에 개인 공간을 갖기를 원하는 이용자를 대상으로 블로그 공간을 제공하는 서비스도 국내에 도입하였다. 2003년 한미르가 블로그 서비스를 시작한 이후 네이버, 다음, 야후코리아, 네이트 등도 뒤따라 서비스를 개시한다. 이후 블로그는 포털이 제공하는 주요 서비스로 자리 잡았다. 이어 태그 기능, 블로그 검색 기능을 보태면서 블로그 서비스가 개선되었고 그런 탓에 블로그 이용자는 급격히 증가한다. 2007년 조사에서는 인터넷 이용자 10명 중 4명이 블로그를 운영한다는 결과가 나왔다(한국인터넷진흥원, 2008). 인터넷 사업자들은 블로그를 통해 직접적 이용자 수를 늘렸을 뿐만 아니라 블로그 내 정보까지 검색 정보에 포괄함으로써 포털 서비스를 더욱 가치 있는 것으로 만들 수 있었다.

블로그 서비스와 더불어 동영상 서비스도 강화되기에 이른다. 2005년 이전까지 UCC 서비스는 판도라TV, 마이TV 등 인터넷 콘텐츠 제공업자들의 UCC가 포털의 검색 서비스를 통해 유통되는 수준에 머물렀다(이동훈, 2007). 동영상을 장착한 UCC 콘텐츠는 유튜브(youtube.com)를 인수한 구글이 2006년 10월 한국 진출을 선언하면서 급격히 증가한다. 〈타임*Time*〉지가 2006년 올해의 인물로 UCC 주체인 "You"를 선정하는 등의 세계적인 트렌드가 UCC 서비스에 대한 관심을 촉발한 면도 있다. 구글의 한국 진출은 동영상 서비스 경쟁의 시발점이 되었다. 유튜브의 경제적 가치를 담은 소식도 인터넷 종사자나 학계 내에 UCC 담론이 퍼지는 데 한몫을 했다. 또한 2006년 초 멀티미디어 UCC 제작 솔루션이 개발되면서 관심과 경쟁은 본격화된다.

국내 UCC 관련 서비스의 시작은 대형 포털에서 시작되진 않았지만 이내 포털 간 경쟁으로 옮겨가게 된다. 다음, 네이버 등 주요 포털 기업은 처음에는 동영상 검색 서비스만을 제공하였다. 그러다 다음, 네이버는 각각 2006년 2월과 5월 다음TV팟과 네이버플레이라는 이름의 동영상 공유 플랫폼 서비스를 시작했다. 야후, 싸이월드 등도 뒤따라 UCC 관련 서비스를 개시한다. 유튜브가 한국 내 사업 성공으로 점유율을 넓혀 가는 바람에 국내 포털 기업은 그 분야에서 크게 성공을 거두진 못했다. 하지만 UCC 공유 서비스는 더 많은 이용자를 끌어들이게 해 주었고 광고 수익을 유치할 수 있게 하는 등 새로운 수익 창출 수단으로 자리를 잡아갔다.[42]

공유, 참여, 소통의 산물이고 웹2.0의 중요 결과물인 이용자들의 창의적 생산물은 포털 사업자의 수입 창출에 빠트릴 수 없는 서비스로 부상한다. 하지만 점차 이용자 생산물은 어색한 지위에 놓이게 된다. 많은 연구가 지적하고 있다시피 웹

---

42   2008년 유튜브가 국내 서비스를 개시한다. 국내 동영상 플랫폼 시장에서 유튜브가 차지하는 점유율은 빠른 속도로 확대되었다. 전 세계적인 이용자를 거느린 유튜브의 네트워크 효과는 국내에서도 영향력을 발휘했다. 이는 곧 판도라TV, 엠군 등 국내 동영상 전문 서비스 업체의 쇠락으로 이어졌다. 2007년까지만 해도 다음TV팟과 판도라TV의 국내 점유율은 각각 22.7%와 22.1%로 4.5%를 차지하는 유튜브를 크게 앞섰다. 그러나 이러한 판도는 유튜브의 국내 진출과 국내 인터넷 기업에 대한 제한적 본인 확인제 시행 이후 역전되었다. 2009년 15%였던 유튜브의 점유율은 2011년 41.2%, 2013년 8월에는 74%, 2017년 6월에는 86.1%를 차지해 사실상 동영상 플랫폼 시장을 지배하게 되었다(김경희, 2018; 〈파이낸셜뉴스〉, 2018. 9. 19). 한편, 구글과 유튜브의 국내 진출은 인터넷 산업 내 경쟁이 더 이상 일국적 차원에 국한되지 않는다는 사실을 의미했다. 이에 따라 네이버, 다음 등 거대 포털 기업은 독자적인 동영상 플랫폼 서비스를 강화하는 한편 지속적으로 구글과 유튜브에 대한 제도적 차원의 규제를 요구하게 된다.

2.0으로 인해 생산된 이용자의 생산물은 참여와 공유라는 정신을 담는 내용이 될 잠재력을 가졌다. 이용자들 또한 그렇게 기대했다. 인터넷 기업으로서는 웹2.0에 기반을 둔 비즈니스를 꾀해 더 많은 이용자와 콘텐츠를 확보하고 더 많은 수익을 창출하려 힘쓴다. 웹2.0 기술의 개발과 보급은 인터넷 기업의 수익 창출에 중요한 기반이 되었다. 이처럼 이용자와 인터넷 기업은 이용자 생산물에 대해 서로 다른 기대를 보였고 그 기대에 맞춘 활용으로 이어 갔다.

UCC를 경유해 인터넷 공간에서 적극적인 참여를 한 이용자를 연구한 결과들을 보면 이용자와 사업자 간 동상이몽이 현저하게 드러난다. 이용자와 사업자 간 동상이몽, 긴장에 머물지 않고 점차 웹2.0 사업들은 이용자 편의 쪽이 아니라 사업자의 이익 쪽으로 기울어져 간다(이만제, 2007; 이희은, 2007). 동영상 서비스를 제공하는 포털은 이윤을 추구하는 상업적 포털 사이트로서 개방, 참여, 공유의 이데올로기를 담아 이용자의 능동적 참여를 고취시킨다고 여러 연구는 밝힌다(정재철, 2008). 포털은 가상 공간이므로 오프라인 공간과 달리 기술 제공 등을 통해 모든 것이 개방되고, 누구나 참여할 수 있고 모든 것이 공유되는 공간이라는 믿음을 유포시킨다. 그런 방식으로 이용자들의 가상 세계에 대한 기대와 의지를 접합해 내면서 포털은 수익을 창출한다. 또한 소비 자본주의의 자본 증식 욕망에 대한 문제점을 이용자가 인식하지 못하게 하는 효과도 만들어 내기도 한다. 웹2.0 디지털 기술은 동영상 콘텐츠의 분배, 교환, 소비를 전 세계적으로 제한 없이 촉진시킨다며 그 중심에 이용자를 위치시킨다. 이용자를 적극적인 주체로 호명하는 셈이다. 그럼으로써 포털 자본의 자기 증식 욕망은 이용자가 일상생활을 표출하고자 하는 욕망 구조와 결합한다. 동영상 문화가 소비 자본주의 사회를 부추기는 효과를 내도록 포털은 작동을 한다. 상업주의를 비켜 갈 긍정적인 가능성, 새로운 사회로 이끌 소통 공간의 잠재성을 지니고 있긴 하지만 웹2.0 기반으로 생산된 이용자 생산물은 포털 사업자들의 사업 대상이 될 운명에 놓인다. 웹2.0 서비스 덕에 개인화된 관심과 취향에 소구하는 새롭고, 다양한 미디어 상품이 지속해서 등장한다. 하지만 그들은 곧 포털 사업의 대상이 될 공산이 커지고 실제로 그 방향으로 진전되어 왔다. 포털 기업이 웹2.0 시대를 경제적 이익을 위해 적극적으로 전유하는 일이 벌어진 것이다.[43] 그러는 사이 이용자가 만든 콘텐츠가 포털 사업의 주요 사업 항목이 되면서 이용자의 지위는 ― 상업화와 능동적 참여 사이에서 ― 모호해지기 시작한다.

이용자는 포털 서비스를 이용하는 고객이자 소비자이면서 포털 서비스 내 콘텐츠를 생산하는 노동자라는 복합 지

---

43 UCC, 웹툰, 웹 소설 서비스들이 증가하면서 개인 홈페이지나 커뮤니티 사이트, 블로그를 이용하던 개인 창작자들이 수익을 배분받을 기회가 생겨났다. 그러나 이는 플랫폼 내에서의 경쟁을 거쳐 이용자들의 주목을 받은 소수의 창작자에게만 해당할 뿐이다. 아마추어 창작자 대다수의 활동과 그 생산물은 정당한 보상 없이 불안정한 상태로 포털 기업의 이윤 창출의 대상이 되고 있었다.

위를 갖게 된다. 그 같은 지적에 맞추어 이용자가 노동자로서 노동하지만 그 노동의 결과는 인터넷 사업자가 챙겨 가고 이용자는 결과물로부터 소외된다는 주장도 등장했다(Fuchs, 2014; Terravnova, 2000). 이용자가 남긴 콘텐츠는 광고 영업의 기반이 된다. 더 나아가 새로운 서비스로 이어지기도 한다. 그러므로 이용자는 수익의 기반을 만드는 자, 즉 노동하는 존재로 규정해야 한다는 주장이 대두된다. 이때 이용자의 노동은 보상받지 않으므로 부불 노동unpaid labor 혹은 자유 노동free labor의 성격을 띤다. 그 주장에 조심스럽게 소극적으로 호응하고자 한다. 물론 인터넷 기업이 이용자가 만든 콘텐츠를 기반으로 사업을 이어 가고 수익을 편취한다는 지적에는 적극 동의한다.[44] 이용자가 콘텐츠를 제공하면서도 인터넷 사업 과정에서 생기는 이익과 편의로부터 소외된다는 주장은 반박의 여지가 없다. 그러나 이용자의 지위, 이용자의 인터넷 이용, 그리고 인터넷 기업과 이용자 간 관계를 언급하는 자리에서는 보다 더 섬세한 논의가 필요해진다. 인터넷 이용과 이용자에 대한 규정은 인터넷 정치경제학적 논의의 출발점이 되

---

44   이용자 노동을 주장하는 측에 대한 서르닉(2017/2020)의 다음과 같은 비판에 동의하는 편이다. "자유/무료 노동과 관련된 주장은 대체로 거대한 형이상학적 결론으로 빠져 버린다. 요컨대 자본주의 아래 모든 사회적 상호 작용이 자유/무료 노동으로 변해 버린다. 그리하여 자본주의 말고는 외부가 없다는 걱정이 시작된다. 노동과 비노동은 구분할 수 없게 되고, 정확한 범주는 진부하고 무뎌지게 된다"(p.58).

는 만큼 보다 더 신중하고 체계적인 모습을 갖추어야 한다.

웹2.0의 시작에서 언급되었던 희망의 메시지처럼 이용자를 우선하는 이용자 친화적인 일은 벌어지지 않았다. 이용자에게 더 많은 편의가 베풀어지고, 이용자의 시대가 올 거라던 예상은 빗나갔다. 이용자가 더 많이 참여하고, 다른 이용자와 더 많이 소통하며, 정보를 공유하게 되고 그로부터 이용자, 그리고 전체 사회는 큰 혜택을 누리게 될 거라며 걸었던 기대는 점차 배신당했다. 기대와는 달리 이용자는 웹2.0 기술 탓에 더 빈번하게 포털 기업의 수익 창출 과정에 호명 당하였다. 참여하며, 공유하고, 소통한다며 웹2.0 세계를 활보했지만 궁극적으로 남은 건 수익의 대상이 되어 버린 그들 주체와 주체가 남긴 콘텐츠 상품뿐이었다. 이는 인터넷 공간이 특정 집단에게만 이익이 되고, 인터넷 공간에 있을 이익이나 편의가 이용자 일반에게는 차단되는 이른바 인클로저 현상의 심화였다.

이용자의 지위가 불안정해지고, 그들이 점차 상품화될수록 포털 사업자의 지위와 사업 사정은 전과는 확연히 다른 모습을 하게 되었다. 우선 포털 기업이 거두는 수익은 점차 불어났다. 이용자 활동의 증가가 다시 이용자 유입의 확대로 이어지는 네트워크 효과가 발생했기 때문이다. 이용자 유입의 증대가 곧 광고 수입의 증대로 이어져 선순환 구조를 구축하게 된다. 좀 더 자세히 들여다보면 포털 기업의 선순환 구조는 이전에 비해 훨씬 더 정교해지고 탄탄해졌음을 알 수 있다. 이용자가 활동할 수 있는 영역이 확대되고 포털 내 체류 시간이 증가하면서 포털 기업은 이용자의 이용 패턴과 방문 페이지에 대한 정보를 더 많이 갖게 되었다. 뿐만 아니라 이용자 데이터를 더 적극적으로 활용할 수 있게 되었다. 이용 패턴과 방문 페이지 정보를 활용한 정교한 표적 광고도 가능하게 되었다. 포털 기업이 디스플레이 광고 단가를 올릴 수 있을 만큼 협상력도 향상됐다. 그뿐만 아니라 높은 입찰가로 광고를 판매하는 것도 가능해졌다. 신문, 방송, 잡지 등과 같은 전통적인 미디어로부터 광고비가 빠져나가 인터넷으로 향하는 것은 당연한 수순이었다. 포털 사업자는 웹2.0 기술로 인해 증가한 이용자 트래픽을 적극적으로 이윤 창출에 활용해 나갔다(김인성·김빛내리, 2012).

웹2.0 기술에 기반을 둔 플랫폼 서비스를 이용하면서 이용자의 포털 의존은 더 심해졌다. 콘텐츠 열람 이외에 게시, 댓글, 공유와 같은 기능은 해당 포털 사이트의 가입자에게만 허용되었다. 제한적인 허용 탓에 포털 사업자는 더욱 충실한 포털 서비스 이용자를 얻을 수 있었다. 또한 플랫폼 서비스를 통해 축적된 정보와 콘텐츠들을 통합 검색 결과로 배치하였다. 이용자의 활동과 그 데이터를 내부화한 것이었다. 참여와 공유의 기회는 늘어났으나, 그 활동 반경은 개별 포털 사이트 내로 국한되었다. 이용자가 서비스 환경 내부를 반복 순환하는 경향은 더욱 강화되었다. 웹2.0에 대한 기대, 그것이 가져올 새로운 인터넷 문화에 대한 희망은 배신당한 셈이다. 웹2.0 기술 사용이 가져오리라던 이상적 상황으로부터 멀어진

실망스러운 결과였다. 포털 기업이 인터넷상에서 배타적인 영향력을 확대하고, 자신의 공간 내에서 서비스 환경을 원활히 작동시키는 등 웹2.0의 과실을 챙기게 되었다. 웹2.0이 표방하는 공유, 참여, 자유와 같은 가치들은 이용자 활동을 상품화하는 플랫폼 기업의 행태를 은폐하는 이데올로기에 다름 아니었다(Fuchs, 2017).

이 같은 포털의 변신, 이용자의 포털 의존도 증가로 인해 2000년대 중반 인터넷 서비스 산업의 규모는 급격히 커진다. 포털 기업이 포함된 콘텐츠 제공 서비스의 매출은 2004년 2조 4,990억 원에서 2009년 6조 6,620억 원 규모로 늘어난다. 연평균 약 25% 상승에 해당하는 수치다(한국인터넷진흥원, 2010). 또한 2003년 3,559억 원 규모였던 디지털 광고 시장은 플랫폼 서비스가 보편화한 2008년 1조 2,859억 원 규모로 성장했다. 같은 기간 국내 인터넷 이용자는 약 700만 명 증가하는 데 그쳤다. 그 점을 고려하면, 플랫폼으로의 변화와 이용자 활동의 증가로 인터넷 산업 전반이 확대된 것으로 평가할 수 있다. 웹2.0의 도입에 따라다니던 그 화려한 수사와는 거리가 멀어지긴 했지만 포털 기업은 웹2.0의 과실을 챙기며 양적 성장을 거듭하고 있었다.

애초 표방했던 공유, 참여, 자유 등의 정신이 실현되지 않은 것에 대한 비판이 제기되는 것은 뻔한 이치다. 이용자의 편의는 크게 늘지 않고 플랫폼은 더 많은 이익을 챙겨 가자 이익이 사회적으로 균질하게 공유되지 않았다는 불평이

나오기 시작한다. 이용자의 참여는 — 한나 아렌트Hannah Arendt(1958/1996)가 설파했던 — 행위[45] 아니라 포털의 자본 축적을 돕고 궁극적으로는 그 결과로부터도 소외되는 경제적 행동(즉 노동)에 그치고 있었다. 플랫폼에 이익을 남겨 주되 실질적인 참여와 이익 배분으로 보상받지 못한다는 지적이 등장한다. 심지어는 — 앞서 소개했듯이 — 이용자가 플랫폼의 이익을 챙겨 주는 (부불) 노동을 한다는 주장도 등장하기에 이른다. 외형적으로 블로그 등을 통해 소통이 늘긴 했지만 포털 사업자가 그로 인해 발생한 교환 가치를 배타적으로 챙기는 것에 대한 문제 제기였다.

웹2.0 기술과 슬로건을 내세워 포털이 인터넷 기업의 절대 강자가 되었다. 포털 사업자는 과거 굴뚝 공장과는 달리 우리 일상의 모든 면에 관여하면서 데이터를 수취하고 그를 기반으로 인간 활동 곳곳으로부터 수익을 올리는 사회적 공장social factory이 되었다. 그러자 국내외에서 그 수익 창출 과정을 제대로 살펴보려는 시도가 이뤄진다. 이용자의 참여가

---

45   한나 아렌트는 인간의 활동을 노동, 작업, 그리고 행위로 구분하였다. 노동은 인간의 생명을 영위하기 위한 가장 기본적 인간 활동을 의미한다. 작업은 인간 영속을 위한 도구 만들기 등을 의미한다. 행위는 인간이 사회를 구성해 가며 함께 살아가기 위한 활동, 즉 소통, 정치적 대화 등을 뜻한다. 아렌트는 노동과 작업을 문제 삼아 논의하는 사회를 저급한 사회로 파악하였다. 행위에 대한 논의, 즉 사회를 어떻게 끌어갈 것이며 함께 어떻게 살아갈 것인가를 논의하는 사회에 대한 희망을 표시하였다.

늘고, 그럼으로써 이용자의 편의가 더 늘어난 것처럼 보이지만 실제로는 편의를 실감하지 못한다는 점, 웹2.0 시대의 정신을 강조하지만 이익은 독점된다는 점을 설명하려는 노력이었다. 제대로 된 설명을 위해 몇 가지 관계 규정이 필요했다. 먼저 정보자본주의 내 생산력과 생산 관계를 중심으로 포털 사업자와 이용자 관계를 규정해야 했다. 포털 사업자가 수익을 창출하고, 자본을 축적해 가는 과정에서 이용자의 역할이 무엇이고 수익 창출의 동력은 어디에 있는지를 정리할 필요가 있었다. 자본 축적을 위해 반드시 필요한 노동을 감당하는 주체는 누구인지, 생산되는 상품은 무엇인지도 설명해야 했다. 웹2.0이라는 사건이 이처럼 주요한 의제를 만들던바 궁극적으로 사회를 주도할 생산 양식, 생산력, 생산 관계에 대한 전반적인 재규정을 요청하고 있었다.

웹2.0 기술의 중심에 서게 되는 이용자가 만들어 내는 가치를 둘러싼 이론적 논쟁이 여러 학문 분야에서 벌어지고 있다. 이용 행위에 대한 성격 규정, 이용 행위를 둘러싼 생산 관계의 규정을 놓고 여러 입장이 맞서고 있다. 이용자의 인터넷 이용 행위를 규정하고자 하는 여러 입장을 지대론, 노동가치론, 그리고 자본주의론으로 분류하고 차례로 설명해 보자.

첫째, 지대론으로 인터넷 산업과 이용자 간 관계를 설명하려는 노력이 있었다. 인터넷 사업체는 자신이 기술적으로 확보한 웹 공간을 이용자에게 무료로 빌려주어 그 안에서 맘껏 활동하게 하고, 그 활동으로 발생한 콘텐츠를 이용해 수익을 챙긴다는 것이 지대rent론의 핵심이다(강남훈, 2004). 이에 따르면 포털 서비스 사업자는 일종의 땅 주인이다. 특별한 공간인 가상적 공간을 사적으로 소유한 주인은 이용자에게 그 땅을 내놓고 다른 사람과 소통하게 한다. 소통을 위해 사람들이 몰리고, 몰린 인구를 대상으로 광고나 유료 콘텐츠 장사를 벌인다. 포털은 그 공간을 광고주에게 판매하거나 그 공간을 기반으로 자신이 직접 유료 콘텐츠 영업을 한다. 또한 이용자가 포털 공간을 이용한 후에 결과물을 남기게 되는데, 그 땅을 무료로 이용했다는 이유로 그 결과물의 소유권을 포털 사업자의 처분에 맡긴다. 공간 점유자는 이용자와 관련된 정보마저도 갖게 되므로 광고주와의 계약에서 전통적 미디어보다 우위에 선다. 그 지위를 기반으로 더 많은 수익을 취한다.

사실 플랫폼이 더 많은 데이터를 축적하고, 그 데이터를 다양한 형태로 분류하여 정보, 지식 형태를 취하게 되는 시점에 이르면 지대 이윤은 극대화된다. 알고리즘으로 정리된 정보, 지식은 전혀 새로운 상품이 되기 때문이다. 지대론은 인터넷 자본을 지대를 기반으로 자본 축적을 하는 주체로 파악하고, 이용자는 그 축적 과정에서 남겨진 이익을 공유하지 못하는 존재로 그려 낸다. 정보자본주의적인 축적은 사회적 활동 결과물을 지대의 형태로 수취하는 과정에서 이뤄진다(백욱인, 2014a; 2014b). 인터넷 사업을 전혀 새로운 자본주의 축적 형태라고 지대론은 이해하고 있다.

두 번째로 노동가치설(혹은 이용자노동론)을 들 수 있다. 앞서 언급하였던 초국가 정보자본주의론의 푹스(2017)가 이에 가까운 주장을 펴고 있다. 여기서는 인터넷 이용이 곧 노동이 며 이용자가 곧 노동자다. 이 주장을 펴는 이들은 먼저 노동 자가 기계를 이용하여 재료를 상품으로 만들어 내는 과정을 노동 과정으로 파악한다. 노동자는 노동 과정을 통제하지 못 한다. 노동 과정을 통제하지 못하는 모습을 두고 노동으로부 터 소외되었다고 말한다. 적극적으로 정보를 만들어 내고 그 를 이용하는 등 전 과정을 통제할 수 있을 때 '정보를 추구하 는 일'이 될 수 있지만 그러지 못하고 자신이 과정의 부품처 럼 포함될 때 소외된 노동이 되고 만다. 이용자의 정보 추구 가 노동이 되어 콘텐츠를 만들어 내거나, 데이터를 만들지만 그로 인해 발생한 이익으로부터는 소외된다. 노동 과정에 포 함되는 공간이나 자본을 소유하는 정보 자본, 혹은 포털 자 본에게 이용자의 노동이 수탈된다고 노동가치설은 파악한다.

인터넷 이용자는 인터넷, 모바일 이용, 즉 사실상 노동을 통해 콘텐츠라는 상품을 만든다. 노동 과정이란 사람이 재료 와 기계를 이용해서 물건을 만드는 과정이므로 노동가치론의 입장에서 보면 인터넷 이용자는 분명 노동을 하는 존재다. 다 만 비강제성을 띤다는 점에서 공장에서의 노동과는 차이가 있어 보인다(Terranova, 2000). 하지만 인터넷 공간에서 일정 정 도 활동을 하지 않으면 따돌림을 받을 수 있다는 사회적 압 력 등을 감안하면 인터넷 공간에서의 이용, 즉 인터넷 노동을 순수한 자발성 노동으로만 파악할 순 없다. 이 같은 포털의 이용, 인터넷의 이용도 노동이긴 하지만 노동의 대가를 지불받지 못하는 부불 노동의 성격을 띤다. 임금을 지불받지 못하는 노동을 하고 있음에도 불구하고 이용자는 자신이 노동을 했다는 사실조차 인식하지 못한다. 이용을 통해 더 많은 사회적 관계가 생겼다거나 포털 사업자와의 계약에 따라 그 안에서 정보를 얻었고, 아주 빠른 시간에 상품을 구매했다는 식의 사업자와 구매자 간 관계로만 인식할 뿐이다. 자본과 노동자 간 관계를 전혀 다른 모습을 한 거래 관계로 인식하고 있다. 인터넷 비즈니스는 그런 점에서 의심받지 않고, 저항을 발생시키지도 않으면서 그 생산 관계를 지속시켜 갈 수 있다(김영욱, 2018).[46] 자본 축적이 지속되고 확대 재생산이 벌어지는 것도 당연한 일이다. 이 두 번째 이론 범주는 정보자본주의를 이전 자본주의의 연속으로 파악한다. 노동의 모습이 바뀐 것처럼 보이지만 생산 관계 등에선 변화가 발생하지 않았음을 강조한다.

지대론, 노동가치설(이용자노동론)이 아닌 세 번째 형태의 논의도 존재하는데, 우리는 이를 자본재론이라고 부르려 한다. 자본재론은 이용자의 인터넷 이용을 노동으로 보는 두 번째 입장에 적극 반대한다. 인터넷 이용자가 생산해 내는 데이터나 콘텐츠는 기본적으로 가공 노동을 거쳐야 정보, 지식이

---

46 김영욱(2018)은 국내 연구자 중에서 가장 강력하게 이용자의 온라인 이용 시간을 노동 시간이라고 주장한다.

된다. 즉 이용자가 생산해 낸 데이터, 콘텐츠는 원재료일 수는 있지만 그것 자체가 상품은 아니다. 그리고 인터넷 이용자의 모든 활동을 부불 노동으로 파악할 경우 자본의 바깥에 존재하는 인간 활동이 불가능해진다(Sernicek, 2017). 기본적으로 노동 없이는 상품이 생산될 수 없으며 이용자의 인터넷 활동은 곧바로 상품으로 이어지지 않는다는 입장이다. 이용자들이 남긴 결과물은 인터넷 혹은 포털 기업 내 노동자에 의해 가공되는 과정을 거친다. 이용자의 결과물은 이익을 창출하기 위한 재료, 즉 자본재인 셈이다. 이용자 머릿수, 개인 정보는 양으로 계산된 후에야 광고주에게 판매되기도 하고, 이용자의 활동 내용은 정보나 지식으로 전환되어야 인터넷 사업자의 다른 서비스에 활용될 수 있다.

이 책의 목적이 이론 간의 경합을 판정하거나 이론을 검증하는 데 두지 않기에 더 깊은 논의를 이어 가지는 않는다. 다만 이용자의 인터넷 이용과 정보 자본과의 관계에 대해서는 다음과 같은 의견이 있음을 밝혀 둔다. 먼저 지대론, 노동가치론, 자본재론 모두가 대체로 동의는 지점에 주목할 것을 제안한다. 그 첫째는 과거와는 다른 형태의 이용자 노동(혹은 활동)이 벌어지고 있다는 점이다. 그리고 이용자 노동(활동)은 정보 자본의 축적에 이용되고 있지만 결코 가시적으로 잘 드러나지 않는다. 노동(활동)하는 이용자 주체조차 자신이 정보 자본과의 이익 공유 관계에 놓여 있지 않음을 알아차리지 못하고 있다. 둘째, 지대를 취하는 인터넷 공간, 그리고 재화가 오고 가는 인터넷 공간은 사적 공간처럼 받아들이지만 앞서 정리했듯이 공적 자금과 정부의 정책, 그리고 이용자들이 제공한 노력의 일부로 이뤄진 공적 공간의 성격을 강하게 띤다. 그러므로 인터넷 기업이 인터넷 공간을 사유화하고, 독점적으로 지대를 취하고 있으니 그를 교정하기 위해 인터넷 공간의 공공성을 강조하고 인터넷 기업의 공적 책무를 내세우는 일은 정당하다고 보아야 한다. 셋째, 점차 이용자의 기록, 이용자가 만든 콘텐츠, 즉 이용자 데이터가 인터넷 사업자, 자본의 주요 자본 증식 수단이 된다. 이용자의 이용 중에 남긴 콘텐츠나 이용자 기록은 광고주를 유치하는 수단이 되기도 하고, 서비스를 확장하는 기반이 되기도 한다.

인터넷 기업이 수익을 창출하고 자본 증식을 꾀하는 방식이 웹 2.0 기술의 활용 등으로 인해 현저하게 바뀌고 있다. 특히 이용자가 만드는 콘텐츠, 이용자들의 참여로 완성되는 서비스, 그리고 이용자가 남긴 데이터 등이 자본 증식의 주요 자원이 되고 있다. 우리가 인터넷 이용 행위에 대한 이론적 입장을 길게 파악한 이유도 이용자를 활용하는 수익 편취가 인터넷 사업 설명에서 중심에 자리 잡고 있기 때문이다. 이용자로부터 지대를 챙기든, 인터넷 이용 노동을 착취하든, 그리고 이용자의 이용을 원재료로 파악하든 간에 이용자, 이용 행위가 인터넷 기업의 중심에 서고 있다. 그것이 곧 웹 2.0 시대의 풍경이다. 이는 포털의 모습이 변하고 있음과는 맞닿는다. 포털이 주도하는 인터넷 공간은 과거 콘텐츠를 일방적으

로 전달하던 데서, 더 많은 인터넷 관련자들이 모여드는 공
간으로 바뀌고 있다. 인터넷 이용 데이터를 활용해 이익을 챙
길 수 있는 광고주, 이용자 데이터를 모으고 분석할 수 있는
데이터 기술 사업자, 그리고 이용자의 콘텐츠를 재가공할 수
있는 콘텐츠 전문 사업자, 그리고 직접 콘텐츠를 생산하면서
도 여러 콘텐츠를 이용하는 이용자, 포털 기업 등등이 모여
드는 상업적인 디지털 인프라 구조가 되고 있다. 이른바 플
랫폼의 모습으로 드러난다. 한국에서 포털 기업이 보여 준 웹
2.0 기술 기반의 변화, 그리고 그에 기반을 둔 이용자 생산 콘
텐츠의 적극적 활용, 그에 맞춘 서비스를 확장해 나간 포털을
두고 우리가 플랫폼형 포털로 부르는 이유다. 이 같은 변형은
포털의 생산력, 생산 방식, 노동의 활용, 생산 수단의 변화와
함께 이뤄졌다. 포털의 외형적 변화가 도래했고 수익 창출 방
식도 변했음을 의미한다.

2. 유연성의 발휘

웹2.0 담론이 확산된 이래 네이버를 비롯한 국내 포털 기업은
이용자의 참여와 활동을 유도하는 서비스들을 강화하기는 했
다. 그러나 이전의 인터넷 서비스와는 급진적으로 달라진 새
로운 서비스를 제공한 것은 아니었다. 포털 기업은 기존의 서
비스를 완전히 갈아엎는 수준으로까지 변신을 꾀하진 않았

다. 이용자의 참여를 더욱 적극적으로 유도해 내어 활용하고 그에 기반을 둔 새로운 서비스를 추가해 가면서 '플랫폼형 포털'로의 변화를 꾀하였다. 포털이 플랫폼의 모습을 취해 가며 '플랫폼형 포털'로 변화한 것은 혁신적이라기보다는 점진적이었다. 웹2.0 기술을 적극적으로 펼쳐 웹2.0이 가졌던 이상을 충분히 실현하는 데 이르진 않았다. 사업에 득이 되는 부분을 충분히 활용하는 선별적 이용에 그쳤다. 앞서 이야기했듯이 국내 인터넷 사업자 특히 포털 사업자들은 아직까지는 웹2.0을 담론적 수준에서 더 적극적으로 활용했다는 평가를 받을 수 있다. 자신을 웹2.0 담론에 싣고, 자신이 그 선두 주자인 것처럼 보이게 하였다. 이용자가 웹2.0의 혜택을 누리는 듯한 착시 현상을 갖게 했다.

이 시기 인터넷 공간에서 벌어진 가장 두드러진 변화는 블로그 문화의 확산과 이를 활용한 새로운 광고의 도입, 그리고 콘텐츠(특히 웹툰) 기여에 대한 보상이었다. 2005년을 지나면서 이용자들이 만든 블로그가 증가하고, 블로그 검색이 인터넷 공간에서 큰 비중을 차지하기 시작한다. 2007년 9월의 한 연구에 따르면, 네이버에서 이용된 검색 순위는 메인 검색, 커뮤니티 블로그 검색, 그리고 지식 검색 순이었다(김위근, 2007). 포털에서 블로그가 차지하는 비중이 점차 늘어나고 있었고 그 이용을 더 늘려가는 일은 포털로서는 중요한 과제로 다가왔다. 그 확산을 위해서는 블로거와 수익을 공유하는 등과 같은 보상 제도가 필요했다. 자연스레 포털 사업자는 블로그에 광고를 달아 이용자가 생산자 노릇을 하도록 유도하는 새로운 광고 시스템의 구축 작업에 착수하게 된다. 또 다른 한편으로 웹툰과 같은 새로운 장르를 콘텐츠화하되 이용자의 참여를 기반으로 그를 지속시켜 가는 시도도 필요했다. 웹2.0 시대를 맞아 포털은 새로운 시도를 꾀하고, 자신을 플랫폼의 형태로 전환해 나가야 했다. 전환의 구체적인 모습인 블로그 문화 확산, 새로운 광고 제도 도입, 그리고 콘텐츠 기여에 대한 보상 제도를 하나하나 살펴보자.

네이버는 2003년 5월 '페이퍼'라는 이름으로 블로그 서비스를 도입했다(최민재 외, 2009).[47] 카페나 온라인 동호회 같은 집단 커뮤니티 서비스 분야에서 다음과 프리챌에 비해 네이버는 낮은 점유율을 기록해 왔다. 네이버는 1인 커뮤니티 서비스로 그 분야에서의 부진을 만회하려 하였다(장정훈, 2007). 네이버는 다른 포털과 달리 블로그를 개인이 소유하고 자신을 표현하는 서비스로 규정하고 그 방향으로 발전시키려 했다. 블로그는 카페나 미니홈피보다 게시물의 형태가 자유로운 탓에 이용자들 간 공유와 소통이 쉽다는 장점도 파악해 냈다. 네이버는 그 같은 장점을 활용하기 위해 폐쇄적인 커뮤니티 서비스와는 차별성을 두려 했다. 블로그 확대에 주력

---

47 2003년 4월에 한미르가 포털 서비스로서는 맨 먼저 블로그 서비스를 시작한다. 한미르는 통신 사업자인 KT가 운영한 포털 서비스였다. 2004년에 하이텔과 통합해 파란이라는 이름의 포털 서비스로 바뀐다(최민재 외, 2009).

하면서 블로그를 통해 이용자를 포털 내부로 끌어당기는 전략을 취하였다. 네이버 포털 사용자로 회원 가입을 하면 자동적으로 블로그 공간을 생성 제공하였다. 2004년부터는 텔레비전 광고를 하는 등 블로그 서비스를 이용자에게 널리 알리며 참여를 유도하는 대중화 전략도 폈다. 2006년 10월 말 네이버 블로그 방문자는 월평균 2,360만 명에 달했다. 2007년 4월 기준 전체 네이버 통합 검색 이용자의 89.6%가 블로그를 중복 이용했다(장정훈, 2007). 같은 시기 전체 블로그 서비스 중 네이버 블로그의 점유율은 무려 76%에 달했다.

네이버는 링크와 트랙백trackback 기능을 제공하여 블로거 간에 콘텐츠 공유를 가능케 하였다(2003년 이글루스가 트랙백을 최초로 사용했다). 포털 사업자들은 애초 트랙백 기능을 악성 댓글 방지와 연결시켜 설명했다. 트랙백을 댓글 원격 추적 장치로 설명하며 악성 댓글을 사전 예방하는 장치로 소개하였다. 그러나 악성 댓글 방지 역할을 넘어 트랙백은 무엇보다도 블로그 안으로 이용자 유입을 늘려 주는 효과를 가져왔다. 블로거가 자신의 포스트와 관련 있는 글에 트랙백을 달아주면 블로그들이 연결되면서 이용자의 체류 시간과 공간이 길어지고 또 넓어진다. 또 인기 블로거에 트랙백을 달면 자신의 블로그 안으로 방문자가 유입될 가능성이 높아지므로 또 다른 네트워크 효과를 유발하게 된다. 이처럼 링크와 트랙백 활용을 통해 블로그 방문자들이 네트워크 효과를 유발하도록 했다. 더 나아가 그 활용을 서비스 개선의 일환이라고 홍보를 하기도 했다. 예상했던 바와 같이 궁극적으로 링크와 트랙백은 방문자 수와 방문자의 체류 시간을 늘려 주는 역할을 했다. 트랙백이 타 포털의 콘텐츠에까지 적용되면서 자사의 데이터베이스에 축적된 자료뿐 아니라 타 포털의 블로그 자료까지 통합 검색 결과에 반영하게 해 주었다. 링크와 트랙백은 포털이 폐쇄성에서 개방성으로 넘어가는 순간을 연출하게 돕는 것처럼 보였다. 하지만 포털 사업자가 이용자를 더 길게, 더 두루 포털에 머물며 이용하게 해 궁극적으로는 새로운 수익 창출 역할을 해내기도 했다.

예상한 대로 개방된 블로그 환경은 포털 내 트래픽을 증대시켜 주었다. 가시적 성공이라고 할 만큼 방문자 수가 늘었다. 네이버의 검색 점유율도 덩달아 증가했다. 2008년 네이버 블로그의 월평균 방문자 수는 2,267만 명이었다. 월평균 페이지 뷰는 32억 133만 건에 달했다(《머니투데이》, 2009. 2. 19). 이듬해인 2009년 2월 기준 네이버 검색 페이지 뷰가 약 62억 건으로 늘어났다. 이 증가 수치는 네이버 방문자 확대에 블로그 서비스가 얼마나 기여했는지 짐작하게 해 준다. 그러나 전체 증가율을 보면 2007년은 2006년 대비 64.6%, 2008년은 2007년 대비 36.1%, 2009년은 2008년 대비 14.0%를 기록하고 있어 조금씩 성장세는 둔화되었다(최민재 외, 2009). 그래서 몇몇 연구에서는 2006년에서 2010년 사이를 블로그의 성장기로, 이후 시기를 정착기, 혹은 안정기로 파악한다. 어쨌든 블로그 환경의 개선은 포털의 위세를 키워 주는 중요 계기가 되었다.

이용자의 블로그 활동을 본격적으로 네이버의 상품화 과정에 포섭하는 일은 '문맥 광고Context Ads' 도입 때부터 시작되었다. 문맥 광고는 블로그 페이지의 내용과 관련성이 있는 광고를 블로그에 붙여 주는 광고 방식이다. 게시물 내용과 이용자의 방문 습관을 분석해 관련성 높은 광고를 해당 페이지에 게재한다. 이용자의 관심을 반영해서 광고를 노출하기 때문에 디스플레이 광고나 검색 광고보다 구매로 이어질 확률이 높다. 그 효율성 탓에 2000년대 중반 이후 대부분의 포털 서비스들이 문맥 광고를 도입하기에 이른다. 문맥 광고를 더욱 활성화하기 위해 포털 기업은 새로운 형태의 광고 시스템을 갖춘다. 대표적인 문맥 광고 시스템으로는 구글의 애드센스, 오버추어의 콘텐츠 매치, 다음의 애드클릭스가 있다(《전자신문》, 2006. 3. 13). 네이버는 애드포스트 시스템을 출범시켰다. 2006년 뉴스와 지식iN 페이지에 처음 도입한 이후 2009년부터는 블로그 서비스에도 문맥 광고를 적용하기 시작했다.

문맥 광고는 엄격히 말하면 특정 정보에 대한 이용자 개인의 관심을 상품에 대한 관심으로 전환하는 기술이다. 네이버는 문맥 광고 등과 같은 맞춤형 기술을 동원해 광고 방식을 다변화시켰다. 네이버의 애드포스트 홈페이지 화면을 열면 첫 번째 페이지에 "정보를 나누는 즐거움에 수익을 더하는 기쁨까지"라는 슬로건이 등장한다. 그리고 하단에 "미디어에 광고를 게재하고 광고에서 발생한 수익을 배분받는 광고 매칭 및 수익 공유 서비스입니다"라고 자신을 규정한다. 네이버는 블로거에게 ― 애드포스트라는 장치를 통해 ― 수익 공유를 강조하면서 동참하기를 설득한다. 많은 블로거는 그 설명에 동의하였고 적극적으로 문맥 광고를 얻고자 애를 썼다. 블로거들은 자신이 생산한 콘텐츠를 네이버가 상업적으로 활용하는 것을 허용하는 대가로 네이버와 광고 수익을 배분하겠다고 동의하였다.

우리는 이 과정을 '이용자 상품화를 통한 이윤 창출' 과정으로 규정하려 한다. 그 이유는 '공유 서비스'라는 말과는 달리 블로거가 수익 혜택을 얻기가 쉽지 않을 뿐 아니라 균등한 배분도 이뤄지지 않기 때문이다. 블로거가 배분의 기회를 얻기 위해서는 우선 블로거들 간의 경쟁에서 우위를 차지해야 한다. 애드포스트는 블로그를 운영하는 노력 자체로 보상받는 체계가 아니다. 블로거 간 경쟁에서 앞서야만 분배받을 기회를 얻게 된다. 경쟁에서 이기기 위해서는 무엇보다도 방문자 수를 늘려야 한다. 그러기 위해서는 눈길을 끄는 내용을 담아야 한다. 그로 인해 블로그의 생태계인 블로그스피어 blogsphere는 상업적 경쟁의 공간으로 바뀌고, 블로거들은 경쟁에서 이기기 위한 시장 행위에 몰두하게 된다.

많은 블로거가 수익 배분에 대해 큰 기대를 했지만 광고 수입 배분의 혜택을 받은 쪽은 경쟁에서 이긴 소수에 그쳤다. 소수의 유명 블로거만 그 혜택을 누릴 뿐이다. 대부분의 블로거는 네이버가 정한 기준을 충족하지 못하거나 네이버가 정해 둔 경쟁 방식에서 낙오되어 광고를 게시할 기회를 갖지 못한다. 네이버는 일반 광고뿐만 아니라 '문맥 광고'를 통해 수익을 올릴 수 있었지만 공동 사업자인 양 대우받던 블로거들은 수익 배분에서 배제되었다. 엄밀히 말해 블로그 노동은 일정 기준을 채우더라도 경쟁에서 이겨야 대가를 받는 피 말리는 순위 경쟁이었다. 블로그스피어라는 무대에서 블로거는 공유, 배분 등의 이름표를 달고 포털 기업의 치어리더 역할을 했던 것처럼 보인다.

사실상 애드포스트는 네이버가 블로거의 콘텐츠를 전유하는 것을 정당화하는 수단 역할을 한다. 블로그 활동은 개인의 만족 혹은 타인과의 정보 공유를 위한 공공성 발휘의 자율적인 인터넷 이용 활동이다. 블로그 활동으로 수익을 올릴 수 있음을 인지하게 되고, 수익을 목표로 하게 되는 순간 그 활동은 경제적 활동으로 바뀐다. 즉 미디어 자본과 동행해 블로거 간에 경쟁하거나 인터넷 사업자에 포섭되면서 자본의 상업적 수익 추구에 복무하게 된다. 그런 과정에서 웹2.0의 이상이 발휘될 가능성은 크지 않다. 엄밀하게 말하면 네이버는 웹2.0의 이념을 더 많은 수익 창출을 위한 수단으로 활용했던 셈이다. 웹2.0이 담은 수익 공유 개념은 이용자의 동의를 구하고, 블로거를 시장 경쟁 체제로 끌어당기는 경제적인 슬로건으로 전환되었고 수익 사업의 불쏘시개가 되었다. 웹2.0 이념은 이용자를 인터넷 과정에 더 적극적으로 참여하도록 유도하는 장치였지만 그 참여의 결과를 경제적 이익으로 챙겨 가는 쪽은 포털 기업이었다.

블로그 제작의 환경 개선은 표현의 기회 증대로 이어져

블로그 활동이 늘어난 결과를 낳는다. 수익을 공유하는 전략에 맞춘 전업 블로거들도 생기고 덩달아 정보도 늘어났다. 전업 블로거들이 늘어나면서 틈새시장을 찾는 경향이 벌어지고 그만큼 블로그스피어는 다양해지고, 풍성해지는 것처럼 보이기 시작한다.[48] 포털이 블로그 간 네트워크를 형성해 가며 새로운 사회를 만드는 데 일조할 거라는 희망도 등장했다(강지웅, 2008). 하지만 얼마 지나지 않아 포털의 블로그스피어에 대한 기획이 얼마나 포털 중심인지 드러난다. 아울러 공유의 약속 또한 제대로 지켜지지 않은 것으로 밝혀진다. 포털의 블로그 방침이나 수익 공유, 그리고 블로그 내용에 불만을 가진 쪽이 점차 늘어났다.[49] 네이버에서 블로그를 운영하다 블로그 활동을 접었다는 한 블로거의 예를 들어 보자. 네이버 블로그 활동으로 월 500~600만 원의 수입을 올린다는 한 블로거가 네이버 블로그를 그만둔다며 유튜브에 입장을 밝힌 바 있다.[50] 약 2,100만 명의 방문객을 지녔고, 자신의 추측으

---

48 이 책의 논지와는 다르게 블로거, 파워 블로거에 대한 많은 연구는 블로그 작업이 갖는 사회, 문화적 의미를 긍정적으로 평가했다. 시민의 표현 공간 확보, 리더십의 성취, 자기 권능화empowerment 등에 주목했다(김지희, 2014).

49 블로거의 수입은 리뷰 대상의 협찬, 업체 홈페이지에 올릴 글을 대신 써 주는 일, 그리고 광고 수익으로 구성된다. 블로거의 기록이 협찬 중심적이거나 업체 편향적일 가능성이 높은 이유다. 블로그 이용자들은 블로거들의 정보가 왜곡되어 있거나, 돈에 좌우되는 상업주의적이라며 불평을 토로하기도 한다.

50 https://www.youtube.com/watch?v=Mpk5mlek7ac&t=181s

로는 상위 0.1%, 전체 74위 안에 드는 유력한 블로거였다. 블로그 운영으로 안정적인 고정 수입을 보장받던 이가 그만두게 된 데는 몇 가지 이유가 있었다. "네이버 블로그가 전쟁터다. 방문자가 많아야 하고, 조회 수가 높아야 하고, 글이 최신 글이어야" 광고가 붙었다. 블로거 간에 경쟁이 벌어지고 경쟁에서 이기기 위해 돈을 주고 팬 수를 늘리거나 조회 수를 늘리는 일이 일상화된다. 품질과 관계없이 아무 글이나 올려 최신성 점수를 더 따려고 노력한다. 조회 수를 늘리기 위한 낚시성 제목 사용은 기본이다. 순위에서 밀리면 광고가 떨어져 나가고 광고비를 통한 수익은 급락하므로 불가피하다. 광고를 따내기 위한 노력에서 내용의 품질에 관한 배려가 들어설 자리가 없다. 블로거가 놓인 이런 조건을 감안하면 블로그스피어가 소통, 토론, 정보 교환을 위한 공간으로 인식될 가능성은 커 보이지 않는다.

　네이버는 광고 수익 배분을 내걸고 이용자의 블로그 활동을 장려하였다. 그런 다음 이용자들이 만든 콘텐츠뿐 아니라, 이용자의 콘텐츠 열람, 블로그 방문 행위까지 광고 판매 수단으로 활용하여 수익을 창출했다. 기여에 대한 정당한 보상이라는 논리를 내세웠지만 진행된 온라인 공간의 상업화는 포털 사업자가 독점적으로 이익을 취하는 구조를 하고 있었다. 사실상 네이버의 수익 창출 과정에 이용자들이 포섭되고 있었다.

　이용자의 콘텐츠를 통한 수익 창출 과정에서도 유사한 일이 벌어진다. 네이버는 2005년 기존의 출판 만화 중심의 서비스를 수정해 웹툰 서비스를 출시한다. 이 새로운 웹툰 서비스에서는 이용자가 자신의 습작을 포털에 올려 타 이용자로부터 평가를 받을 수 있다. 좋은 평가를 받을 경우 작가의 지위를 누리게 되어 수익을 배분받게 되는 제도였다. 이용자들은 '도전만화' 코너를 통해 자유롭게 자신들의 창작물을 게시해 평가를 받고 또 수익까지 올릴 기회를 갖게 되었다. 인터넷 커뮤니티 등에서 활동하던 개인 창작자나 아마추어 창작자가 대거 네이버웹툰으로 몰려들었다. 반응이 좋자 네이버는 '도전만화,' '베스트 도전,' '웹툰'으로 이루어진 일종의 승급 제도를 만든다. 그리고 이용자 간의 경쟁을 유발시켜 관심을 끌 창작물을 확보하고자 했다. 이용자가 올린 콘텐츠는 다른 이용자의 별점과 조회 수를 통해 평가되었다. 네이버웹툰 페이지에 의해 선발되어 작품을 게재한 이용자는 웹툰 작가로서 광고나 콘텐츠 판매를 통한 수익을 배분받을 수 있었다.

이용자는 자신이 생산한 창작물을 공유하고 평가받고 수익을 배분받을 기회를 얻게 되었다. 그런 점에서 과거 콘텐츠 유통과는 전혀 다른 방식을 갖게 되었다. 그리고 외견상 누구든 콘텐츠 크리에이터가 될 수 있는 기회를 제공받고, 프로 작가 생활을 할 수 있는 시스템을 만나게 되었다. 네이버는 직접 콘텐츠를 유통하였고, 소비할 수 있는 인터페이스를 제공하는 등 스스로 웹툰 플랫폼 역할을 자임했다. 콘텐츠의 생산과 유통, 소비 과정 전반을 매개하는 역할을 강조하고 나섰다. 하지만 그 이면에서 벌어진 사건들은 외부에서 본 것과는 다른 모습을 하고 있었다. 우선 새로운 서비스가 시작되면서 네이버 외부에 있던 웹툰 창작자, 이용자가 웹툰의 가치 사슬 안으로 들어오게 된다(박석환, 2014). 시스템 안으로 들어온 주체들은 가치 창출을 위한 주요 수취 대상이 된다(백욱인, 2014a). '만화판'은 포털이 중심이 되고 나머지는 포털의 이익을 떠받치는 이른바 포털 집중형 구조로 바뀐다. 그럼으로써 창작자는 포털 집중형 구조 내에서 인터넷 노동을 하는 노동자의 형상을 띠게 된다.[51] 지속해서 콘텐츠를 확보하고 상품화해야 하는 네이버가 자신의 업무를 이용자들의 자발적인 활동으로 외부화한 셈이다. 최근 네이버가 네이버웹툰의 지적 재산권을 바탕으로 광범위한 콘텐츠 사업을 펼친 것이 콘텐츠 생산의 외부화를 통한 효율적인 자본 축적의 사례다(《블로터》, 2020. 4. 9). 네이버는 플랫폼 서비스를 통해 콘텐츠 제작과 유통의 장을 이용자에게 개방하면서도 네이버웹툰이라는 콘텐츠 브랜드를 유지함으로써 수익을 창출한다(양경욱, 2020). 콘텐츠 제작과 콘텐츠 소비를 담당하는 이용자의 기여를 플랫폼 사업자가 자신의 자산으로 활용하는 것이다(Kleiner, 2010/2014).

웹2.0 문화의 확산은 서비스 이용 차원뿐 아니라 서비스

---

51 개인의 창작물이 포털 기업이 판매하는 상품으로 전환될 때 이용자의 활동은 콘텐츠 상품을 생산하는 노동의 형상을 띠게 된다. 포털 기업과 개인 창작자의 계약에 따른 임노동 관계가 형성되지 않는 한 이들의 생산물은 방문자 유입을 위한 도구나 잠재적 상품화의 대상으로만 존재한다.

환경의 구조 차원에서도 변화를 가져왔다. 포털이 개방적 웹 환경을 지향함에 따라 포털 서비스의 외연이 인터넷 공간 전역으로까지 확대된다. 네이버는 2006년 3월 국내 포털 기업 중 최초로 검색 서비스 및 지도 API(Application Programming Interface)를 공개했다. 개별 이용자 혹은 사업자는 필요에 따라 네이버 API를 이용해 응용 프로그램을 만들 수 있게 되었다. 포털 외부에서 네이버가 제공하는 API를 활용하는 것도 가능해졌다. 지도 API를 부동산 매물 정보 사이트의 데이터베이스와 연계하거나, 개별 웹 사이트 내에서 네이버 검색 결과 데이터를 활용하는 등의 매시업mash-up 서비스도 개발할 수 있게 되었다. 이처럼 웹2.0 시대를 맞아 네이버는 서로 다른 서버와 기능을 합치고 응용하여 새로운 서비스를 만들 수 있는 중요한 조건을 형성해 냈다.

API 공개는 이용자의 편의를 위한 것이고, 포털이 개방성을 드러낸 프로젝트로 이해할 수 있지만 전혀 다른 시각으로 설명할 수도 있다. API 공개 덕분에 그를 활용한 이용자들의 자발적인 프로그램 개발이 이어졌다. 자발적인 프로그램 개발이 늘면 플랫폼 기업은 비용을 치르지 않고도 플랫폼 기능을 개선하거나 확대할 수 있었다. 네이버는 이를 지원하는 기반 플랫폼의 역할만을 담당하면서 서비스를 개선하고, 그로부터 발생한 이익도 챙길 수 있었다. 뿐만 아니라, 웹 환경 전체가 플랫폼에 종속되는 "웹의 플랫폼화"(Helmond, 2015: 5)조차도 API 공개로 인해 이뤄지게 되었다.

API 공개와 활용 덕분에 네이버의 데이터 생산 영역은 네이버를 넘어 인터넷 공간 전역으로 확대되었다. 네이버가 공개한 API를 이용자가 자신의 웹 사이트에 적용할 경우 포털 외부도 네이버로 유입된다. 그럼으로써 플랫폼은 자사의 포털 환경을 넘어 웹 환경 전반에 자신의 영향력을 발휘하게 된다. 이과정에서 네이버는 서비스 환경 외부에서 발생한 트래픽과 데이터까지도 내부화할 수 있게 된다. 사실 API 공개는 웹2.0 기술을 활용하여 포털 서비스 기능을 탈집중화시키는 듯 보인다. 하지만 탈집중화로 인해 새로 발생한 데이터를 다시 플랫폼으로 재집중화시켜 나간다(Helmond, 2015). API 공개는 플랫폼 생태계를 확대할 뿐 아니라 기반 플랫폼으로서의 지위를 유지할 수 있는 효과적인 수단이 되는 셈이다. 플랫폼 기업은 자사 API의 제한된 접근만을 허용함으로써 이를 활용하는 개인, 기업체의 플랫폼 의존을 유발한다. 그리고 이용자 데이터의 끊임없는 유입을 이끌어 낸다(van Dijck et al., 2018). 네이버는 다음과 함께 OPEN API 경진대회를 개최하는 등 적극적으로 이용자들의 API 활용을 장려했다. 당시 네이버 관계자는 "이용자들이 누구나 자신에게 최적화된 서비스를 제작하고 이용할 수있게 되기를 기대한다"(《ZDNetKorea》, 2007. 2. 5)고 밝혔지만 이용자들이 펼친 활동과 그 결과물을 최종적으로 전유해 더 많은 이익을 챙기는 쪽은 네이버였다.

플랫폼 서비스를 통해 이용자 콘텐츠를 전유하는 일은 이용자의 활동을 상품화 과정에 동원하는 아이디어를 심화한 결과였다. 종합 포털 시기에는 이러한 전략이 검색 활동에 국한되었다. 하지만 시간이 흘러 플랫폼형 포털 시기에 이르러 개방적 서비스를 지향하면서 더욱 넓은 범위의 이용자 활동을 상품화로 포섭하기 시작하였다.[52] 웹2.0 패러다임 이후 도입된 많은 서비스들은 "공동체가 창출한 가치를 사적으로 포획하는 비즈니스 모델"(Kleiner, 2010/2014: 59)의 모습을 취했다. 이러한 변화를 한마디로 요약하자면, 이용자 활동 공간 극대화를 통한 상업적 전유, 즉 개방성을 통한 가치 증식의 구체적 실현이라고 할 수 있다.

애초 이용자를 상품화하는 범위는 이용자의 양적인 규모에 한정되어 있었다. 그러다 점차 인터넷 이용 활동과 창의적 생산물로까지 확대된다. 그 배경에는 네이버의 폐쇄성에 대한 비판이 깔려 있다. 포털의 뉴스 서비스가 강화된 2000년대 초반부터 언론사는 디지털 뉴스 통제와 검색 시장 독점을 문제 삼았다. 2006년에는 공정거래위원회가 네이버를 시장 지배적 지위로 규정한다. 2007년에는 명예훼손성 기사의 게시 및 배치, 댓글을 통한 여론 형성에 대해서 포털의 손해 배상 책임을 인정하는 판결도 나왔다(《미디어오늘》, 2007. 5. 21).

52　이용자 활동의 증가를 포털의 수익과 결부시키는 아이디어는 국내 인터넷 산업 전반에서 공유되었다. 한 언론사 인터뷰에서 네이버, 엠파스, 야후 등 주요 포털 관계자들은 이전까지의 서비스와 구별되는 3세대 인터넷 서비스로 1인 미디어의 확대를 지목하였다. 그리고 망 개방성 확대와 커뮤니티 및 커뮤니케이션 서비스의 발전을 통하여 수익 창출을 늘리는 목표를 강조했다(《파이낸셜뉴스》, 2005. 8. 2).

나아가 네이버는 폐쇄성에 의존한 거대한 섬이라는 비판까지 들어야 했다(《한겨레21》, 2006. 1. 18). 외부 비판의 압력 속에서 네이버는 개방적 플랫폼 환경을 지향하는 쪽으로 서비스 운영 방침을 변경한다. 이용자의 활동을 촉진하고 서비스 환경 전반을 참여의 공간으로 전환하기 위해 서비스 운영에 관한 변화를 꾀한다. 플랫폼 기업은 기술적 환경만을 제공하는 역할로 물러나면서 이용자의 활동과 그 결과물로 수익을 올리는 쪽으로 선회한다.

2006년과 2009년에 이뤄진 네이버 뉴스 서비스의 개편은 이러한 서비스 운영 방침 변화와 관련이 있다. 네이버는 언론사에 뉴스 전재료를 제공하면서 자신의 서비스 내에 뉴스 이용자를 머물게 하는 인링크 방식을 오랫동안 고수해 왔다. 이용자가 관심 있는 뉴스를 클릭하면 네이버 안에서 그 뉴스를 열람하며 네이버가 유치한 광고에 노출되도록 하는 방식을 유지해 왔다. 그러던 네이버가 2006년 뉴스 서비스에 아웃링크제를 도입한다. 이어 2009년에는 포털 내 뉴스 편집권을 언론사에 이양한다. 정치적 편향 논란이 일자 취한 조처였다. 물론 정치적 부담으로부터 벗어나려는 심산도 있었다. 아웃링크로 전환하면서 이용자를 내부에 가둔다는 폐쇄성 지적을 일소하려는 의도도 함께 가졌을 것으로 짐작할 수 있다. 그러나 이러한 뉴스 서비스 개편도 포털 사업자의 전략 변화를 감안하면 전혀 달리 해석하는 일이 가능해진다.

네이버는 플랫폼 기업으로서 개별 콘텐츠 내용이나 내부

행위자의 경쟁에 개입하는 것처럼 보이질 않기를 바랐다. 오히려 이용자들의 유입과 활동을 적절히 유도하고 이들의 편의에 부합하는 방식의 서비스를 관리하며 수익을 올리는 것이 훨씬 효율적이라고 판단하였다. 이용자가 자유롭게 콘텐츠를 열람하는 등 서비스 편의를 누리게 하고 이용자의 활동을 상품화하는 전략을 선택하고자 했다. 실제로 네이버는 국내 디지털 뉴스 유통의 70% 이상을 차지하면서도 오랫동안 자신이 뉴스 미디어가 아님을 강조했다. 스스로 미디어의 지위나 권리, 의무 등을 부정해 왔다(《조선비즈》, 2014. 10. 20). 이는 뉴스 비즈니스를 통해 이용자의 유입을 증가시키는 것에 더 관심이 많음을 간접적으로 고백한 것으로도 읽히는 대목이다. 네이버의 뉴스 서비스 개편으로 이용자 유입을 노린 언론사의 어뷰징과 선정적 뉴스 생산이라는 문제가 대두된다. 아웃링크되었으므로 그 문제의 책임은 당연히 뉴스 생산자로 넘어가게 된다. 이용자는 어뷰징, 선정적 기사를 대한 후 다시 네이버로 돌아와 기사 검색을 하였으므로 아웃링크를 통해 포털 서비스가 잃은 것은 많지 않았다. 아웃링크로 인하여 언론사 사이트 방문객 수도 늘었지만 네이버 뉴스 방문객 수도 상승했다(《조선비즈》, 2007. 11. 23). 뉴스 제작 개입이라는 지적도 피하고, 폐쇄성이라는 비판도 피하면서 이용자 수를 늘리는 방편을 택한 것이다. 수익 창출에 도움이 된다면 언제든 개방할 수 있다는 태도를 보여 주었다.

2008년 개발자 컨퍼런스 'NHN 데뷰DeView 2008'에서

김평철 당시 네이버 기술부문장은 정보화 사회의 완성을 위한 정보 유통을 강조하였다. 네이버가 성장하기 위해서는 네이버 외부에서 정보를 생산하는 일이 중요함을 역설하였다 (《시사저널》, 2008. 12. 1). 이용자들의 네이버 내외부에서의 활동을 네이버의 발전과 결부시킨 발언이었다. 이러한 아이디어는 "블로그가 없는 검색도, 검색이 없는 네이버 블로그도 생각할 수 없다"(《이데일리》, 2005. 5. 27)라는 최휘영 당시 네이버 사업부 기획실장의 발언과 맥을 같이한다. 이용자의 자발적인 활동을 상업적으로 활용하여 사업의 발판으로 삼는 것을 자연스럽고 당연하게 받아들이는 태도를 드러냈다. 공유, 유통 개방적 환경으로의 전환을 통해 이용자의 활동과 참여를 촉진하고 수익을 창출한다는 축적 방식을 전면에 드러냈다.

네이버의 개방 전략은 기회주의적이라는 성격을 띤다. 개방의 타이밍을 보아 그렇다. 개방 전략을 늘 선택적으로 펼쳤다. 플랫폼 서비스를 통해 웹 환경 전반에서 정보나 콘텐츠의 생산이 폭발적으로 증가한 이후에야 개방 전략을 택한다. 시작 때는 편집이나 큐레이션을 통해 정보 배포나 유통 과정을 통제한다. 그러다 점차 그 전략으로부터 후퇴한다. 통제 전략에서 벗어나 서비스 환경 안팎에서 이용자가 창작물을 생산토록 장려한다. 그리고 이들의 활동을 매개하는, 이른바 관리자 역할을 자임한다. 이용자를 통한 정보의 축적과 유통, 그리고 그것을 통한 가치 증식으로 전략을 바꾸는 것이다. 오랫동안 자신의 데이터베이스를 배타적으로 독점해 온 네이버가 검색 환경을 개방하거나[53] 정보 유통 플랫폼을 자처한 데는 그러한 관습적 개방 전략이 깔려 있다. 네이버는 이용자의 욕구에 부합하는 서비스를 제공함으로써 표면적으로 서비스 환경 전반을 이용자 참여의 장으로 바꾸어 냈다. 플랫폼형 포털이라는 새로운 서비스 환경을 구축한 셈인데 이러한 변화는 개방성과 폐쇄성을 동시에 지닌 독자적 플랫폼 생태계로 진입하기 위한 예비 단계였다.

3. 플랫폼형 포털: 폐쇄적 개방성

소수의 대형 포털 기업들은 2006년경부터 포털 내부에 다양한 플랫폼형 서비스를 갖추고 플랫폼 서비스를 시작한다. 이를 국내 인터넷 서비스의 플랫폼화라고 불러 두자. 플랫폼화는 우선 서비스 영역의 확대라는 외형적 변화를 포함한다. 물론 플랫폼화 이전부터 포털에 의한 서비스 영역의 확대는 점진적으로 이뤄지고 있었다. 점진적으로 이뤄진 서비스 영역의 확대

---

53   네이버는 2006년부터 자사 내 블로그뿐 아니라 타 포털 기업의 블로그 내용까지 검색 결과로 제공하기 시작했다(《ZDNetKorea》, 2006. 1. 23). 또한 2009년부터는 RSS 기능과 위젯 기능의 허용 범위를 타 블로그로까지 확대하는 등 검색 환경의 개방성을 높이기 시작했다. 그러나 이는 자사의 폐쇄적 서비스 환경을 개선하는 목적이라기보다는 이용자들의 네트워크 효과를 최대한 활용하고자 하는 의도에서 비롯된 것으로 이해할 수 있다.

는 포털 서비스의 기업 전략으로 고착화된다. 이른바 포털 기업이 의존하는 주요 발전 경로로 서비스 영역 확대가 제자리를 잡은 것이다. 그 서비스의 확대는 물론 이용자가 생산해 내는 콘텐츠와 이용 후 남기는 기록(데이터)에 기반했다. 이용자의 참여와 서비스 영역 확대는 이란성 쌍둥이 같은 모습을 하고 있었다. 포털 서비스는 이용자 참여에 기반을 둔 서비스 영역 확장에 경로 의존하였고 이윽고 포털의 플랫폼화로까지 이어진다. 더 많은 수익을 위한 가장 안정된 전략은 이용자 참여와 그에 기반을 둔 서비스 확대임을 체득하게 된 것이다. 서비스 확대로 이어지면서 포털은 이름만 포털일 뿐 실질적인 플랫폼의 모습을 갖추게 되었다. 그리고 더더욱 서비스 확대를 가능케 해 줄 이용자 콘텐츠, 이용자 데이터에 관심을 갖게 된다.

경로 의존성으로 서비스 기능은 더 늘어나고 종합 포털을 넘어서 플랫폼형 포털로 정착하지만 정작 플랫폼이 지니는 장점을 모두 취할 수는 없었다. 포털 기업이 플랫폼형 포털로 정착하는 과정에서 서비스 환경 내부의 개방성은 늘고 폐쇄성은 이전에 비해 완화된다. 점차 서비스를 늘려 개방성을 키워야 포털을 넘어 플랫폼의 형식에 다다를 수 있었다. 하지만 서비스 운영과 관리 차원의 폐쇄성은 오히려 강화되는 모순적 현상이 벌어졌다. 특히 데이터베이스에 대한 플랫폼의 통제가 심해졌다. 당연한 결과로 이용자가 데이터에 대해 갖는 통제권은 이전 시기보다 약화되었다. 자신이 창출한 데이터로부터 이용자가 소외되는 경향이 더 극심해진 것이다.

이용자가 인터넷 활동 중 생성시키는 데이터에는 개별 창작물, 활동 기록, 계량화된 형태로 집적된 개인 정보 등이 포함된다(표 8 참조). 이용자들이 생산한 데이터를 플랫폼 기업이 전유하려면 이용자와 데이터 사이의 구체적 관계를 분리하는 과정이 필요하다. 이용자가 생산한 데이터를 보다 적극적으로 활용하기 위해 네이버는 자사의 데이터베이스에 대한 통제권을 강화했다. 그 구체적인 강화 내용은 이용자가 생산한 게시물을 활용할 수 있는 약관에 잘 드러난다.

2008년 1월 네이버는 "저작권법이 규정하는 관행에 합치하는 범위에서 회사가 회원들의 게시물을 이용할 수 있다"라는 기존 약관에 손을 댄다. 규제 완화를 꾀한 것이다. "회원이 서비스 내에 게시하는 게시물은 검색 결과 내지 서비스 프로모션에 노출될 수 있으며, 필요한 범위 내에서 임의로 수정될 수 있다"라고 고쳐 명시했다. 이로써 게시자의 동의 없이 게시물에 대한 권한을 획득할 수 있는 장치를 마련하였다. 이용자들의 활동을 통해 축적된 데이터베이스로부터 이용자를 분리하더라도 저작권 침해 소지로부터 스스로 면책을 부여하는 전략이었다(이항우, 2014a).

약관 변경을 통해 폐쇄적 방식의 데이터베이스 운영 방침을 이용자에게 일방적으로 고지하였다. 이로써 이용자는 자신이 생산한 콘텐츠에 관한 권리를 양보하기에 이른다. 사실 네이버의 이러한 약관 변경, 그리고 이용자 정보에 대한 태도는 전혀 새로운 사건은 아니다. 이용자 생산물의 중앙 집중화

표 8. 네이버 이용 약관 변화

2006년 1월 12일 자 변경

이용 약관

제14조 게시물에 대한 저작권

② 회원이 서비스 내에 게시한 게시물의 저작권은 게시한 회원에게 귀속됩니다. 단, 회사는 서비스의 운영, 전시, 전송, 배포, 홍보의 목적으로 회원의 별도의 허락 없이 무상으로 저작권법에 규정하는 공정한 관행에 합치되게 합리적인 범위 내에서 다음과 같이 회원이 등록한 게시물을 사용할 수 있습니다.

－ 서비스 내에서 회원 게시물의 복제, 수정, 개조, 전시, 전송, 배포 및 저작물성을 해치지 않는 범위 내에서의 편집 저작물 작성

－ 미디어, 통신사 등 서비스 제휴 파트너에게 회원의 게시물 내용을 제공, 전시 혹은 홍보하게 하는 것. 단, 이 경우 회사는 별도의 동의 없이 회원의 이용자ID 외에 회원의 개인 정보를 제공하지 않습니다.

2008년 1월 22일 자 변경

이용 약관

제15조 "게시물"의 저작권

② "회원"이 "서비스" 내에 게시하는 "게시물"은 검색 결과 내지 "서비스" 프로모션 등에 노출될 수 있으며, 해당 노출을 위해 필요한 범위 내에서는 일부 수정, 편집되어 게시될 수 있습니다. 이 경우, "회원"은 언제든지 고객센터 또는 "서비스" 내 관리 기능을 통해 해당 게시물에 대해 삭제, 검색 결과 제외, 비공개 등의 조치를 취할 수 있습니다.

출처: https://policy.naver.com/rules/service.html

와 지적 재산권을 통한 데이터 전유는 포털 기업이 오랫동안 보여온 주요 특성 중 하나였다. 특정 포털 사이트를 활발히 이용하던 이용자가 타 포털 사이트로 옮겨 가기란 쉬운 일은 아니다. 또한 이용자의 입장에서 효율성을 감안하면 네이버

가 포털 시장에서 차지하고 있는 독점적 지위와 네트워크 효과를 쉽게 포기하기도 힘들다. 그에 따른 기회비용을 지불해야 하기 때문이다. 결국, 이용자는 특별한 이유가 없는 한 네이버의 이용 약관 변경을 받아들인다. 그로써 포털 기업의 데이터 사적 전유를 인정하게 되고(이호영 외, 2008) 자신의 데이터로부터는 소외된다.

데이터베이스에 대한 통제를 강화하고 나섰지만 포털 기업은 포털 내부에서 발생하는 콘텐츠 불법 복제 같은 사건엔 관심을 덜 보여 왔다. 이는 상당히 모순되어 보이는 처사였다. 2008년 문화체육관광부는 콘텐츠 불법 복제 해결을 위해 저작권법 개정을 시도하였다. 당시 포털 업계는 모든 콘텐츠의 불법 복제 여부를 일일이 검토할 수는 없다며 불만을 토로했다(《파이낸셜뉴스》, 2008. 7. 17). 2008년 6월 저작권보호센터가 단속한 온라인 불법 복제물 384만 4,193건 중 25.2%가 포털에 실린 콘텐츠였다. 특히 블로그를 활용한 불법 복제물 유통이 만연했다. 그런데도 포털 기업은 그에 대해 책임을 회피하는 태도를 보였다(《전자신문》, 2008. 6. 2).

타인의 지적 재산권을 침해한 이용자에 대한 규제에 대해서도 적극적이지 않았다. 네이버는 2008년 1월 개정된 이용 약관에서 '회원이 하지 않아야 할 행위'로 '회사와 기타 제3자의 저작권 등 지적 재산권에 대한 침해'를 명시했다. 하지만 그에 대한 규제는 경고, 일시 정지, 영구 이용 정지로 이어지는 단계적 제한에 그쳤다. 플랫폼 서비스 도입 이후 게시물이 더 많이 늘어나는 편이 자신에게 유리하다는 것을 인식하게 되자 직접적인 규제를 하기보다는 허용 범위 안에서 관리를 하는 편이 더 낫다는 판단을 내렸던 것이다.

2000년대 중반 들어 포털의 게시물 관리와 관련해 사회적 책임 문제가 강하게 대두된다. 2007년 1월 '정보통신망 이용 촉진 및 정보보호 등에 대한 법률 개정을 통해 포털 사이트의 게시물 자율 규제 내용이 마련된다. 포털 기업이 스스로 사회적 책무를 이행하고 이용자 표현의 자유를 보장하도록 한 조처였다. 포털 사업자도 사회적 책무를 의식해 저작권 침해, 명예 훼손 게시물에 대한 게시 중단 요청 서비스와 관련된 내용을 마련해 둔다. 하지만 포털 사업자들은 게시 중단 요청 서비스를 그 취지와는 다르게 활용하는 모습을 보였다. 위법성이 있는 게시물에 대한 포털의 관리, 감독 책임을 줄이는 데 주로 이용하였다. 이용자의 권리 구제 문제를 이용자 간 분쟁으로 전환하는 수단으로 활용하였다. 이용자들 간 이해관계가 충돌하는 상황을 맞이하더라도 포털은 게시물의 게시 및 재게시 문제 여부만을 결정하려 했다. 사안의 위법성에 관한 판단, 이용자 손해에 대한 책임, 재발 방지 대책에 대해서는 유보적 태도를 보였다. 게시 중단 서비스를 요청할 경우 이용자가 준비해야 하는 서류와 절차들이 여간 복잡하지 않았다. 실제로 이용자 스스로 침해받은 권리를 증명하기란 어려운 일이었다(《한겨레21》, 2007. 4. 12). 포털 기업의 게시물 규제 관행은 불법적인 콘텐츠 관리나 개인의 피해 구제보다는 수익 창출이라는 목표를 가지고 있다는 구조적인 맥락에서 이해해야 한다. 포털 기업은 자신의 서비스를 통해 유통되는 콘텐츠를 엄격하게 제한하지 않으려는 상업적 동기를 지니고 있다. 개입과 규제가 광고 수익이나 이용자 규모의 유지에 도움이 되지 않음을 누구보다도 잘 알고 있었기 때문이다(van Dijck et al., 2018).

이처럼 서비스 이용과 게시물 내용에 대한 책임은 회피하고,[54] 직접적인 규제는 최소화하는 데 포털은 노력을 기울였다. 그 같은 노력을 두고 개방성을 위한 노력이라고 할 수는 없을 것이다. 어쨌든 포털 기업은 자신의 이해관계에 부합하는 쪽으로 느슨한 개입의 태도를 드러냈다. 개방성을 강화했다기보다는 포털 기업이 가치 증식에 활용할 원재료를 배타적으로 전유하기 위한 장치를 마련하고 운영하였다.

앞서 언급하였던 API 공개를 통한 개방적 플랫폼의 지향역시 포털 기업 간 폐쇄성으로 인해 의미가 퇴색되었다. 포털기업의 API 공개 과정에서 그것을 활용할 이용자 접근에 관해서만 제한을 두지 않았을 뿐이다. 그 자체로 포털이 지식재산권을 포기한 것은 아니었다. 누구든 제한 없이 이용할 수 있도록 포털이 무한정으로 열어 둔 것도 아니었다. 국내 포털 사업자들은 진정한 의미의 인터넷 개방성을 도모하지 않았다. 오히려 API의 공적 활용은 많은 경우 포털 기업의 이해

---

54 네이버와 다음 등 국내 주요 포털 기업들은 이용 약관에 포털 기업은 포털 사이트 내에 게재된 자료의 정확성과 신뢰도에 대한 책임이 없음을 명시하고 있다.

관계에 가로막혀 실현되지 못한 경우가 많았다. 실제로 국내에서 API 공개와 활용은 대부분 포털 기업과 소규모 프로그램 개발자 사이에서만 이루어졌다. 인터넷 기업이 웹 환경 전역에서 활용 가능한 소프트웨어 개발에 함께 나선 예는 존재조차 하지 않았다. 이처럼 자사의 서비스 환경이 가질 영향력은 확대해 나가면서도, 기업 간 칸막이, 그로 인한 폐쇄성은 지속해서 지키고자 했다. 개방과 공유, 참여를 통한 웹2.0 문화의 실천은 오직 개별 포털 기업의 독자적인 서비스 환경 안에서만 이뤄지고 있었다. 우리는 이를 가리켜 폐쇄적 개방성이라고 부르고자 한다. 이 시기 동안 포털이 플랫폼형 포털의 모습을 띠며, 드러냈던 가장 주목할 만한 특성이었다.

6장

모바일 시대와
메가플랫폼 형성

(2011~)

1. 모바일 경제 시대, 플랫폼 자본주의로의 진입

2007년 1월 애플사는 아이폰 출시를 발표한다. (한국은 출시 국가 목록에서 제외되었다. 자국 내 휴대 전화 및 콘텐츠 업체 보호를 위한 통신 정책 탓이었다.) 그로부터 2년 후 2009년 11월 국내에도 아이폰이 출시된다. 이후 고객 유치 경쟁, 광고 등에 힘입어 모바일폰의 보급은 급속도로 이루어져 인터넷 이용률에 맞먹게 되었다.[55] 2019년 국내 인터넷 이용률은 91.8%, 모바일폰 보급률은 92.2%에 이르렀다(한국정보화진흥원, 2020). 이른

---

55   스마트폰, 무선 이동전화, 모바일폰, 휴대폰 등의 명칭 중에서 모바일폰을 택해 사용하고자 한다. 스마트폰에는 (스마트하다는) 강한 가치가 부여되어 있고, 이동전화와 휴대폰 개념에는 전화기라는 뉘앙스가 강하게 담겨 있다.

바 모바일 시대를 맞는다. 모바일 혁명, 모바일 경제, 모바일 산업, 모바일 일상이라는 용어들이 쏟아져 나온다. 모바일폰을 중심으로 시민의 생활이 재편되고 있음을 보여 주는 지표적 용어들이기도 했다. 포털 기업은 새로운 차원의 변화를 맘껏 자신들의 활동 무대로 삼았다. 무엇보다도 포털의 서비스 영역을 무한대로 확장해 나갔다. 특히 네이버의 사업 확장은 무서운 속도로 이뤄진다. 콘텐츠 생산은 물론이고, 인공 지능과 같은 인터넷 환경 사업, 빅 데이터 수집과 관리 그리고 기술에 이르기까지의 데이터 사업, 그리고 금융업에까지 손을 대기에 이른다.[56] 모바일 네트워크 기술과 AI, 빅 데이터 기술, 금융 기술(핀테크) 발전이 정부의 산업 육성 정책과 연계되자 포털 사업의 범위와 규모는 더 커져만 갔고, 국가 경제를 선도하는 지위에까지 이르렀다.

모바일 기기의 대중화, 그로 인한 새로운 사회로의 진입은 과장된 말은 아니다. 당장 현실로 다가왔다. 모바일 산업과 경제로의 진입에 발맞추어 산업 재편도 벌어지기 시작했다. 2009년 말 1만 8,893개에 불과했던 모바일 벤처 기업은 2015년 12월 기준 3만 개를 넘어섰다. 벤처 자금의 투자 규모

---

56 네이버는 2017년 제록스의 인공 지능 연구소인 제록스리서치센터(XRCE)를 사들여 네이버랩스유럽(Naver Labs Europe: NLE)으로 이름을 바꾸고 미래 기술 분야에 대한 투자 의지를 보여 주었다. 2019년 11월 네이버페이 분할 법인인 네이버 파이낸셜을 설립했다. 수수료 수입으로 2019년에 2조 4,830억 원의 수입을 올린다.

도 커졌다. 2015년 한 해에만 투자금은 2조 원에 육박했다(한국인터넷진흥원, 2017). IT 버블 때와 유사하게 새롭게 모바일 네트워크 환경이 이뤄지자 금융 자본이 벤처 붐을 조성했다. 양적 완화로 인해 갈 길을 좀체 찾지 못하던 금융 자본은 인터넷과 모바일 사업을 주요 투자처로 삼았다. 그로써 모바일 경제, 모바일 산업, 모바일 사회는 점차 그 구체적인 모습을 드러냈다(Langley & Leyshon, 2017).

모바일 사회로의 진입 이전에는 인터넷 경제, 인터넷 산업, 인터넷 사회라는 용어로 사회 변화를 설명하려는 담론으로 넘쳤다. 앞선 장에서 언급했듯이 웹2.0 시대에는 인터넷을 통한 상호 소통, 이용자 참여, 공유 등의 개념으로 변화를 설명하려 했다. 인터넷 중심의 새로운 사회가 도래했다는 담론이 풍성했다. 인터넷 이후엔 모바일이 풍성한 담론을 만들어 갔고 점차 모바일은 인터넷까지 삼키면서 그를 지워 나가기까지 했다. 이윽고 모바일이라는 이름이 새로운 시대의 중심에 서게 되었다. 투여되는 자본은 어김없이 모바일 프로젝트, 모바일 비즈니스, 모바일 경제로 향했다. 모바일이 세상의 중심이 된 세상, 모바일로 쏠리는 이 현상을 규정하기 위한 시도도 이뤄졌고, 그에 편승해 자본 증식을 꾀하는 일들도 늘어났다.

자본과 사회적 관심이 모바일 분야로 몰리고, 그에 기반을 둔 산업이나 일상이 핵심적인 의제가 되는 현상을 두고 자연스러운 일이라거나 필연적으로 받아들여야 한다고 말할 순 없다. 대신 왜 그 같은 일이 발생했는지 물어보아야 하고, 그 사건이 만들어 낼 사회적 효과에 대해서도 언급할 필요가 있다. 인터넷의 시대에서 모바일 시대로의 전환 배경은 자연스럽거나 당연한 일이 아니고 충분히 설명되어야 할 사건이다. 모바일 시대가 열리게 된 배경은 무엇이고 모바일 시대의 도래로 인하여 디지털 생태계, 자본주의는 어떤 변화를 겪을지 묻고 답할 필요가 있다.

인터넷 이용자 증가세의 둔화로부터 말문을 열어 보자. 웹2.0 시대 이후 인터넷 이용자 증가세는 멈추지 않을 거라 예상했지만 당장 한계에 부딪힌다. 이른바 천장 효과를 만나게 된다. 인터넷 보급률이 정점에 이르자 새로운 ICT 투자처, 수익원이 절실해졌다. 포털 기업을 비롯한 인터넷 기업 모두가 천장 효과를 돌파해 내기 위해 애를 쓴다. 두 개의 답을 얻었다. 첫째는 기존 인터넷 사용자가 더 긴 시간 동안 인터넷 환경에 머물 환경을 만드는 일이다. 다른 답 하나는 새로운 서비스를 제공하여 수익 창구를 만드는 일이다. 모바일 관련 산업은 그 두 가지 답을 모두 충족시켜 줄 최적의 수단이었다. 시민 개개인의 손에 들어간 모바일 기기를 통해 새로운 기술로 만든 서비스를 제공하고 시민이 그 서비스에 시간을 할애하도록 유도해 자본 증식을 꾀하려 하였다. 기술 혁신, 서비스 제공, 그리고 적극적인 소비, 자본 증식의 선순환이 가능하도록 인터넷 기업은 전력을 다한다. 자연스레 인터넷 사업자의 관심은 기술의 활용으로 향했다. 인터넷 기술을 모바일에 장착하는 일은 물론이고, 인터넷에서 해 보지 못한 서비스를 모바일 공간에서 펼치는 모험도 감행했으며 그 서비스에 관심을 갖고 유료로 가입하도록 유도해 보기도 했다.

포털 등과 같은 인터넷 사업자들은 기존의 이용자로 하여금 더 자주, 더 길게 이용하도록 유도하는 한편 모바일 환경으로 초대하는 일을 벌인다. 포털 사업자는 이용자의 이용 빈도와 이용 시간을 늘리는 노력을 벌이고 실제 투자와 서비스 확충에 착수한다. 기존의 인터넷 이용자를 잡아둘 뿐 아니라 모바일폰 사용자의 증가에 맞추어 서비스 범주를 늘렸다. 더 머물게 하고, 더 자주 이용하게 유도하는 데는 서비스의 증가만한 묘수가 없었다. 예상한 대로 서비스의 확장은 포털 기업의 새로운 이윤 창출에 크게 기여한다. 웹2.0의 약효가 떨어져 갈 때 즈음해서 인터넷 사업, 포털 사업은 모바일을 주력 사업으로 삼고, 더 자주, 더 길게 그리고 새로운 서비스에 접속하도록 유도하면서 수익을 올리는 전략을 구사하게 된다.

포털 기업은 모바일폰 등과 같은 디지털 단말기를 이용자 간 통화를 주고받는 기기 이상으로 규정하였다. 일상을 보조하는 것을 넘어서서 일상의 방향을 정해 주는 나침반 역할을 하는 필수품 지위에 올라서도록 도왔다. 포털 기업은 모바일 이용자를 포털 안으로 끌어들이는 일을 넘어 아예 그 안에 머물게 하는 모바일 인클로저를 꾀해야 했다. 모바일폰 이용자 수도 언젠가는 포화 상태에 이를 것이므로 모바일 시대는 과거 인터넷 시대를 반복하지 않도록 아예 처음부터 모바일 서비스 안에서 빠져나가지 않도록 기획하려 한다. 한 번 방문한 포털 안에서 원스톱으로 모든 서비스를 다 챙겨 받을 수 있게 한다. 그 안에서 충분히 상품을 구매하고, 인터넷 이용 시간 동안 광고에 노출되며, 이용자 자신의 활동 정보를 남겨 두는 이용자 존재로 잡아 두고자 했다. 검색을 통해 정보를 제공하던 시대를 떠올려 보자면 참으로 멀어진 그리고 낯설고 새로운 존재로 포털은 변신해 갔다. 그 같은 전환(디지털 전환을 넘어선 모바일 전환이라고 해 두자)은 포털 사업자에게는 만족할 만한 사업 성공의 결과를 가져다준다.

　모바일 환경으로의 전환이 포털 기업의 가치 증식에 미친 영향은 디지털 광고 시장 규모의 변화를 통해 확인할 수 있다. 그림 5에서 보듯이 2000년대 고속 성장을 이어가던 PC 광고는 2010년을 기점으로 성장세가 꺾인다. 급기야는 2014년부터 2018년 사이에는 마이너스 성장을 기록한다. 이제 모바일 광고가 디지털 광고 시장의 성장을 이끌고 있다. 모바일 광고의 선전으로 디지털 광고 전체 시장 규모는 오히려 확대되었다. 일단 광고 시장만 놓고 보면 PC 기반의 네트워크 환경이 포화 상태가 되면서 시장의 이윤율 저하 현상이 발생했다가 모바일 네트워크 환경의 보편화로 자본 축적 영역이 확대되고, 디지털 경제가 다시금 활황세를 보이는 패턴을 유지하고 있다. 이처럼 인터넷 경제의 성장 한계가 모바일 시대, 모바일 경제를 호출한 것으로 이해할 수 있다. 모바일 경제는 전과는 다른 산업 구조를 요청하였고 발빠르게 산업 전반은 구조 개편을 착수하기에 이른다.

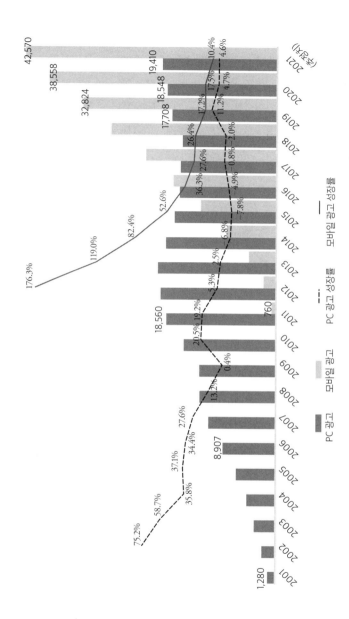

그림 5. 국내 디지털 광고 시장 규모 변화

출처: 신원수, 2014. 5. 14; 제일기획, 2020. 단위: %, 억 원.

모바일폰을 중심으로 인터넷 사업이 재편되면서 디지털 산업 생태계에 변화가 생긴다. 디지털 생태계는 CPND(콘텐츠-플랫폼-네트워크-디바이스)의 가치 사슬을 유지해 왔다. 콘텐츠 사업자가 플랫폼에 콘텐츠를 보내면 플랫폼 사업자는 그를 잘 배열해 네트워크로 전달한다. 통신사인 네트워크사는 플랫폼으로부터 받는 콘텐츠를 유통시킨다. 디바이스 제조사는 패드, 컴퓨터, 폰 등의 수신기를 만들어 판매해 이용자와의 인터페이스가 성공하도록 돕는다. 그 같은 가치 형성 과정에서 플랫폼 역할을 했던 포털은 위력을 발휘할 수 있는 존재이긴 했지만 가치 사슬 내에서 압도적 힘을 가진 주체는 아니었다. 그러다 점차 사슬에 엮인 주체 중 '플랫폼'의 약진이 두드러진다. 모바일 경제에서 네트워크 사업자, 즉 이동 통신 사업자가 선두에 서서 모바일 경제를 주도할 거라는 예상이 많았다. 궁극적으로는 콘텐츠를 많이 만들어 보유하는 쪽이 시장을 지배할 거라는 예상도 있었다. 하지만 그 예상은 모두 빗나갔다. 포털과 언론사, 웹툰, 음악 사업자와의 관계에서 보듯이 플랫폼 사업자가 콘텐츠 사업을 이끌었다. 급기야는 플랫폼에 해당하는 포털 사업자가 콘텐츠를 제공하는 서비스에 손대는 일까지 생긴다. 네트워크 사업자와 플랫폼 서비스는 절대적인 경쟁 관계에 놓여 있었지만 점차 동반자로서 보조를 맞춰 갔다. 인공 지능 스피커 사업에서 보듯이 상호 협조 관계를 유지하였다. 디바이스 사업 또한 플랫폼 사업자가 제공하는 서비스에 맞춘 기능을 강화해 주는 것을 마케팅 포인트로 활용했다. 이처럼 CPND 가치 사슬에서 플랫폼이 점차 지배적인 위치를 차지하게 된다(정법근, 2015). 한국에서는 그 플랫폼 사업의 한복판에 포털이 자리를 잡았다.[57]

모바일 기기가 실생활 안으로 들어와 그 영향력을 넓혀 가면서 국내 포털 사업자인 네이버와 카카오 등과 같은 (기술적) 플랫폼이 중심에 서게 된다. 플랫폼은 다양한 서비스를 제공하며 모바일 기기의 사용을 늘려 나갔다. 모바일 기기 사용 증대, 즉 모바일 기술의 보편적 이용은 유통되는 정보의 내용과 크기에 영향을 미쳤다. 무엇보다도 이용자와 정보 제공자 간 데이터 교환보다 이용자끼리 주고받는 데이터의 비중이 더 커졌다. 이용자의 기기 이용 시간이 늘어나면서 이용자 간 데이터 교환의 증가, 데이터의 이용 용량도 늘어난 것이다. 이로써 이용자들의 상시적인 미디어 활동을 매개하는 인터넷 기업이 이용자 데이터에 기반을 두면서 더 많은 수익을 올릴 수 있는 토대가 마련된다. 더 많은 이용자 수와 더 긴 시간 모바일 기기 사용을 기반으로 플랫폼은 (1) 더 많은 광고 수익을 올릴 수 있었고, (2) 증가하는 미디어 이용 활동 데이터를 기록해 양화한 후 광고주에게 세밀하게 분류하여 이용자 정보를 판매할 수도

---

57   우리는 이처럼 가치 사슬 내에서 플랫폼이 주도하는 현상을 두고 플랫폼화(플랫포마이제이션platformization)로 규정하고 이는 이 책의 후반부에서 밝힐 예정이다. 플랫폼화는 산업 내부의 플랫폼의 등극뿐만 아니라 사회 전반에서 플랫폼이 주도하고, 사회 제도가 플랫폼의 사업 방식을 닮아가는 현상까지 포함하는 광범위한 영향력을 지칭할 예정이다.

있었고, 또한 (3) 데이터를 기반으로 자신이 직접 부가 서비스를 개설할 수도 있게 되었다.

오늘날 인터넷, 특히 플랫폼 사업자의 데이터 수취는 모바일 기기의 전원이 작동하는 모든 상황에서 이루어진다. 이용자들의 일상 전반이 데이터로 양화되어 수집되고 인터넷 기업의 사업 대상이 된다. 이용자의 뉴스 보기, 전자 상거래, 웹툰 보기, 각종 동영상 보기, 지식 정보 습득, 은행 거래, 음악 듣기, 게임하기, 코로나바이러스 상황 정보 읽기 그리고 다른 이용자와 대화하기 등등 온라인에서 이뤄지지 않는 일상을 찾기 힘들 정도로 광범위하다. 온라인상의 그 광범위한 시민 일상이 인터넷 기업의 수집, 포획, 추적의 대상이 된다. 온라인상에서의 활동뿐 아니라 사회적 삶 전체가 인터넷 사업자의 가치 창출의 대상이 되고 있다. 과거 상품을 만들어 판매함으로써 수익을 창출하던 과정은 단독으로 독립된 공장에서 이뤄졌다. 그릇을 만드는 공장은 그를 전문적으로 생산해 내는 그릇 공장에 지나지 않았다. 그에 빗대어 말하자면 인터넷 사업 혹은 인터넷 공장, 더 구체적으로 플랫폼은 시민의 사회생활 전체를 자원 삼아 온갖 상품을 만드는 '사회적 공장social factory'에 가깝다(Terranova, 2000). 온 사회로 하여금 공장이 되게 하고, 온 사회의 정보 교환을 공장의 재료로 활용한다. 시간과 공간의 제약을 받지 않고 언제 어디서나 상품을 만들어 유통하고 수익을 챙기는 그런 생산 과정의 공장이 되고 있다. 인터넷 기술이 사회 전체의 인프라 역할을 담당한 이후 나타난 이러한 변화는 사회 전 영역에 걸친 인터넷 자본의 영향력 강화로 이어진다. 그 중심에는 이용자에 대한 데이터, 이용자의 온라인상의 활동 데이터가 있다. 그리고 그 데이터를 가공하여 정보, 지식으로 만들어 서비스에 활용하는 일이 주요 산업으로 자리 잡았다. 데이터를 통해 학습하는 인공 지능이 새로운 데이터를 통해 자기 조절과 생성을 거듭하는 이른바 사이버네틱스의 현실화가 가까워졌고 플랫폼이 그 일에 앞장서고 있다.

2010년대 중반 이래 플랫폼 사업의 부각과 함께 빅 데이터 산업에 관한 관심이 늘었다. 이는 모바일 네트워크 환경을 통해 막대한 데이터 축적이 가능해지면서 생긴 일이다. 데이터가 인터넷 사업의 시작 지점이면서 사업의 목표가 되는 시대를 맞았다. 빅 데이터는 "미래 시대의 원유"(《IT조선》, 2016. 11. 7)라는 윤영찬 당시 네이버 부사장의 발언에 주목해 보자. 이용자의 의도나 인지 여부와 관계없이 모바일 기기를 통해 생산된 데이터를 인터넷 기업, 플랫폼은 원재료로 활용한다. 개인 식별 데이터, 이용자들의 창작물, 인터넷 이용 기록에 더해 본인의 위치 정보, 물품 구매 이력까지 인터넷 사업자가 포획한다(표 9 참조). 인터넷, 모바일 기기에 접속된 상태에서 이루어지는 모든 활동이 디지털화되어 인터넷 기업의 데이터센터로 전송된다. 플랫폼 기업은 수집된 데이터를 바탕으로 정교한 개인 맞춤형 광고를 행한 후 수입을 창출한다. 더 나아가 데이터 형태로 양화된 이용자들의 활동과 맥락의 정보를 광고 상품

표 9. 구글이 수집하는 이용자 데이터

데이터 구분	데이터 유형	데이터 내용
이용자 제공 데이터	계정 정보	이름, 이메일 주소, 전화번호, 신용카드 등
이용자 이용 데이터	기기 정보	하드웨어 모델, 운영 시스템 버전, 기기 고유 식별자, 모바일 네트워크 정보, 기기 식별자나 전화번호와 구글 계정 연결 정보 등
	로그 정보	서비스 이용 기록, 전화 로그 정보, IP 주소, 기기 관련 정보
	위치 정보	위치 추적 서비스와 관련 실제 위치 정보, 기기 센서 데이터
	고유 앱 번호	앱을 설치하거나 삭제할 때 혹은 자동 업데이트와 같이 서버에 정기적으로 접촉할 때 생기는 서비스 설치 정보
	지역적 저장	브라우저 웹 저장 공간이나 앱 데이터 저장 공간 등을 활용하여 사용자 기기에 국지적으로 수집하고 저장하는 정보
	쿠키와 익명 식별자	이용자 기기에 심은 쿠키나 익명 식별자를 통한 구글 서비스 이용 정보, 제휴 사업자와의 접촉 정보

출처: 이항우, 2014a

판매, 새로운 서비스를 위한 자본재로 활용한다(김동원, 2015).

데이터 산업의 확대와 더불어 인터넷 기업, 즉 구체적으로 플랫폼 사업자는 인접 산업 분야로의 수직적, 수평적 통합을 활발히 전개한다. 핀테크, 전자 상거래, O2O 서비스 등 재화의 유통과 소비까지 통합해 간다(실례로 네이버는 2020년 10월 물류회사 대한통운을 지닌 CJ그룹과 지분 교환을 통한 포괄적 사업 제휴를 한다. 〈조선비즈〉 2020. 10. 26).[58] 포털처럼 단일한 플랫폼에서

---

58 국내 전자 상거래 구축 시스템으로는 (1) 네이버형과, (2) 쿠팡형으로 나눌 수 있다. 네이버형은 고객 정보 사업과 물류 사업을 분리한 채 이루어지는 전자 상거

그 같은 서비스를 동시에 제공할 수 있게 된 것은 분리된 형태로 축적된 데이터를 종합할 수 있는 기술적 환경 구축 덕분이다. 인터넷, 모바일 기기 이용을 통해 늘어난 이용자 관련 데이터를 기반으로 새로운 서비스를 만들고 서비스를 결합해 나간다. 그로 인해 데이터를 모을 수 있는 인터넷 사업자는 플랫폼 사업으로 혹은 광고 사업으로 수익을 올리게 된다. 이 같은 기반으로 국내 인터넷 기업은 데이터에 맞춘 생산, 데이터의 축적, 유통, 인터페이스에 걸쳐 사업을 다각화하며 ― 수평, 수직 통합을 해 가며 ― 거대 플랫폼화되어 갔다.

플랫폼 사업자는 이용자가 직접 정보를 생산하고 유통할 수 있는 환경을 제공한 후 그로부터 자본 증식을 꾀하는 "전송 경제"(Goldberg, 2011: 749)를 이끈다. 네트워크 환경의 구성과 운영에 관여하는 콘텐츠 제조업자, 통신망 사업자, 플랫폼 사업자가 전송 경제 구조를 만들었고 그 구조가 작동하도록 협력해 왔다. 전송 경제의 주체들은 애초엔 서로 균등한 힘으로 연결되어 있었다. 그러다 점차 서로 간 역할 구분이 느슨해지는 순간을 맞는다. 거대 인터넷 기업들은 모바일 경제의 등장 이후 산업 간 경계가 모호해진 틈을 놓치지 않았다. 그를 기회 삼아 타 사업 영역으로 침투해 가기 시작했다. 특히 자

래다. 네이버가 고객 정보 사업을 맡고 CJ와의 제휴를 통해 물류 사업(재고 관리, 선별, 포장, 출고 등)과 연결시켜 가치 사슬을 완성시킨다. 쿠팡형은 가치 사슬 전반을 사업체가 통합적으로 갖는 형태를 말한다.

체 데이터센터를 활용해 빅 데이터를 전유할 수 있는 네이버, 카카오 등이 그 구조 안의 적극적 경쟁자들이었다.[59] 이들은 ICBM(IoT, Cloud, Big Data, Mobile)이라 통칭하는 관련 정보 통신 기술 개발을 통해 사업을 확장하고 하드웨어와 소프트웨어, 콘텐츠를 포괄하는 독자적 생태계 구축을 꾀하였다. 플랫폼 다각화와 플랫폼 생태계를 구축하였다. 네이버, 카카오 등 국내 포털 사업자는 모바일 시대 들어 데이터 산업의 포섭, 전송 경제 구조 내 타 영역의 흡수, 다양한 서비스의 확장을 꾀하면서 강력한 플랫폼 체제를 형성해 나갔다.

애초 정보 제공업과 구매자를 연결짓는 검색 사업 등에 국한되던 플랫폼 사업은 다양한 형태의 플랫폼 사업으로 이어졌고 플랫폼 생태계를 꾸리기에 이르렀다. 현재까지 구축된 플랫폼 생태계에는 여러 플랫폼 유형이 존재한다(표 10). 광고 플

---

59 플랫폼 시장에서는 데이터의 확보와 분석이 경쟁력을 좌우한다. 자체 데이터센터는 ICT 기업이 데이터 축적 및 분석 능력을 확장하기 위한 필수 자산이다. 2013년 춘천에 데이터센터를 세운 네이버가 국내 데이터센터 추가 건립에 나서는 것은 고정 자본에 대한 투자 강화를 통해 데이터 확보 우위를 점하기 위함이다. 한편, KT, SK텔레콤, LG유플러스 등이 통신망 서비스에 더해 하드웨어 묶음 상품 판매, IoT 플랫폼 제공, 클라우드 서비스에 나서는 것은 망 사업자가 갖는 한계 때문이다. 통신 인프라를 갖추고 데이터 확보가 가능한 지위에 있다고 하더라도 실제 플랫폼 생태계에서 핵심 역할을 하지 못하는 이상 플랫폼 생태계에 통제력을 행사할 수 없다(Srnicek, 2017/2020). 이는 구글과 같은 운영 체제 제공 업체와 망 사업자 간의 비대칭적인 권력 관계나 네이버, 카카오와 망 사업자의 시가 총액 차이만 봐도 알 수 있다.

표 10. 플랫폼 유형과 네이버 관여 플랫폼의 예

플랫폼 유형	특징	사례	네이버 서비스
광고 플랫폼	이용자 정보 추출 – 분석을 통한 온라인 광고 공간 제공	구글, 페이스북, 유튜브	검색, 블로그 등
클라우드 플랫폼	디지털 사업에 필요한 하드웨어/소프트웨어를 클라우드를 통해 임대	아마존 웹서비스, 세일포스	NCP, MYBOX, WHALE, 네이버 애널리틱스, 네이버 스마트 스토어 등
산업 플랫폼	전통적인 제조업 생산 – 유통과정에 인터넷을 결합. 데이터를 통한 비용 절감. 하드웨어/소프트웨어 인프라 판매	GE(프레딕스). 지맨스(마인드 스피어)	
제품 플랫폼	전통적 상품을 구독형/임대 서비스로 매개해 주는 플랫폼	롤스로이스, 스포티파이, 넷플릭스	네이버 멤버쉽 플러스, VIBE, 네이버 시리즈 등
린 플랫폼	자산 소유와 비용을 최소화하면서 오프라인 공간의 사용자와 노동자(혹은 소유자)를 매개하고 수수료로 수익을 내는 플랫폼	우버, 에어비앤비, 배달의민족	네이버 예약, 네이버 주문, 네이버 편의점 택배
전자 상거래 플랫폼	상품 거래 공간을 제공하고 입점비와 수수료를 통해 수익을 내는 플랫폼	아마존, 쿠팡	네이버쇼핑

출처: Srnicek, 2017/2020을 수정한 내용.

랫폼은 콘텐츠 제공업과 이용자를 만나게 할 공간이나, 이용자 간에 커뮤니케이션할 공간을 만든 후 그 공간에 광고를 유치해 수익을 올린다. 구글, 페이스북, 유튜브 등이 대표적인 예다. 클라우드 플랫폼은 데이터를 저장할 공간을 제공하여 수익을 올린다. ICT 기업이 인공 지능 기술을 기반으로 각종 하드웨어 제품 간 망을 구축하고 그를 기반으로 대여업, 정비업을 하는 플랫폼을 산업 플랫폼이라 부른다. 산업 플랫폼은 공정 과정에 놓인 기계에 사물 인터넷 등을 설치하여 수명 관리, 정비 등을 해낸다. 전자 제품 제조 업체, 통신 업체가 사물 인터넷(IoT) 관련 제품을 기반으로 그 원격 작동 등을 꾀하는 서비스를 제공하는 경우 제품 플랫폼이라고 칭한다. 저작권을 소유한 기업이 이용을 원하는 고객에게 일시 이용을 허가하면 수익을 올리는 음원 서비스도 이에 해당한다. 우리 주변에서 가장 흔하게 볼 수 있는 배달업, 택시 사업을 관장하는 린lean 플랫폼도 있다.[60] 이 플랫폼은 이용자와 노동자(혹은 소유자)를 연결해 주고 수수료로 수익을 올린다. 마지막으로 전자 상거래 플랫폼은 온라인상에 상품 거래 공간을 제공하고 상품 검색부터 결제에 이르는 과정을 매개해 수수료 수익을 올린다.

플랫폼 생태계는 다양한 기업 간 기술 제휴와 서비스 제휴로 복잡하게 얽힌 모습을 하고 있다.[61] 하지만 점차 인터넷 기업이 IoT, AI 기술을 통해 스스로가 핵심 플랫폼 지위를 유지하려 한다. 네이버 등과 같은 포털 기업은 자신이 이미 충분한 이용자 정보를 갖고 있기 때문에 플랫폼으로서 가치 사

60 소유한 자산을 바탕으로 임대 수익을 취하는 제품 플랫폼과 달리, 린 플랫폼은 자산 소유에 따른 유지, 운영비용을 외부의 유휴 자산 소유자에게 맡긴다.

61 예를 들어 네이버의 인공 지능 플랫폼 서비스인 클로바Clova의 경우 LG전자, 코웨이와 같은 가전제품 제조 기업이나 벅스뮤직, 팟빵, tbs, YTN과 같은 콘텐츠 제공 기업, LGU+와 같은 통신망 사업자, 우리은행, 미래에셋대우와 같은 금융 기업과 제휴를 맺고 홈 IoT 플랫폼을 제공한다.

슬 내 역할을 선도해야 하고, 또 그럴 수 있다고 자신한다. 기반 정보 위에서 핵심 플랫폼 지위를 확보한 후 또다시 하드웨어에서 소프트웨어에 이르기까지, 이용자의 활동 전반에서 모든 층위의 데이터를 확보하려 한다. 그리고 플랫폼 생태계 중심이 되고, 자본 증식을 욕망한다.

　새롭게 등장한 생산 수단인 데이터 수단을 가진 집단, 즉 데이터를 수집하고, 추적하며, 집적하고, 분석할 수 있는 집단이 플랫폼 생태계뿐만 아니라 세상을 지배하는 방향으로 나아가고 있다. 이미 그 지위에 등극하여 그 영예를 누리는 플랫폼도 있다. 플랫폼은 막대한 데이터를 독점하면서 타 산업 영역과 제휴하며 사회의 중심에 서려 한다. 그로 인해 정보와 관련된 사업체를 플랫폼으로 칭하던 데서 정보를 기반으로 타 산업과 연결된 사업을 포괄해 플랫폼이라 칭하는 시대를 맞게 되었다. 배달의민족, 쿠팡, 지그재그 등도 플랫폼 지위를 누리고 또한 인터넷 산업과의 연계를 통해 거대 플랫폼으로 성장하고 있다. 플랫폼을 중심으로 산업 구조가 재편되며, 그를 통해 생산 관계의 변화도 발생하고, 시민의 일상까지 재편되고 있고, 그 변화와 재편이 다시 플랫폼의 성장 조건이 되는 시대를 맞고 있다. 닉 서르닉Nick Srnicek(2016/2020)은 그를 플랫폼 자본주의로의 진입이라고 부르며 플랫폼의 등장과 성장, 그리고 사회 지배를 알렸다. 정보를 포획, 수집, 추적, 분석하고 그를 활용해서 새로운 서비스를 만들고, 광고 수익을 챙겨 내는 플랫폼은 단순히 산업 변화, 기술 변화의 결과물이 아니라 체제 변화의 선두인 셈이다. 모바일 시대를 주도하게 된 네이버 등을 거대 플랫폼 사업자로 규정하고, 그들에 주목하는 이유다.

새로운 체제로의 진입을 선도했을 뿐만 아니라, 새로운 체제에서 중심에 서 있는 인터넷 기업이 구축한 기술적 생태계는 환경 내적으로는 개방적이고, 환경 외적으로는 폐쇄적인 성격을 띤다. 자신의 플랫폼 생태계 내부에서는 끊임없이 타 사업과 유대를 맺는다는 점에서 개방적이다. 과거 동종 혹은 인접 산업과의 유대로 사업 확장이 이뤄졌다면 플랫폼이 보여 주는 연대는 상상을 초월할 정도로 열린 경계 넘기를 연출하고 있다. 그럴 만큼 개방적으로 유대, 연대, 합종연횡했고 몸집을 키워 갔다. 하지만 그 생태계의 바깥인 이용자, 시민 사회, 공적 영역 등에 대해서는 폐쇄적인 자세를 취한다. 폐쇄적인 자세 탓에 플랫폼은 드러나기보다는 숨겨진다. 당연히 플랫폼 생태계 전반은 이용자에게 널리 알려지지 않는다.[62] 이용자는 거대한 구조적 네트워크 안팎을 날마다 넘나들지만 숨겨진 플랫폼을 잘 인지하지 못한다. 이용자가 이러

---

62   여기서는 플랫폼이 잘 인식되지 않는다든지, 드러나지 않는다든지 식의 수동형 문장으로 쓴다. 이는 이용자가 알지 못한다는 식으로 주장하기보다는 이용자가 알 수 있는 기회가 닫혀 있음을 강조하기 위함이다. 이용자가 잘 인식할 수 있거나 플랫폼에 대해 해박한 지식을 가질 만큼 충분한 정보 제공이 많지 않았고, 그를 경계할 기회를 갖지 못했음을 전하고 싶었다. 그렇지 않을 경우 이용자가 무지하다는 식의 논지를 펴게 될 것을 우려해 수동형을 사용하고 있다.

한 플랫폼을 거대한 구조라고 인식하는 일은 여간 힘들지 않다(백욱인, 2014a). 앞서 소개했던 것처럼 다양한 플랫폼이 활동하고 있으며 우리의 일상을 지배한다는 사실을 이용자는 잘 알지 못한 채 이용한다. 그 결과 플랫폼은 이용자의 인터넷 이용을 돕는 동반자 혹은 도우미, 보조 수단 정도로 받아들여진다. 인터넷 기업은 이메일 서비스, 뉴스 제공, 기타 생활 정보 제공, 일상생활과 밀접한 서비스를 제공하면서 이용자의 생활 도우미 역할을 하는 존재로 인식된다. 그들의 신산업 진입과 경쟁, 그리고 성장은 당연하거나 합리적 선택을 기반으로 한 바람직한 사회적 사건으로 받아들여진다. 심지어는 사회의 미래를 개척해 나가는 새로운 희망인 것처럼 인식되기도 한다.

플랫폼 생태계 구축과 관련된 담론, 이미지가 그와 같은 형태로 받아들여지고 유통되는 것은 묘한 효과를 만들어 낸다. 신산업 분야가 디지털 경제를 이끌고, 모바일 경제의 선두에 서며 우리 생활에 도움을 줄 거라는 서사가 발생한다. 그리고 그 서사는 정보자본주의의 심층에서 일어나는 일을 은폐하는 효과를 낸다. 이 전망과 논리 안에 포섭되면 사회 전 영역은 기술적 환경의 매개 안으로 포섭된다. 모바일 기술, 인터넷 기술은 우리를 연결해 소통케 해 주고, 지식과 정보로 무장케 해 줄 것으로 믿게 된다. 그로 인해 민주주의 사회가 더 잘 굴러갈 수 있을 거라는 전망도 갖게 한다(박승일, 2020). 뿐만 아니라 새로운 정보 산업 혁명으로 인하여 새로운 가치가 창출될 것으로 부풀려진다. 늘어난 고용을 통해 보다 윤택한 경제적 삶을 이어 가는 미래가 온다는 담론으로 이어지기도 한다.[63] 최적화된 이용자 관리와 데이터 축적을 기반으로 인터넷 기업이 가치 증식을 지속해 가는 과정을 당연한 경제적 행위, 미래를 약속하는 산업 행태로 받아들이게 된다(박승일, 2017).

푹스의 초국가 정보자본주의론, 비판적 인터넷 연구를 받아들이고, 생산력과 생산 관계를 중심으로 인터넷 산업, 포털 기업을 논의하려는 데는 몇 가지 이유가 있다. 먼저 위에서 언급한 은폐 효과를 지적하고 싶었기 때문이다. 나아가 은폐 과정을 지적하는 것을 넘어 숨겨진 사회적 관계를 정리하고 싶었다. 그래서 일상에서의 인터넷 인식이 국가 정책으로 이어지는 연결 고리를 들여다보았다. 시민의 일상에서 정보 통신 영역이 갖는 의미가 중요하게 받아들여지면서 그 영역의 산업에 대한 국가적 지원은 자연스러운 프로젝트가 된다. 자본 증식 과정에 국가의 자원이 투여되고 시민의 이용 시간, 데이터, 서비스 비용도 큰 이의 없이 본격적으로 투입되기 시작한 것이다.

온오프라인에서의 모든 활동을 상품으로 전환하는 모바일 경제의 확산과 함께 한국 자본주의는 구조적으로 높은 인

---

63   2020년 7월 14일 문재인 대통령은 국민보고대회 기조연설에서 '디지털 뉴딜' 정책 방향 아래 '데이터 댐' 추진 과제를 발표한다. 디지털과 관련된 정책 과제 총 12개 중 첫 번째로 "국민 생활과 밀접한 분야 데이터 구축, 개방, 활용"으로 내세웠다.

터넷 산업 의존도를 기록하고 있다. 국가가 이를 적극 주도한다는 점도 눈여겨보아야 한다. 특히 4차 산업 혁명이라는 과학 기술에 대한 전 세계적 상업화 담론이 등장하면서 그 주도력은 더 커지고 있다. 그로써 정보 통신 기술을 바탕으로 한 자본과 국가의 협력 관계는 가속화된다. 박근혜 정부는 대통령 취임 초 5대 국정 목표 중 1순위로 '일자리 중심의 창조경제'를 내세운 바 있다. 전국 17개 시, 도에 창조경제혁신센터를 만들어 인터넷 벤처 기업을 지원하고자 했다. 이 과정에서 삼성, SK, CJ, LG, KT, 네이버, 카카오 등 국내 주요 인터넷 자본은 전담 기업 역할을 맡아 막대한 규모의 자금을 지원받았다(《연합뉴스》, 2017. 9. 28). 정부가 나서서 산업의 확대를 주도하고 구체적으로 사업을 지휘한 것이다. 대자본이 중심에 서게 하고 위로부터의 경제 활성화 정책을 통해 국가 경제가 활성화되는 낙수 효과를 노렸다. 창조경제 계획은 사회, 경제 전반에 걸친 구조적 문제 해결이나 체질 개선의 노력과 함께 이뤄지지는 않아 보여 주기식 정책으로 그치고 말았다. 인터넷 산업 육성 계획과 큰 차별성이 없는 계획이었고 국가 경제 전반을 인터넷 산업에 의존하는 형태로 끌고 가겠다는 의도를 드러낸 사건이었다.

　문재인 정부가 들어선 후에도 인터넷 산업에 의존하고 이를 적극 육성하겠다는 기조는 바뀌지 않았다. 2017년 기술 혁신과 산업 전반의 재구조화를 뒷받침할 4차산업혁명위원회를 대통령 직속 기구로 설치하였다. 이어 IoT 전용망 구축,

10기가 인터넷 상용화 및 지능 정보 기술의 강화를 내세운 4차 산업 혁명 추진 계획을 발표했다(과학기술정보통신부, 2017). 정부 주도의 전략적 데이터 산업 지원 정책 역시 진행했다. 2018년 12월 한국데이터진흥원의 명칭을 한국데이터산업진흥원으로 변경하는 등 데이터 산업 전반의 혁신과 인력 양성을 꾀한다. 이와 함께 기업 간 빅 데이터 상품의 거래를 지원하는 개방형 스토어를 운영하여 데이터 산업의 저변을 넓혀 나갔다. 데이터 3법[64]을 발의하는 등 규제 혁파를 통한 데이터 산업 전반의 활성화도 꾀하였다.

이와 함께 문재인 정부는 AI 기술을 통한 산업 전 분야의 패러다임 전환을 꾀하였다. 2019년 10월 네이버 개발자 컨퍼런스 'DEVIEW 2019'에서 문재인 대통령이 'IT 강국을 넘어 AI 강국으로'라는 슬로건을 제시한 이래 같은 해 12월 정부는 AI 국가 전략을 발표했다. AI 생태계, AI 활용률, 인간 중심 AI 등 3대 분야 9대 전략 100대 실행 과제로 이루어진 이 전략을 통해 정부는 AI 인프라 확충과 공공 데이터 전면 개방,

---

64 데이터 3법은 개인정보보호법, 정보통신망법, 신용정보법 등 개인정보 보호에 관한 법률의 중복 규제를 막고 데이터 활용을 통한 개인과 기업의 가치 창출을 지원하기 위해 2018년 11월 발의되었다. 개인 정보를 가명 처리하여 실제 이용자의 동의 없이 상품 개발, 연구, 통계 목적의 데이터 활용을 가능케 하는 내용을 골자로 한다. 이종 산업 간 데이터 결합에 관한 규제 완화와 개인 정보 관리, 감독 주체를 개인정보보호위원회로 변경한다는 내용을 포함한다. 2019년 정보통신망법 개정안 통과 이후 2020년 1월 국회 본회의를 통과했다(〈IT조선〉, 2020. 1. 10).

AI 반도체 개발을 위한 1조 96억 원 투자를 선언했다(《전자신문》, 2019. 12. 17). 정부의 전폭적인 지원을 바탕으로 한 이러한 중장기적 정보화 정책의 비전은 결국 인공 지능을 경제 성장과 산업 경쟁력 고취의 새 동력으로 삼겠다는 의지였다(이광석, 2020). 이처럼 지난 20여 년간의 정보화 정책과 마찬가지로 여전히 발전 지향적인 경제 개발 계획의 논리를 따르고 있다. 해당 계획에서 새로운 기술 환경으로의 전환이 야기할 부정적 효과나 사회적 충격에 대한 대비책은 찾아보기 어렵다. 특히 초중등 교과 과정에 AI 과목을 신설하고, 군 장병과 공무원 임용자를 대상으로 필수 AI 소양 교육을 실시해 전 국민의 AI 활용 역량을 강화하겠다는 계획을 접하면서 1990년대 후반 정보 통신 인프라 구축 시기의 계몽적인 정보화 교육 정책과 닮아 있다는 느낌까지 갖게 된다(《AI타임스》, 2019. 12. 17).

이처럼 ICT 산업은 2010년대 이후 한국 자본주의 경제 구조의 주요 자본 증식 기제로 대접받고 있다. 국가의 지원을 등에 업은 ICT 기업은 저성장을 거듭하는 한국 경제 상황과 무관하게 막대한 수익을 창출하고 부를 독점해 나갔다. 2011년부터 2019년까지 한국 경제 성장률은 연평균 약 2.9%에 머물렀다. 하지만 같은 기간 ICT 산업의 실질 성장률과 전 산업 GDP에서 차지하는 비중은 각각 5.6%, 9.6%에 달했다.[65] ICT 산업

65   http://www.itstat.go.kr/itstat/kor/tblInfo/TblInfoList.html?vw_cd=MT_
ATITLE

의 GDP 성장 기여율은 2013년 20.3%를 기록한 이래 2018년 까지 연간 약 15.3%를 기록했다. 무역 수지 역시 2013년 908억 달러에서 2018년 1,132억 달러까지 증가했다(수입 약 1,071억 달러, 수출 약 2,203억 달러). 이는 전 세계 국가 중 2위에 해당하는 수치였으며, 국내 전체 산업 무역 수지의 162.5%에 달하는 수치였다. ICT 산업은 한국 산업 경제의 핵심 분야로 자리 잡았다(과학기술정보통신부, 2019b). 10년 가까이 저성장의 늪에 빠져 있다가 마침내 코로나19로 인해 한국 경제 성장률이 −1%에 그쳤던 2020년, 삼성전자는 매출 236조 8,070억 원(영업 이익 35조 9,939억 원), SK텔레콤은 18조 6,247억 원(영업 이익 1조 3,493억 원), KT는 23조 9,167억 원(영업 이익 1조 1,841억 원), LG 유플러스는 영업 이익 13조 4,176억 원(영업 이익 8,861억 원), 네이버는 5조 3,041억 원(영업 이익 1조 2,153억 원), 카카오는 4조 1,568억 원(영업 이익 4,559억 원)을 기록했다.

ICT 산업의 막대한 이윤 창출은 사회 전반에 골고루 퍼져 경제적 실익을 얻는 데 도움을 주었을까. 사실은 그러지 못했다(박영흠, 2017). ICT 자본은 늘 새로운 가치 증식 영역의 확보를 꾀하였고, 또 막대한 잉여 가치를 창출하였음에도 불구하고 기술 개발을 위한 재투자에 더 몰두하였다. 그리고 신규 사업을 펴나가는 데 열중할 뿐 더 많은 고용 창출이나 경제 성장으로 연결시키지는 못했다. ICT 기업체의 연구 개발(R&D) 투자 규모는 2012년 24조 4,890억 원에서 2019년 41조 4,430억 원으로 증가했다. 전 산업 대비 58%를 차지할 만큼

표 11. 국내 주요 ICT 기업 매출액, 영업 이익, 시가 총액 추이

	삼성전자			네이버		
	매출액	영업 이익	시가 총액	매출액	영업 이익	시가 총액
2010	1,546,303	167,565	1,397,871	17,906	5,904	109,249
2011	1,650,018	156,443	1,558,427	21,213	6,604	101,550
2012	2,011,036	290,493	2,241,896	17,987	5,212	109,250
2013	2,286,927	367,850	2,020,947	23,120	5,241	238,650
2014	2,062,060	250,251	1,954,662	27,585	7,582	234,694
2015	2,006,535	264,134	1,855,972	32,512	7,622	216,894
2016	2,018,667	292,407	2,535,042	40,226	11,020	255,461
2017	2,395,754	536,450	3,289,430	46,785	11,792	286,775
2018	2,437,771	588,887	2,310,306	55,869	9,425	201,072
2019	2,304,009	277,685	3,331,139	65,934	7,101	307,377
2020	2,368,070	359,939	4,835,524	53,041	12,153	480,470
2021			4,859,402			619,273

	카카오			LG유플러스		
	매출액	영업 이익	시가 총액	매출액	영업 이익	시가 총액
2010	350	96	10,296	79,752	2,042	36,910
2011	421	117	16,142	91,864	2,793	38,094
2012	453	102	12,303	109,046	1,268	34,056
2013	530	82	11,391	114,503	5,421	46,936
2014	4,989	1,764	71,317	109,998	5,763	50,210
2015	9,322	886	69,591	107,952	6,323	45,408
2016	14,642	1,161	52,064	114,510	7,465	49,992
2017	19,723	1,654	93,035	118,849	8,472	61,126
2018	24,170	729	85,889	117,257	7,407	77,062
2019	30,701	2,068	132,338	123,820	6,862	61,999
2020	41,568	4,559	344,460	134,176	8,861	51,302
2021			441,959			53,484

	SK텔레콤			KT		
	매출액	영업 이익	시가 총액	매출액	영업 이익	시가 총액
2010	154,894	25,558	140,094	203,262	20,078	120,764
2011	159,265	22,956	114,255	212,720	17,484	93,086
2012	161,414	17,300	123,137	238,564	12,092	92,695
2013	166,020	20,111	185,715	238,106	8,393	82,381
2014	171,638	18,251	216,399	234,217	−2,917	81,597
2015	171,367	17,080	174,007	222,812	12,930	73,764
2016	170,918	15,357	180,870	227,437	14,400	76,767
2017	175,200	15,366	215,591	233,873	13,753	78,986
2018	168,740	12,018	217,610	234,601	12,615	77,811
2019	177,437	11,100	192,175	243,421	11,596	70,500
2020	186,247	13,493	192,175	239,167	11,841	62,667
2021			222,050			73,764

출처: 한국거래소, 각 기업 사업 보고서(단위: 억 원, 2021년 자료는 2021년 3월 말 기준).

큰 비중이다. 연구 개발 단계별 비중은 기초 연구 12.4%, 응용 연구 18.5%, 개발 연구 69.1%로 나타났다. 민간 분야의 연구 개발임을 고려하더라도 기초 연구가 차지하는 비중은 2012년 14.7%(3조 5,892억 원)에서 2019년 12.4%(5조 1,580억 원)로 감소했다(과학기술정보통신부, 2019a; 2021). 특히 전체 ICT 기업의 연구 개발 투자 중 대기업이 차지하는 비중은 80.9%로 전체 산업에서 대기업의 R&D 투자가 차지하는 비중(62.5%)을 훨씬 웃도는 수준이었다. 국내 ICT 산업 분야는 몇몇 사업체의 독과점이 이뤄져 매출, 이윤, 연구 개발 등 전 영역에 걸쳐 대자본 위주로 편중되어 있다.[66] 특히 상대적으로 소규모 인력의 플랫폼 자본은 고용 창출에 기여하기보다 연구 개발과 인수·합병(M&A, 지분 투자 포함)에 집중해 사업체의 몸집을 키우고 매출을 극대화하려 했다. 2020년 시가 총액 기준 국내 30대 기업의 매출 대비 연구 개발비 비중은 평균 4.9%(총액 42조 9,942억 원)였다. 그에 비해 국내 양대 플랫폼 기업인 네이버는 매출 대비 25.1%에 달하는 금액(1조 3,321억 원)을, 카카오는 매출 대비 12.9%에 달하는 금액(5,354억 원)을 R&D에 투자했다(《소비자가만드는신문》, 2021. 3. 25). 두 기업의 2018년부터 2020년까지 매출 대비 R&D 비중의 평균은 각각 25.4%와 14.43%로 약 여타 기업들을 R&D 비중을 훨씬 웃돈다(네이버(주), 2020; 2021; 카카오(주), 2019; 2020; 2021). 또한 네이버는 2020년 인수 합병 지출 규모 면에서 국내 전체 기업 중 2위를 차지했다(《매일경제》, 2021. 3. 25). 2019년 7,422억 원,

---

66 일례로 삼성전자는 2017년 전체 매출의 7%인 16조 8,056억 원을 R&D에 투자했으며, 2019년에는 20조 2,076억 원(전체 매출의 8.8%)까지 규모를 확대했다. 금액만으로 전 세계 기업 중 2위(1위는 구글 알파벳)에 달하는 수치였다(《전자신문》, 2020. 4. 2). 또한 2020년 3분기 기준 국내 대기업 6개 기업(삼성전자, LG전자, SK하이닉스, 현대자동차, LG 디스플레이, 기아자동차)의 R&D 투자 금액이 연구 개발 비용을 공시한 국내 217개 대기업 전체의 R&D 투자에서 차지하는 비중은 무려 65.2%에 달했다(《한겨레》, 2020. 12. 9). 2020년 R&D에 1조 3,321억 원을 투자한 네이버는 이들 여섯 개 기업 다음으로 가장 많은 금액을 투자했으며, 2020년 전체 기준 국내의 9개 기업만이 1조 원 이상을 R&D에 투자했다.

2020년 1조 4,316억 원을 인수 합병에 지출한 네이버는 CJ그룹, 신세계그룹과의 지분 교환을 포함해 해외 기업에 대한 공격적인 투자를 지속하고 있다.[67] 카카오의 경우 M&A를 통한 사업 확장이 더욱 두드러진다. 카카오는 2016년부터 2019년 8월까지 연결 종속 회사 기준 무려 47개 기업을 인수했으며, 투입 금액은 2조 5,896억 원에 달한다. 인수 기업 수로는 국내 상위 500대 기업 중 1위, 투입 금액으로는 6위에 해당하는 수치였다(《CEO스코어데일리》, 2020. 9. 17). 특히 두 기업은 스타트업에 대한 투자를 확장해 왔다. 2018년부터 2020년까지 네이버와 카카오가 국내·외 스타트업에 투자한 누적 금액은 각각 5,425억 원과 1,080억 원에 달했다. 네이버의 경우 주로 기술 스타트업에, 카카오는 기술 분야를 포함해 소프트웨어와 콘텐츠 관련 스타트업에 대한 투자가 주를 이뤘으며 그 수는 네이버가 98개, 카카오가 65개에 달했다(《이데일리》, 2021. 4. 18). 그러나 이러한 막대한 기술 재투자 및 사업체 확장과 별개로 고용 증대는 이루어지지 않고 있다. 2018년부터 2020년까지 네이버와 카카오의 고용 현황(등기 이사 제외, 정규직·비정규직 포함)을 살펴보면, 네이버는 3,585명에서 4,076명으로, 카

---

[67]   네이버는 2021년 1월 세계 최대 웹소설 플랫폼인 왓패드를 6,500억 원에 인수한 것에 있어 글로벌 웹툰 플랫폼 태피툰의 운영사인 콘텐츠퍼스트에 약 334억 원을 투자했다. 또한 스페인 온라인 중고 거래 플랫폼 왈라팝에 1,550억 원, 인도네시아 미디어 기업 엠텍에 1,680억 원을 투자했다(《이데일리》, 2021. 5. 28).

카오는 2,705명에서 2,837명으로 증가하는 것에 그쳤다(네이버(주), 2020; 2021; 카카오(주) 2020; 2021). 같은 기간 네이버와 카카오의 영업 이익 증가 규모 및 2020년 전년 대비 R&D 투자 증가율을 고려하면 매우 저조한 수치였다.[68]

　　또한 전체 ICT 산업 사업체 중 약 98%의 비중을 차지하는 ICT중소기업의 실적은 초라할 정도였다. 2017년 전체 ICT 산업 생산액 471조 7,000억 원 중 약 20.4%만을 중소기업이 기여하고 있었을 뿐이다. 수출 규모는 전체 ICT 산업 수출의 10.4%에 달하는 약 207억 달러에 불과했다. 중소기업 등의 부진은 고용 창출에서의 부진으로도 이어진다. 2012년 전체 산업 종사자의 5.1%를 차지했던 ICT 산업 상용 종사자의 비중은 지속해서 감소해 2017년 101.6만 명으로 전체 산업 종사자의 4.7%만을 기록했다(과학기술정보통신부, 2019b). 대기업 중심으로 연구와 생산 증대가 이뤄졌을 뿐, 중소기업이 차지하는 산업 효과는 현저히 떨어졌고 그로 인해 고용 효과마저도 부진해지는 결과를 낳았다.

　　ICT 산업의 노동 조건에 대한 문제 제기도 줄을 이었다. 2018년 더불어민주당 이철희 의원이 IT 노동자 503명을 대상으로 실시한 설문 조사에 따르면, IT 업계 노동자 4명 중 1명

68　2018년에서 2020년 네이버의 영업 이익은 9,425억 원에서 1조 2,153억 원으로 카카오의 영업 이익은 729억 원에서 4,559억 원으로 증가했다. 또한 2019년 대비 2020 R&D 투자 금액 증가율은 네이버가 21.6%, 카카오가 14.6%에 달했다.

은 주당 12시간이 넘는 초과 노동에 시달렸다고 한다. 이들 중 야근 수당을 받는 비율은 고작 10.4%에 불과했다. 전체 응답자 중 파견 근무 형태로 계약을 맺은 비중은 약 80%, 근로 기준법의 적용을 받지 못하는 프리랜서는 66.7%에 달하였다. 이처럼 여러 지표는 오늘날 인터넷 경제에서 불평등한 생산 관계가 더욱 고착화되고 있음을 보여 준다(《미디어스》, 2018. 10. 26). 정보 통신 기술과 모바일 네트워크 환경을 바탕으로 한 산업 경제는 부의 독식, 자본의 집중, 고용 없는 성장, 생산 관계의 불평등 심화라는 현존 자본주의 질서의 고착화를 반복하고 있다.[69]

앞서 예로 들었던 웹툰 노동 현장을 살펴보자. 네이버 등의 포털의 웹툰 사업 덕분에 고용 시장이 형성되기 시작한다.

---

[69] 국내 ICT 산업의 생산 관계가 고착화되는 상황에서 예외적으로 네이버 자회사를 포함한 노동자들이 노조를 설립한 것은 주목할 만한 일이다. 2018년 4월 네이버 직원들은 노조 결성 비율이 현저히 낮은 국내 IT 업계의 한계에도 불구하고 열악한 근로 계약 조건의 개선을 주장하며 노조를 결성했다(《경향비즈》, 2018. 4. 2). 이러한 사건을 통해 이용자의 활동을 플랫폼 기업의 자본 증식에 활용하기 위해 투입되는 플랫폼 노동의 실상을 확인할 수 있다. ICT 자본은 수많은 이용자의 활동과 강도 높은 노동 환경을 수단으로 자본을 증식한다. ICT 자본의 이용자 상품화 경향과 심화하는 자본주의적 생산 관계를 비판하기 위해서는 미디어 이용자 집단과 플랫폼 노동자 집단 모두를 정보와 지식의 생산 수단을 소유하지 못한 집단, 즉 다중으로서의 프레카리아트로 이해할 필요가 있다(김동원, 2015). 바로 이 지점에서 우리는 푹스의 논의, 즉 인터넷 이용이 곧 노동이라는 주장을 수정할 필요가 있다고 밝힌다. 인터넷 이용자는 포털 노동자들의 노동 대상이 되는 데이터를 생산하는 존재로 파악하는 편이 더 맞아 보인다.

웹툰 고용 시장을 형성시킨 데 포털이 큰 기여를 한 것은 긍정적으로 평가해야 한다. 그런데 그 시장 형성 과정에서 긍정적 평가를 상쇄시키는 부정적인 개입이 발생한다. 웹툰 노동 현장이 형성되자마자 고용과 임금 관련 지배력의 행사가 끊임없이 일어났다. 웹툰 작가, 잠재적 작가가 늘자 작가와 포털을 연결하는 에이전시가 생긴다. 그런데 웹툰 플랫폼인 포털이 에이전시를 직접 만들거나 자본을 투자해 경영권을 장악한 경우가 많았다. 네이버도 예외가 아니었다. 웹툰 에이전시 '하이랩'을 네이버는 지분 12.6%인 53억 원에 인수하였다. 에이전시는 작가에게 돌아가는 몫에서 일정 부분을 에이전시 수수료로 뗀 금액을 바탕으로 운영된다. 이로써 작가에 대한 이중(포털, 에이전시) 착취 구조가 고착화되는 상황을 맞게 된다. 작가의 노동은 포털, 에이전시에 더욱 의존적이게 되고, 심지어는 에이전시가 작가 간의 분업화를 도모해 공장식 생산을 수행한다는 작가들의 증언도 나왔다(《한겨레》, 2020. 11. 16). 웹툰의 생산 과정을 모두 포섭하는 수직 통합을 통해 웹툰 시장을 장악하고, 자신의 통제하에 둠으로써 상업화의 흐름, 자본 증식의 기획 안으로 예술계, 예술가, 창작 정신까지 끌어들이고 있는 셈이다.

지금껏 살펴보았듯이 웹2.0의 인터넷 중심 시대에서 모바일 시대로 변화한 후 ICT 기업 그중에서도 인터넷 관련 기업들의 약진이 두드러진다. 특히 포털 기업은 모바일 시대를 주도하는 플랫폼 사업자로 부상한다. 자신이 제공하는 서비스 안에 이용자가 더 자주 방문하고, 더 길게 머물게 하면서 그들로부터 이용 정보를 수취해 그를 활용하는 플랫폼으로 변신한다. 플랫폼으로서 지위를 갖게 되면서 이용자 정보를 활용하여 광고주와의 관계에서도 우위에 서게 된다. 데이터를 기반으로 새로운 서비스 확장에 나서는 일도 늘게 된다. 포털 기업의 서비스 확장은 과거 재벌 기업의 문어발 기업 확장을 무색하게 한다. 과거 ICT 사업에서는 비워 두었던 영역에도 과감하게 뛰어들어 서비스를 확장하고 있다. 팬덤을 대상으로 영업을 벌이는 팬 플랫폼, 콘텐츠 재료를 수집하는 콘텐츠 플랫폼(웹툰, 소설 등), 웹과 관련된 기술을 제공하는 기술 플랫폼에 이르기까지 다양한 플랫폼의 문을 연다. 과거 하나의 포털 회사에 지나지 않던 포털 기업이 이처럼 다양한 플랫폼을 갖게 된 것을 두고는 플랫폼의 플랫폼, 즉 메가플랫폼이라고 표현할 수밖에 없다.

메가플랫폼 시대가 열리면서 ICT 분야, 모바일 사업 분야 등을 미래의 희망으로 삼는 일이 많아진다. 그렇게 포장해서 전달하려는 정부와 기업의 노력도 늘어났다. 이용자들도 그런 경향에 휘말려 그렇게 인식하며 살아가기도 한다. 메가플랫폼 시대를 이전과는 다른 새로운 시대처럼 받아들일 수 있지만 그 속내는 전혀 그렇지 않았다. 몇몇 거대 기업에 의한 인터넷 산업 분야의 독과점은 여전하다. 인터넷 산업 분야의 성장에도 불구하고 그로 인한 분배의 파급력은 크지 않았다. 생산 관계의 개선이 이뤄지지도 않았다. 고용, 계약 등에 있어서 새로운 불공정 행태가 등장하였다. 메가플랫폼의 형성 이면에는 과거와 같은 그늘 혹은 전혀 새로운 그늘이 형성되기도 했다. 메가플랫폼은 점차 사회가 붙들고 해결해야 하는 문제의 영역으로 부상하고 있었던 셈이다.

2. 메가플랫폼의 형성

디지털 기기 그 가운데 모바일 기술의 보급이 보편화하면서 인터넷 서비스 간 경계가 허물어지는 융합convergence 현상이 발생했다(Jenkins, 2006). 방송과 통신의 경계가 무너져 거실 안의 텔레비전을 통해 방송과 IPTV, VOD 서비스, 인터넷 내용이 함께 쏟아져 나온다. 텔레비전, 인터넷, 파일을 구분하기도 어렵게 되었다. 미디어 간 장벽뿐만이 아니다. 내용상 장르간 경계도 무너지기 시작했다. 유튜브 안에 담긴 내용을 과거의 장르로 구분해 내는 일은 난망하다. 힘들게 분류를 완료한 후라 할지라도 새로운 혹은 혼성 장르가 나와서 그 분류를 흐트릴 것이 뻔하다(원용진 외, 2020). 콘텐츠 생산자와 플랫폼 사업자, 네트워크 사업자 간 구분도 쉬운 일이 아니게 되었다. 이들 간 합종연횡은 수시로 발생하고 있고 서로의 분업된 영역을 스스로 위반하고 있다. 생산자와 이용자 간 경계도 점차 모호해지기 시작했다. 이미 앞서 살펴보았듯이 웹2.0의 시대를 지나면서 이용자는 곧 생산자가 되었고, 이용자 간 소통이 빈번해지면서 생산자라는 지위가 모호한 모습을 띠기도 했다.

이 같은 혼란스러울 정도의 융합 국면을 플랫폼 기업은 자본 증식의 기회로 삼았다. 기존의 서비스 환경을 바탕으로 인접 서비스 분야나 기술 분야로 영역을 확대하며 지배력을 강화하려 했다(송태원, 2018). 사업을 다각화하는 일은 물론이고, 다각화된 사업을 다시 묶어 내는 메타사업을 펼치는 일을 거듭한다. 다시 웹툰 사업을 예로 들어 보자. 웹툰 사업으로 웹툰 공간을 만들어, 유통에 관여하지만 웹툰 작가를 관리하는 에이전시를 만들어 새로운 수익 창구를 만들어 낸다. 웹툰의 제작, 유통, 인터페이스까지 웹툰의 전 과정에 참여하며 포털 서비스는 사업을 다각화한다. 이렇듯 국내에서는 특히 네이버가 지배력 강화에 빠른 행보를 보였다. 이용자의 일상적인 활동을 매개하고 실생활에서의 편의에 부합하는 서비스를 신속히 도입하였다. 모바일로의 전환에 적극적이었고, 모바일 기기 안에서 기존의 미디어 형식을 자신의 내용으로 바꾸어 재매개하는 방식을 취하였다. 그로써 웹툰은 마치 모바일 기기를 위한 콘텐츠인 것처럼 받아들여진다. 모바일에 맞춘 웹툰을 기획하고, 모바일에 맞춘 웹툰을 소개, 유통하는 일까지 하게 된다. 모바일을 통해 제공되는 웹툰은 때로는 그 자체로 구독료를 내는 상품이었지만 원래는 포털에 있는 다른 서비스를 위해 끼워 파는 미끼 상품이기도 했다. 웹툰 비즈니스를 적극 행했던 포털은 위에 언급한 바와 같이 한편으로는 웹툰 산업의 가치 사슬을 장악하고, 또 다른 한편으로는 웹툰 산업을 타 산업과 결합시켜 간다. 웹툰 플랫폼 노릇도 하고, 타 플랫폼과 연결시키는 메타플랫폼 역할도 하는 셈이다. 이전에도 그런 움직임이 없었던 것은 아니지만 모바일 시대에 접어들면서 그 같은 변신은 한층 더 심해졌다. 국내 포털 사업자들은 모바일 시대를 맞아 메가플랫폼이라고 할 수 있는 새로운 기반으로 돌입하게 된다.

불과 얼마 전까지 포털은 이용자들의 흥미와 참여를 유발하는 데 더 적극적이었다. 이용자가 생산한 결과물, 즉 블로그, 이용자 동영상 등을 전유하는 방식의 사업을 그 중심에 두었다. 앞서 살펴보았듯이 웹2.0 시대를 맞아 더 많은 이용자가 더 많은 콘텐츠를 생산해 나누고 서로 간의 소통이 왕성해지는 그 순간을 수익 창출의 기회로 삼았었다. 포털 사업은 이용자에게 더 많은 서비스를 제공하며 이용자를 머물게 하는 데 주력했다. 광고에 노출되게 하거나, 새로운 서비스를 유료로 활용하게 하는 사업 전략을 구사해 왔다. 하지만 메가플랫폼이 되면서 사업 전략을 바꾼다. 과거 방식에 새로운 방식을 보태거나 아니면 그 방식에서 탈피하여 전혀 새로운 수익원을 구상해 가치를 창출하려 한다.

실생활에 유용한 서비스를 제공하고 이를 이용하게 한 다음, 그 이용 흔적을 기반으로 새로운 서비스를 신설하고 제공하는 쪽으로 방향을 선회하였다. 특히 이용자가 일상에서 벌이는 커뮤니케이션을 기반으로 새로운 서비스를 제공하고 그로부터 더 많은 가치 증식을 꾀하는 데 주력했다. 이용자의 일상을 수익 회로 안으로 포섭하고 나섰다. 특히 네이버는 모바일 환경으로의 전환을 이용해 독자적 플랫폼 생태계 구축에 힘을 쏟았다. 모바일폰의 보편화를 활용한 전자 상거래 생태계 확대와 메신저 플랫폼의 도입, 인터넷 브라우저 출시, AI 기술과 빅 데이터 분석 기술을 바탕으로 한 AI 기반 추천 시스템을 갖추며 기술적 플랫폼으로 변신을 꾀하면서 네이버는 이 영역을 선도하였다. 다양한 플랫폼을 네이버라는 큰 플랫폼 안에 갖추는 변신으로 이른바 자족적인 인터넷 공간을 만들어 왔다. 플랫폼 안에 플랫폼을 설치하고 그들을 묶어 새로운 플랫폼을 만들어 내는 등 폐쇄적인 플랫폼 생태계를 구축한 것이다. 이렇듯 이용자 정보를 기반으로 새로운 서비스를 구축하고, 서비스 간 연결을 시켜 가는 생태계 구축 사건을 통해 네이버는 메가플랫폼의 모습을 갖춰 간다. 네이버가 메가플랫폼으로 진전해 가는 과정에서 기억해 둘 만한 몇 가지 사건, 즉 이용자 정보를 적극 활용해 가며 새로운 서비스를 챙겨 가는 사건을 추려 보자.

이용자가 온라인에서 벌인 활동에 관한 정보를 온라인 행동 정보Online Behavioral Information라고 한다(방송통신위원회, 2010). 이 정보에 근거해 벌이는 광고 사업을 두고 행동 기반 맞춤형 광고라고 부른다. 이 광고는 이용자가 웹 사이트를 방문하여 남긴 정보를 수집, 저장, 축적, 분석하여 특정 이용자를 겨냥하는 타기팅 방식을 취한다. 이용자 정보를 기반으로 잘 겨냥된 이용자로 향하다 보니 일반 광고에 비해 높은 효율성으로 광고주들의 관심을 끌고 있다. 인터넷, IPTV, 모바일 등의 디지털 기술이 맞춤형 광고 메시지를 제공하는 최적 환경이 되자, 자연스레 2010년대 이후 각광받는 광고가 되고 있다.

개인 맞춤형 광고로도 불리는 이 광고는 이용자의 온라인 검색 기록과 브라우징 정보를 종합한 개인 정보를 일정 기간 수집한 것을 기반으로 한다. 온라인상의 행동을 근거로 프로파일을 만들기 때문에 개인별로 최적화된 광고라 할 수 있다. 사실 이 광고에 대해 인터넷 기업이나 광고주 모두가 오랫동안 큰 관심을 가져왔다. 하지만 개인 정보, 프라이버시 침해, 이용자 감시 등을 놓고 논란이 있어 그 시작이 지체되어 왔다. 법적, 제도적으로 이용자의 행태 정보를 보호해야 한다는 분위기가 만만치 않은 탓에 2010년 방송통신위원회는 보호 가이드라인을 위한 공청회를 열었다. 이처럼 맞춤형 광고를 둘러싸고 법적, 제도적 논의가 2010년 이후 집중적으로 이뤄진다. 이 사안이 인터넷 기업, 특히 한국에서는 포털 사업자에게 일방적으로 이익을 챙겨 줄 것이라는 우려도 일부분이지만 존재했다(안순태, 2013). 맞춤형 광고를 둘러싸고 개인 정보 침해 및 보호에 대한 담론이 많았던 데 비해 그로 인한 경제적 거래 문제는 소극적으로 다루어졌다. 그런 점에서 맞춤형 광고 관련 담론은 이 문제를 정치적 문제로 돌림으로써 돈의 흐름을 은폐하는 효과를 만들었다. 광고주가 맞춤형 광고로 몰리게 되면 광고 시장에 쏠림 현상이 발생할 것이고 그로써 미디어 간 균형 성장 가능성은 희박해진다. 이용자 정보를 가진 인터넷 기업에 광고가 편중되고 미디어 산업의 불균형 발전으로 이어질 것은 뻔한 이치다. 그런 점에서 온라인 맞춤형 광고에 대한 느슨한 규제는 미디어 산업 전체의 지형을 바꾸는 큰 산업적 문제로 다뤄질 필요가 있었지만 정작 현실은 개인 정보 침해 등과 같은 의제 주변을 맴돌고 있었다.

예외적으로 몇몇 연구들은 온라인 맞춤형 광고의 착취 구조에 관심을 보였고 그를 이론화하려 시도하기는 했다(김영욱, 2018). 김영욱은 맞춤형 광고 제도가 삼중 착취 구조를 지닌다고 주장한다. 이용자의 이용 데이터가 생산 과정에 귀속되는 것을 첫 번째 착취라고 보았다. 이용자의 이용 노동이 보상되지 않은 채 정보로 활용되는 과정을 말한다. 이용자에게 최적화된 광고가 제공되면 이용자는 그 광고에 시간을 뺏기게 된다. 인터넷에 있는 콘텐츠를 이용하려다가 광고에 노출되어 결국에는 자신의 정보 추구 시간을 빼앗기게 된다. 이를 제2의 착취라고 칭한다. 그리고 맞춤형 광고는 주목의 강도가 높아 주목 시간을 빼앗게 된다. 온라인 광고가 주목 시간을 뺏는 착취로 이어지는 셈이다. 이를 제3의 착취라고 부르고, 맞춤형 광고를 통해 3중의 착취가 벌어진다고 말한다. 앞서 언급했듯이 이용자의 인터넷 이용 시간이 곧 노동 시간이 된다는 김영욱(2018)의 주장에 우리는 적극적으로 동의하진 않는다. 하지만 생산 관계가 발생하고, 이용자의 이용이 생산력과 관계된다는 언급은 이 광고 형태가 가질 정치경제학적 효과를 적절히 예견했음을 주목하고자 한다. 그리고 이용자의 정보가 이용자로부터 이탈하고, 그럼으로써 이용자가 자신의 정보로부터 소외된다는 지적 또한 이 광고 사안을 무겁게 볼 것을 제안하고 있다 하겠다. 특히 맞춤형 광고의 경우 적극적인 상업적 행위임에도 불구하고 기존 연구들이 생산 과정, 생산 관계를 은폐해 왔던 점을 잘 지적해 내고 있다. 무엇보다도 생산 과정에서 발생하는 수익을 인터넷 기업이 고스란히 독점하고 있음을 드러내고 있다. 하지만 이 같은 연구가 담론을 주도하는 데까지 이르진 못했다.

　이용자 정보를 기반으로 메가플랫폼이 큰 수익을 챙기는 생산 과정을 피해 가는 연구들이 더 많았다. 맞춤형 광고를 놓고 많은 연구들은 개인 정보 보호나 프라이버시, 감시 사회 등을 들어 우려하는 데 그쳤다. 정작 정치경제학적인 우려를 표명하지 않았다. 학술 담론이 개인의 정보 권리에 초점을 맞춘 탓에 의도치 않은 결과가 만들어진 셈이다. 맞춤형 광고가 기반을 둔 이용자 정보 수집, 추적, 분석 기술의 사용과 그 사용으로 인한 경제적 수익 편취를 학술 담론이 정당화하는 결과로 나타났다. 온라인 행동 정보를 기반으로 한 개인 맞춤형 광고 과정은 빅 데이터, AI, 알고리즘과 학술 담론이 한데 얽혀 포털을 메가플랫폼의 지위로 승격시키는 장면을 보여 주는 데 가장 적합한 예다. 이전의 문맥 광고에서 진일보한 광고 기법일 뿐 아니라 이용자 정보를 수집, 추적한 후 이용자 정보 제공이라는 새로운 서비스의 신기원을 열었고, 메가플랫폼이 형성되는 데 큰 밑거름이 되는 사건이었다.

네이버가 메가플랫폼으로 변신하게끔 기여한 다른 예로 인스턴트 메신저 라인Line을 들 수 있다. 라인은 국내 이용자를 고객으로 사업을 시작하지는 않았다. 일본에서 SMS 사업으로 성공을 거두었고 그를 기반으로 일본과 동남아시아 지역, 그리고 한국에서 사업을 확장해 가고 있다. 라인은 일본에서의 사업 영역 확장을 국내에도 유입시키는 등 네이버의 사업 시험장 역할을 하기도 한다. 라인은 일본의 독특한 네트워크 환경에 주목하였다(김환표, 2013). 일본의 경우 소셜 미디어가 일상화되어 있지만, 개인 간 커뮤니케이션 서비스의 이용률은 낮았다. 그 특성을 간파하여 네이버는 2011년 메신저 서비스인 라인을 일본에서 출시했다. 출시 3년여 만에 전 세계 가입자 3억 명을 넘어섰고, 그 점유율을 바탕으로 게임, 음악, 동영상 서비스 및 배달, 모바일 결제 서비스를 도입했다. 메신저 서비스 애플리케이션으로 포털 서비스처럼 다양한 기능을 갖춰 독자적인 플랫폼 역할을 해내고 있다.

라인 서비스는 상시 접속 상태의 모바일 환경을 기반으로 하고 있었다. 이용자의 일상적인 커뮤니케이션 활동을 매개하고 여기에서 발생하는 방대한 이용자 데이터를 인접 서비스로 확장 활용할 수 있었다. 특히 라인의 전자 상거래 서비스나 모바일 금융 서비스는 결제 데이터의 축적과 소비 습관 분석을 통한 타깃형 광고 및 금융 상품 판매를 가능하게 해 주었다. 그로써 광고 위주의 매출 구성에서 벗어나 장기적으로 미래의 수익을 보장할 수 있는 새로운 독자 영역을 확보하게 되었다.

2021년 3월, 라인은 일본 소프트뱅크의 자회사 Z홀딩스와 경영 통합을 실시한다. 이는 이미 2020년 11월에 이뤄진 경영 통합 합의를 실현하는 절차였다. 그럼으로써 일본 내 최대 메신저 서비스 회사인 라인과 최대 인터넷 검색 회사인 야후재팬이 경영 통합을 이루게 되었다. 소프트뱅크 재팬이 Z홀딩스를 소유하고 있고 Z홀딩스가 야후재팬의 최대 주주이니까 둘 간의 경영 통합을 라인–야후재팬 간 경영 통합이라고 불러도 무방하다(《한겨레》, 2020. 8. 4). 둘 간의 경영 교류는 이번이 처음은 아니다. 2016년 11월에 소프트뱅크벤처스와 네이버 간에는 펀드 결성이 있었다(《조선비즈》, 2016. 11. 14). 이 펀드는 콘텐츠 분야에 투자하는 목적을 두었다. 네이버가 400억 원, 소프트뱅크벤처스가 45억 원을 출자했으나 2020년의 경영 통합 합의에 비해 큰 뉴스거리가 되지는 못했다. 약한 정도의 협력 관계를 유지하던 두 회사가 전격적으로 경영 통합의 카드를 꺼낸 데는 융합을 기반으로 한 사업 다각화라는 이유가 있었다.

처음 둘 간의 경영 통합 논의가 불거졌을 때 한국의 언론은 둘 간의 협력 관계 강화를 주로 AI, 핀테크 분야에서의 연구 개발 협력에 초점을 맞추어 보도했다. 협력을 기반으로 글로벌 시장을 겨냥한 공격적 경영을 꾀하려 한다는 언급도 있었다. 어느 정도 세계 디지털 시장의 재편이 이뤄진 상황인데다 급격한 변화가 생길 것 같지 않은 상황 아래서 벌어진 통합이었다. 그런 점에서 보자면 둘 간의 경영 통합으로 글로벌 시장을 노린다는 예상은 어딘가 어색해 보였다. 소프트뱅크사의 과거, 데이터 기반 사업의 중요성 등을 감안하면 둘 간의 통합이 아시아 모바일 시장에서의 점유, 그리고 융합 사업과 관련이 있는 사건임을 알 수 있다.

일본의 플랫폼 비즈니스 특히 소프트뱅크사의 움직임은 불가피하게 중국 시장에서의 경험과 함께 논의해야 한다. 지금은 알리바바에서 발을 뺐지만 2020년 5월 이전까지 일본의 소프트뱅크사는 중국 알리바바의 최대 주주였다. 알리바바의 26% 지분을 가지고 있었던 손정의는 중국의 모바일 결제 시장에서 알리바바의 선두 자리를 뺏기는 위기를 경험한 바 있다. 중국 시장에서 가장 큰 모바일 결제 시스템이던 알리페이Alipay가 후발 경쟁 서비스인 텐센트의 위챗페이WeChat Pay에 2017년 오프라인 결제 부문에서 추월당한다(학쯔, 2018에서 재인용). 독점에 가깝게 시장을 호령하던 알리페이로서는 치욕스러운 경험이었다. 후발 주자 위챗페이의 힘은 중국 최대의 메신저인 위챗으로부터 비롯되었다(김지수·한인구, 2020). 위챗 메신저의 도움 없이는 위챗페이가 알리페이에 도전장을 내밀기 힘들었을 것이다. 소셜 미디어 사용자들이 소셜 미디어를 장착한 결제 서비스로 이어질 가능성이 크다는 점, 이용자 데이터를 수집하고 그에 기반하여 결제 서비스를 개선하고 늘려갈 수 있음을 감안하면 메신저 기능 없는 핀테크 서비스는 위태로울 수밖에 없었다.

일본 소프트뱅크는 페이페이PayPay라는 모바일 결제 서비스를 운영하고, 라인은 라인페이LINE Pay를 운영한다. 중국에서 위챗페이의 약진을 경험한 손정의로서는 핀테크 경쟁에서 메신저의 도움이 절실함을 잘 알고 있었다. 경쟁 서비스인 라쿠텐페이를 누르고 일본 내에서 1등을 하는 일도 시급했다. 소프트뱅크사로서는 선택지가 많지 않았다. 라인과 야후재팬의 통합 경영을 통해 페이페이와 라인페이를 같은 울타리에 넣는 일을 구상하게 된다. 라인이 대만, 동남아시아 시장에서도 강세인 점을 감안해 그 잠재 시장도 넘겨다볼 기회도 된다.

네이버로서는 라인을 메신저 서비스를 넘어서는 사업으로 확장시킬 의욕을 불태우고 있었다. 경영 통합을 통해 모바일 결제 서비스, 그리고 그동안 몇 번에 걸쳐 일본에서 밀려났던 검색 서비스 사업의 성공도 ― 야후재팬을 통해 ― 노려 볼 기회가 되었다. 무엇보다도 소프트뱅크라는 든든한 자금줄과 만나게 되었으니 네이버로서는 협력 관계 맺기를 망설일 이유가 없었다. 라인과 야후재팬 모두 정보를 전달하는 사업을 그 근간으로 했다. 그러다 상품과 서비스를 판매하는 데까지 사업을 확장해 나갔다. 물론 그 판매는 이용자가 활동한 후 남겨진 데이터를 기반으로 하는 것이었다. 때론 그 정보마저 빅 데이터라는 이름으로 상품화하였다. 몇 되지 않는 플랫폼 기업들이 사업 영역을 독점해 가며 그 일을 벌여 왔다.

라인의 협력 사업의 무한 확장, 서비스의 확장은 포털 기업이 메가플랫폼으로 그 모습을 키워 가고 있음을 여실히 보여 준다. 국가 간 경계를 넘은 것은 물론이고 금융 영역까지 그 서비스 범주를 확장해 가고 있을 뿐 아니라(김지수·한인구, 2020), 이용자 정보를 기반으로 시장을 독점해 가려는 욕망까지 내비치고 있다. 잉여 이익의 확보와 축적을 위해 자본주의가 변화해 가는 모습과 닮아 있다. 산업 자본주의, 서비스 자본주의 그리고 정보자본주의와 금융 자본주의, 그리고 마침내 플랫폼 자본주의로의 진전을 답습한다. 그러한 변화 안으로 시민은 자신이 벌인 이용을 통해 데이터로 변신되어 그 플랫폼 안으로 점차 포섭되어 간다. 이러한 메가플랫폼으로 향한 변화, 독점, 진전을 비켜선 채 시민이 일상을 영위하기란 점차 힘들어지고 있다.

한편 네이버는 상품 생산자, 판매자, 유통 사업자, 소비자 등 상품 거래 과정에 참여하는 참여 집단의 규모를 확대하는 데도 주력하였다. CJ(대한통운 포함)와의 협력을 통해 유통, 물류에 참여하고, 캐나다의 스토리텔링 플랫폼인 왓패드를 인수하여 콘텐츠 생산과 유통의 길목을 지키려 하고 있다. 네이버 스마트 주문, 네이버페이를 기반으로 한 편의점 CU와의 이른바 'O2O 동맹'은 네이버의 무한 확장 그리고 메가플랫폼으로의 질주다. 이에 보태어 이들 간의 매개를 활성화하는 데도 힘을 쓰고 있다. 플랫폼의 영향력을 키우고, 자본 순환을 원활히 하기 위해서는 생산자, 소비자가 발생시키는 네트워크 효과를 키워야 함을 잘 인지하고 있는 탓이다(Langley, & Leyshon, 2017). 네이버는 O2O 서비스를 도입해 더 많은 상품

거래 주체를 확보하였을 뿐 아니라 이들 간 상호 작용을 장려하여 그 규모를 키워 나갔다.

구체적으로 네이버는 소상공인 창업 지원과 결제 수수료 면제를 내세워 적극적으로 소상공인을 자신의 전자 상거래 서비스 안으로 끌어들였다(《머니투데이》, 2018. 9. 13). 오프라인 업체의 홈페이지 구축을 지원하는 네이버 모두modoo!도 그 일환의 서비스였다. 마케팅 툴과 통계 자료 분석 서비스를 제공하여 소규모 쇼핑몰을 네이버쇼핑과 연동하는 스마트스토어도 운영하였다. 이 서비스들은 소상공인 지원과 상생을 표방했다. 하지만 사실상 플랫폼 내부의 이용자를 늘리는 네트워크 효과의 극대화 전략이었다.

상품의 검색부터 구매, 결제까지 상품 거래 과정 전반을 매개하는 독자적인 생태계의 형성은 네이버의 핀테크 서비스인 네이버페이를 통해 가능했다. 네이버페이는 포털 사이트에서 상품 결제와 유료 서비스의 구매, 개인 간 송금, 오프라인 구매나 세금 납부를 지원한다. 그로써 전자 상거래와 인터넷 금융 서비스의 외연을 확장했다.[70] 포털 서비스를 통해 내부화한 네트워크 효과와 기술의 발전에 힘입은 바 크다. 즉 그를 자원으로 삼아 온·오프라인상의 정보 검색부터 소비, 결제에 이르는 과정을 통합한 것이다. 이로써 네이버는 이용자의 구매

---

70 2021년 현재 65,000여 개의 온라인 제휴처를 확보한 것으로 알려졌다.

내역뿐 아니라 결제, 송금 내역까지 데이터로 축적한다. 뿐만 아니라 결제 수수료 등과 같은 부가 수입도 얻을 수 있었다.

2020년 1분기 기준 이용자는 1,253만 명, 거래액은 5조 8,000억 원에 이를 만큼 네이버페이의 영향력은 급증하고 있다. 그뿐만 아니라, 플랫폼 생태계의 구축은 인접 서비스의 성장으로까지 이어졌다. 네이버쇼핑의 2019년 결제액은 무려 20조 9,249억 원에 달했다. 전문 쇼핑몰인 쿠팡(17조 771억 원), 이베이코리아(16조 9,772억 원)보다 약 3조 원가량 많은 수치였다(《머니투데이》, 2020. 5. 13). 독자적인 상품 거래 플랫폼을 통한 네이버의 이윤 축적이 본격화한 셈이다. 네이버가 지속적으로 상거래 생태계를 확대하고 궁극적으로 모든 온라인 쇼핑의 시작점이 되려는 계획이 실현되고 있음을 보여 준다. 네이버는 이러한 자사 플랫폼의 영향력을 바탕으로 투자 상품이나 보험 상품과 같은 금융 상품 판매로까지 서비스를 확대할 계획을 세우고 있다(《서울경제》, 2020. 5. 16). 광고가 인터넷 고유의 비즈니스 모델이었다면, 보험은 사물 인터넷 시대의 으뜸 비즈니스 모델이 될 것이라고 웹2.0의 팀 오라일리가 예상했던 바를 네이버는 실행에 옮기고 있다(Morozov, 2014. 7. 20). 네이버는 콘텐츠에 이어 쇼핑과 금융까지 아우르는 플랫폼 생태계의 형성으로 끝없이 사업 영역을 확장하고 플랫폼을 연결해 플랫폼의 플랫폼, 즉 메가플랫폼이 되기에 이른다.

2017년 10월 네이버는 웹 브라우저 웨일의 PC 버전을 공개했다. 웹 브라우저는 인터넷 이용을 위한 가장 필수적인 프로그램이다. 웨일 출시는 네이버가 인터넷 이용의 인프라 영역으로까지 서비스를 확장한 것으로 이해할 수 있다. 개발자들이 개발한 어플을 웨일스토어를 통해 공개하면서 웨일의 서비스 기능을 점차 늘렸다. 자체 개발한 브라우저 엔진이 아닌 구글 크롬에 쓰인 크로미엄을 웨일에 적용한 것 역시 이러한 서비스 확장의 유용성을 높이려는 의도였다. 라인, 파파고, 메일, 캘린더, 네이버 뮤직 등 포털을 통해 제공한 서비스를 웨일과 연동시켜 서비스 편의를 높이며 이용자들의 브라우저 사용을 유도하였다.

웨일이 출시된 2017년 전 세계 데스크톱 및 모바일 웹 브라우저 시장은 구글과 마이크로소프트, 애플, 알리바바, 모질라에 의해 독과점되고 있었다. 구글의 크롬이 53.7%, 애플의 사파리가 14.47%, 알리바바의 UC 브라우저 8.28%, 모질라의 파이어폭스가 6.23%, 마이크로소프트의 인터넷 익스플로러가 3.99%로 시장을 나눠 가졌다. 국내 시장도 사정은 비슷했다. 데스크톱 웹 브라우저의 경우 크롬(54.75%), 인터넷 익스플로러(35.79%)가 점유율 1, 2위를 차지했다. 모바일 웹 브라우저의 경우 크롬(51.39%), 삼성 인터넷(25.67%), 사파리(18.5%)가 각각 1부터 3위까지를 차지했다(《디지털투데이》, 2018. 1. 17).[71]

---

[71] 2016년 12월에서 2017년 12월까지 국내 데스크톱 및 모바일 브라우저의 시장 점유율의 대부분은 각각 구글의 크롬과 마이크로소프트의 인터넷 익스플로러, 삼성의 삼성 인터넷, 애플의 사파리가 차지했다. 네이버 웨일은 2018년 1월까지 누

이미 시장의 판도가 어느 정도 굳어진 상황임에도 네이버가 웹 브라우저 시장에 진출한 데는 어떤 까닭이 있었을까.

네이버는 웨일을 '생활 환경 지능Ambient Intelligence 프로젝트의 일환으로 개발했다'고 밝힌다. 이용자의 성향과 상황을 인식해 이용자의 요구와 상관없이 필요한 서비스를 알아서 제공하는 일을 두고 그런 명칭을 붙였다. 네이버가 기획한 서비스가 차질 없이 가동되려면 그를 뒷받침하는 기반 기술이 필요하다. 예를 들어 네이버가 3D 콘텐츠를 서비스한다 하더라도 크롬이나 인터넷 익스플로러가 그를 지원하지 않으면 없던 일이 되고 만다. 자신의 서비스에 맞는 브라우저의 개발 및 확산이 곧 서비스 확장과 결부되는 셈이다. 네이버가 장기적 관점에서 서비스 확장의 기반이 될 브라우저를 개발하여 앞으로 진행될 AI나 클라우드 서비스와 연계시키려 한다. AI나 클라우드 서비스가 인터넷 이용의 핵심 인프라가 될 것으로 전망하고 그를 중심으로 플랫폼 생태계를 구축하려는 의도다. 단기적 관점에서 보자면 보다 방대한 이용자 데이터를 확보하려는 움직임으로 이해할 수도 있다. 주지하다시피 데이터의 확보와 데이터 영역의 확장, 데이터 축적 및 분

적 다운로드 520만 건을 기록했으나, 전체 시장에서 차지하는 비율은 극히 미미한 상태였다(《디지털투데이》, 2018. 1. 17). 스탯카운터에 따르면, 2020년 12월 웨일의 국내 데스크톱 및 모바일 웹 브라우저 시장 점유율은 8.2%로 크롬, 삼성 인터넷, 사파리에 이어 4위를 차지했다.

석 기술의 강화는 플랫폼 기업이 일반적으로 추구하는 바다 (Srnicek, 2017/2020). 집적된 데이터를 기반으로 개별 이용자에 대한 정교한 광고 타기팅 그리고 새로운 서비스 확장으로 이어가기 위해서다. 그러나 이용자 데이터를 맞춤형 광고에 활용하기 위해서는 보다 정교한 기술을 동원해야 한다. 축적된 데이터들이 특정 이용자의 것임을 확인할 수 있는 정보(ID와 같은 개인 식별 정보)와, 실제 인터넷 이용 기록이나 이용 패턴과 같은 구체적인 데이터를 추출해 내야 한다.

웹 브라우저는 그 같은 추출을 충족시키는 인프라 플랫폼 역할을 한다. 이용자가 다른 네이버 서비스를 웨일의 확장 기능을 통하려 할 때나, 어플 기반의 네이버 이용을 PC와 연동하기 위해서는 네이버 웹 사이트나 웨일에 로그인한 상태여야 한다. 네이버는 모바일 기기와 PC의 연동을 통해 어플이나 포털 내에서만 인터넷 이용 기록을 수집하던 것에서 벗어날 수 있다. 웹 브라우저를 통해 이용자의 인터넷 이용 기록 전반에 관한 데이터를 축적할 수도 있다. 그로써 보다 자세하고 정교한 데이터 가공이 가능해진다. 본래 웹 페이지를 출력하는 역할을 하던 웹 브라우저는 개방적 플랫폼의 성격을 띠게 된다. 그러면서 플랫폼 기업은 데이터 수취 영역을 확장하고 정교화하기에 이른다. 물론 웹 브라우저 시도는 아직 성공 여부를 판가름하기에 이르다. 웹 브라우저 기술의 활용을 통해 플랫폼 생태계를 확장해 가려는 욕망을 읽기란 그리 어려운 일은 아니다.

AI 등과 같은 새로운 기술의 도입은 포털 검색 환경의 개선, 그리고 플랫폼화의 진전으로 이어졌다. 네이버는 AI 기반 플랫폼인 클로바와 콘텐츠 추천 시스템 AiRS(AI Recommender System)를 통해 새로운 서비스를 한다고 2017년에 예고했다. 그 방식을 통해 이용자에게 상시적인 개인 맞춤형 정보 제공을 실시한다고 밝혔다. 검색과 이용자의 콘텐츠 이용으로 만들어진 정보에 의존하던 데서 점차 서비스 이용 기록, 이용 패턴이 남긴 정보에 의존하는 쪽으로 선회하였다. AiRS 추천 뉴스가 그 예다. 먼저 최근 7일간 이용자가 네이버 모바일과 PC에서 구독한 뉴스, 이용자와 관심사가 비슷한 그룹이 구독한 뉴스를 찾아낸다. 이를 기반으로 추천 스코어, 최신성, 다양성을 추출 분석한다. 그런 후 개인별로 관심이 있을 만한 뉴스를 추천한다.

이 같은 AI 기반 서비스는 두 가지 방향으로 네이버의 가치 증식에 도움을 주었다. 첫 번째, 2017년 AI 스피커를 보편화해 이용자 유입을 늘려 나갔다. 프렌즈가 그 예다. 네이버는 프렌즈 스피커에 클로바를 장착해 서비스에 나섰다. 클로바는 이용자들의 일상으로부터 고 맥락의 데이터를 추출하고 이를 집적하는 플랫폼이었다.[72] AI 기반 서비스를 향상시

---

72   네이버를 비롯한 ICT 기업들이 AI 스피커의 보급에 집중하는 데는 몇 가지 이유가 있다. 우선 AI 서비스가 실제로 이용되기 위해서는 이를 적용할 하드웨어의 존재가 필수적이다. AI 서비스는 각종 기기를 연결하여 IoT 환경을 제어하는 플랫폼으

키기 위해서는 빅 데이터 기술과 기계 학습machine learning을 경유해야 했다. 이를 위해서 방대한 서비스 이용 데이터와 이용자 정보 습득이 필수적이었다. 이용자의 이용을 데이터 분석 기술과 음성 인식 기술에 접목시켜 나갔다. 그럼으로써 상호 연동된 다른 서비스 품질을 개선하고 이용자 유입을 확대해 나갔다. 두 번째로 AI 기반 추천 시스템은 상품 정보를 반드시 필요한 정보인 것처럼 부가 제공했다. 그 제공을 통해 광고 노출과 상품 구매를 유도하였다. 그럼으로써 정보와 광고 간 경계를 모호하게 만들었다. 추천 기술은 매 순간 이용자들의 활동 정보를 분석했고 개인의 의사와 무관하게 이용자의 소비 욕구를 만들어 냈다. 이용자 개인 정보와 기존 구매 이력, 검색 활동을 기반으로 이용자의 관심에 적극적으로 소구했다. 추천이라는 형태를 띠지만 사실상 광고에 노출시키는 것이다. 플랫폼 기업은 이런 식으로 이용자들이 남긴 데이터와 AI 등의 첨단 기술을 엮어 가치를 추출해 나갔다.[73]

로 활용될 수 있다. 이 중 스피커가 중요한 이유는 스피커가 입력, 출력 기능을 지니고 있어 음성 데이터의 확보가 쉬우며, 항시 전원이 연결되어 지속적인 데이터 추출이 가능하고, 낮은 비용 덕분에 접근성이 높기 때문이다(《노컷뉴스》, 2017. 6. 12).

73   과거 경제적 과정은 '마케팅을 통해 특정한 소비자 모델을 제시하여 수요 needs가 아닌 욕망을 생성하고 소비를 유도함으로써 집단화된 사회구성원 전체를 통제'하였다. 하지만 이젠 새로운 경제적 과정을 통해 개인의 관심에 부합하는 상시적인 상품 정보를 제공하고 순간적인 구매 충동의 분출을 유도한다. 이 과정은 특정한 소비 모델을 주입하지 않고 이용자 개인의 취향에 소구하는 정보를 이용자가 원하기도 전에 미리 알려 주는 모양새를 띤다. 따라서 이용자들은 광고 노출부

이용자 데이터를 활용한 개인 맞춤형 정보가 다시 개별 이용자의 서비스 이용과 데이터 축적을 끌어낸다. 그에 따라 플랫폼은 점차 이용자 자신을 비추는 거울이 되어 간다(Pariser, 2011/2011).[74] 개별 이용자의 이용 패턴과 축적된 데이터를 분석하여 미래의 선택까지 예측하고 유도하는 탓에 플랫폼 이용자는 갈수록 개인화된다(van Dijck et al., 2018). 이용자는 갈수록 자기 충족적인 플랫폼을 이용하게 되고 그 안을 벗어나지 못하며 상품화된다. 네이버는 이용자를 강제하지 않으면서 이용자의 관심을 수량화하여 구매 욕구를 부추기며 이들의 소비를 촉진해 내고자 했다. AI 기술의 도입이 그를 더욱 재촉하는 계기가 된다. 결국 이용자는 플랫폼 안을 벗어나지 못하고 그 안에서 개인화되고, 소비자화되어, 상품 구매의 주체로서 존재하게 되고, 궁극적으로는 플랫폼에 수익을 안겨 주는 적극적인 소비자가 된다. 물론 플랫폼 자신은 그러한 이용자의 모습을 지켜보며 속속들이 알고 있는 지위를 유지한다. AI 기술은 그런 점에서 보자면 메가플랫폼으로서의 성장에 결정적인 역할을 한다.

터 상품 구매에 이르는 과정에 자율적으로 참여하고 있다는 환상을 갖게 된다.

74 이용자 전체의 활동을 축적한 빅 데이터는 개인의 개별성과 맥락이 제거된 익명의 덩어리로 존재하는 것처럼 보인다. 하지만, 실제 플랫폼 이용 시 늘 개별화된 형태로 이용자에게 회귀한다. 따라서 플랫폼 이용은 늘 개인의 취향과 관심을 강화하는 방향으로 이루어지게 된다. 그로써 다른 의견과 선호를 지닌 이용자와 상호 작용할 기회는 점차 사라진다.

실제로 AI 기반 상품 추천 시스템(AiTEMS)도 네이버의 가치 증식에 큰 역할을 했다. 검색 광고와 전자 상거래 서비스가 포함된 비즈니스 플랫폼 부분의 매출은 매년 큰 폭의 상승을 보여 준다. 2017년 2조 1,578억 원에서 2018년 2조 4,758억 원 규모로 전년 대비 14.7%나 상승했다(네이버(주), 2019). AiTEMS의 도입이 실제 상품 검색의 활성화와 구매 빈도의 증가로 이어진 것이다(네이버(주), 2018; 2019). 네이버쇼핑 이용자 중 80%가 이 서비스를 쓴다고 한다(〈전자신문〉, 2019. 10. 17). 이 방식은 2018년 라인 쇼핑에 적용해 일본, 대만, 인도네시아 등지에서도 운영되고 있다(〈인공지능신문〉, 2018. 9. 12).

네이버는 AI 장소 추천 가이드인 스마트어라운드를 2018년 5월에 오픈한다. 이 서비스는 사용자의 현재 위치를 기반으로 시간대, 성, 연령에 맞추어 가 볼 만한 장소를 추천해 준다. 맛집, 카페, 쇼핑센터, 배달, 예약, 공연, 전시 등을 추천한다. 이용자의 개인 정보와 현재 위치, 다른 이용자 데이터를 활용해 장소 정보를 추천하여 인터넷상의 검색 활동을 실제 물리적 세계의 활동과 맞닿게 했다. 기존의 장소 검색은 특정한 장소에 가기 전 사전 탐색을 하는 성격을 띠었다. 이 서비스는 검색 활동의 성격을 바꾸어 이용자의 현재 상황에 맞는 정보를 즉각적으로 제공한다. 그러므로 추천받은 정보가 실제 활동으로 이어질 확률이 높아진다. 검색은 순간순간의 필요에 따른 것이기에 현실에서 이루어지는 활동과 검색 활동 간 간극은 줄어든다. 또한 주변 장소 정보를 통해 파악되는 위치 정보는 이용자가 처한 상황을 파악하는 가장 기본적인 정보이기 때문에 오프라인 업체 광고를 위한 중요한 자원이 된다.[75] 네이버는 장소 추천 서비스를 오프라인 업체 등록 서비스인 스마트플레이스와 연동하기도 했다. 네이버에 더 많은 노출을 원하는 업체를 스마트플레이스에 등록하도록 하고 사업주의 플랫폼 의존도를 높인 것이다. 아울러 이용자를 광고에 노출시켜 부가 수익을 올린다. 이용자 확대를 통한 네트워크 효과 증대, 기존 서비스와의 연동을 통한 온·오프라인상의 데이터 축적, 추천 광고의 정교화라는 가치 추출의 메커니즘을 견고하게 만들어 나갔다.

이러한 기술적 플랫폼 서비스의 도입은 모바일 네트워크 환경을 통해 이용자들의 일상까지도 상품화하려는 아이디어가 구체적으로 실현된 결과다. 모바일 기기의 확산에 따른 인터넷 경제의 양적 규모 확대가 2010년대 중반 일단락되면서 플랫폼 기업들은 새로운 자본 축적 전략을 필요로 하게 되었다. 미디어 이용자의 증가는 시장이 형성되는 주요한 조건으로 작용하지만, 그 자체로 지속적인 산업 확대나 플랫폼 기업의 가치 증식을 보장하지는 않는다. 따라서 플랫폼 기업들은 안정적인 이윤 축적을 보장할 질적인 차원의 서비스 변화를

---

75   네이버는 맛집, 가 볼 곳을 추천하던 데서 쇼핑을 추가하여 서비스한다고 2021년 1월에 발표한다. 인근 상점과 관심 가질 만한 상품을 추천하는 데까지 서비스를 확대하였다(《동아일보》, 2021. 1. 12).

꾀하게 된다. 온오프라인의 경계를 넘어 이용자의 생활 전반을 매개하는 서비스로의 전환을 모색한다.

　이 같은 전환을 얼마나 소중하게 여기는지는 네이버 주요 관계자들의 발언에서도 확인할 수 있다. 2017년 라인의 이데자와 다케시出澤剛 대표는 라인의 주요 사업 영역이 통신 자체가 될 것이라며, 클라우드-AI 플랫폼 생태계에 대한 구상을 발표했다(《이투데이》, 2017. 3. 2). PC, 스마트폰 등 하드웨어 바탕 위에서 서비스를 구성하던 데서 네트워크 환경과 소프트웨어, 기술 분야가 상호 연관되는, 인프라 역할을 담당하는 서비스로의 전환을 천명한 셈이다. 네이버 한성숙 대표 역시 2018년 3분기 실적을 발표하는 자리에서 비슷한 입장을 피력했다. 성장 여력이 감소함에 따라 기술적 플랫폼으로의 전환 혹은 확장이 절실함을 강조하였다(《이데일리》, 2018. 10. 25). 이처럼 새로운 가치 증식 활로를 모색한 결과, 인터넷 서비스는 데이터를 기반으로 더욱 개인화되고, 개인의 일상 구석구석과 결합하는 데로 방향을 전환한다.

　플랫폼 서비스의 기능을 이용자의 일상과 연결시키는 아이디어는 점차 구체화되어 실행에 이르고 있다. 2017년 네이버 연차보고서는 "네이버가 구현하는 생활 환경 지능은 사용자의 일상에 자연스럽게 스며들어 보다 새로운 가치와 즐거운 경험을 선사할 것"이라고 밝혔다(네이버(주), 2018). 또한 "기술의 진정한 가치는 인간의 삶 속으로 들어가 사용자들과 연결될 때 비로소 발현"(네이버(주), 2019)됨을 강조했다. 이를 위해 기술이 삶을 더 깊이 이해해야 한다며 일상과의 연결에 방점을 찍었다. AI 기반 서비스는 기술의 학습을 통해 발전한다는 점을 상기해 보자. 네이버가 주장하는 삶을 이해하는 기술의 성공은 곧 이용자의 서비스 이용에 대한 기록, 기억, 흡수, 활용을 통해서만 가능하다. 다시 말해 일상에서 기술적 편의를 누리는 동안 전송되는 이용자의 데이터야말로 네이버의 가치 증식에 소중한 자원이 된다. 일상생활 전반을 이윤 확보의 장으로 삼으려는 아이디어가 늘어날수록 플랫폼 기업이 상품화 대상으로 삼는 이용자의 활동 범위도 늘어난다. 이용자의 일상 영역으로 틈입해 이윤 축적에 활용할 데이터를 수취하고, 스마트 기기나, 홈 IoT 등 미래의 고수익을 보장할 영역의 기반을 다져 나간다. 일상에서의 편의 제공과 기술적 플랫폼으로의 지향은 분리된 사건이 아니다. 정교한 데이터 확보와 장기적 가치 증식 영역으로의 전환이라는 필요성이 이용자의 물리적 세계의 활동 전반을 기술적으로 매개하는 서비스로 나타난 것이다.

기술적 플랫폼 서비스를 통한 메가플랫폼으로의 전환 결과 네이버는 한국 인터넷 서비스 산업에서 선두의 자리를 유지하게 되었다. 2019년 12월 기준 네이버의 순 방문자 수는 월 3,805만 명(PC, 모바일 통합), PC 통합 검색 쿼리 점유율은 72.07%에 달한다. 매출액과 영업 이익은 각각 약 6조 5934억 원, 7,101억 원을 기록했다(네이버(주), 2020). 2020년 7월 기준 네이버 시가 총액은 49조 1,148억 원에 달한다. 이는 국내 기업

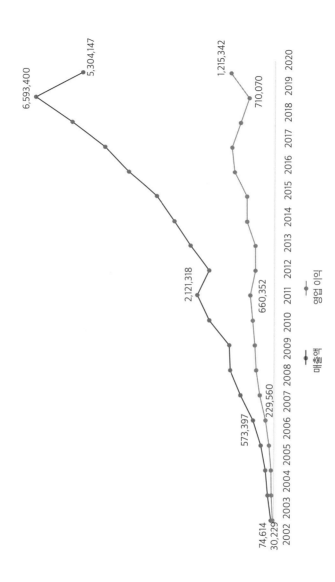

그림 6. 네이버 매출액, 영업 이익 변화

6,593,400

5,304,147

2,121,318

1,215,342

710,070

660,352

573,397

229,560

74,614
30,229

영업 이익

매출액

2002 2003 2004 2005 2006 2007 2008 2009 2010 2011 2012 2013 2014 2015 2016 2017 2018 2019 2020

출처: 네이버 사업 보고서를 토대로 재구성. 단위: 100만 원

시총 순위 중 4위에 해당한다. 통신 3사(SK텔레콤, KT, LG유플러스) 시총을 모두 합한 값(28조 8,184억 원)을 훨씬 넘는 수치다.

네이버가 메가플랫폼으로 형성되어 가는 데는 해외 무대에서의 영향력 증가도 큰 몫을 했다. 네이버가 해외에서 차지하는 영향력 또한 나날이 증가하고 있으며 그를 통한 수익 증가 폭도 크다. 2019년 12월 기준 네이버의 전체 법인 121개 중 해외 법인은 총 81개다. 2019년 새로 세운 법인 17개 중 15개는 일본(7개), 대만(3개), 베트남(2개), 싱가포르·태국(1개) 등 해외에 설립되었다(《중앙일보》, 2020. 5. 11a). 네이버를 더 이상 일국적 차원의 플랫폼 기업으로만 볼 수 없다. 구글 같은 글로벌 플랫폼 기업이라 칭할 순 없지만 네이버는 점차 그에 가까운 모습을 향해 달려가고 있으며 여러 국가 내 기업과 손을 잡고 플랫폼 시장 내 지배력 확보에 나서고 있다.[76]

8,400만 명의 일본 내 이용자를 바탕으로 야후재팬의 대주주인 소프트뱅크와 합병한 라인은 포털 서비스, 메신저, 핀테크, 전자 상거래 분야의 점유율 확보에 나섰다. 또한 웹툰, 게임, 메신저, 모바일 결제를 내세워 태국과 인도네시아, 베트남 등에도 진출하였다. 라인은 금융 서비스와 O2O 서비스까

76 2020년 하반기, 2021년 초반의 네이버 관련 보도는 네이버가 국내 사업보다는 해외 사업에 더 열을 올리고 있다는 기조를 자주 드러낸다. "네이버 해외 법인"을 검색어로 보도를 찾으면 "한국 뺄셈 해외 덧셈"(《중앙일보》), "국내 벗어나 글로벌로"(《한국경제》), "아메리칸 드림 꿈꾸는 네이버, 카카오"(《한국경제》), "세계시장으로 진격"(《서울신문》) 등 네이버가 글로벌 사업에 힘쓴다는 뉴스로 넘친다.

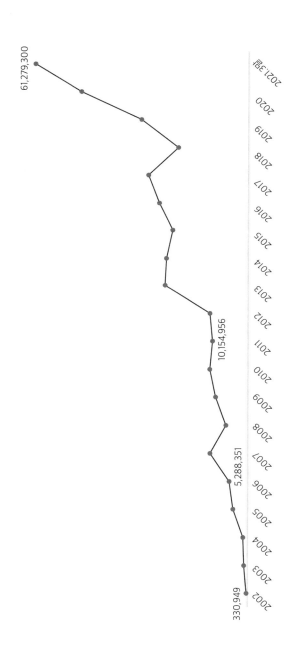

출처: 한국거래소(연도별 12월 기준, 2021년 자료는 3월 말, 기준 단위: 100만 원)

그림 7. 네이버 시가 총액 변화

지 도입해 사업 분야를 확대하고 있다. 태국 내 라인 이용자
는 무려 4,600만 명으로 태국 전체 인구의 66%에 달하며 대
만 내 이용자는 2,100만 명에 달해 일본을 포함한 세 국가에
서 라인은 점유율 1위를 차지한다(《중앙일보》, 2020. 5. 11a). 앞서
설명한 바와 같이 소프트뱅크와의 협력을 통해 사업의 다각
화를 꾀하며 글로벌 시장 개척을 시도하고 있기도 하다.

2010년대 중반부터 네이버는 초국가 콘텐츠 플랫폼의 지
위를 확보하는 데 노력을 기울여 왔다. 2017년 네이버로부터
네이버웹툰을 분사시킨다. 네이버웹툰은 웹소설 제작사인 리
코LICO, 영화 제작사 스튜디오N을 설립하기도 했으나 웹툰
을 사업의 중심에 두고자 하였다. 웹툰의 스토리텔링을 소설
이나 영화와 합쳐 나가겠다는 장기적인 콘텐츠 전략이었다. 네
이버웹툰은 미국, 일본 등에 웹툰 플랫폼을 설치하고 서비스
를 실시한다. 한국 웹툰을 영어로 번역해 콘텐츠를 제공하는
라인웹툰LINEWEBTOON은 2014년 7월부터 미국에서 서비스
를 시작한다. 이 서비스의 글로벌 월간 활성 이용자(MAU)는
6,700만 명을 넘어섰다. 2019년부터는 WEBTOON으로 이름
을 바꾸어 서비스하였는데[77] 2020년 3분기 기준 전체 거래액
은 월 2,200억 원에 달했다. 이는 전년 대비 40% 이상 성장한

---

[77] 2014년 7월 1일 LINE WEBTOON이라는 이름으로 미국에서 서비스를 시작
했다. 네이버웹툰의 공식 외국어 번역 연재 플랫폼으로 출발하였다. 2019년 4월부
로 WEBTOON으로 이름을 변경한다.

거래액이었다(《아주경제》, 2020. 11. 13). 2019년 WEBTOON은 구글 플레이 만화 카테고리에 등록된 어플 중 103개 국가에서 매출 1위를 기록했다.

출판 만화 시장이 강세인 일본에서는 네이버웹툰이 일본의 거대 만화 출판사와 계약해 그 플랫폼을 통해 디지털화된 단행본 만화를 유통시키고 있다. 일본 내 디지털 만화 시장이 확대되면서 2020년 2분기 네이버웹툰의 거래액 1,990억 원 중 일본이 차지하는 비중은 42%에 달했다. 네이버웹툰의 글로벌 지역별 이용자당 월 결제 금액은 각 지역에 걸쳐 골고루 상승하고 있으나 일본이 가장 높은 수치를 기록했다(미래에셋대우 리포트, 2020. 9. 4). 전 세계에서 만화 산업의 규모가 가장 큰 일본에서 네이버웹툰의 라인망가 서비스는[78] 카카오의 픽코마와 함께 점유율 1, 2위를 다투고 있다.[79] 이는 국내 플랫폼이 해외 시장에서 최고 점유율을 기록한 유일한 사례다.

네이버가 해외에서 벌이는 콘텐츠 플랫폼 사업 초기는 주로 문화 상품을 유통하는 일에 한정되어 있었다. 한국의 웹툰을 해외 시장에 유통시킨다든지 일본의 만화를 플랫폼을 통해 유통시키는 데 주력해 왔다. 그러다 점차 콘텐

---

78 네이버웹툰은 서비스를 제공하는 회사 이름이다. 라인망가는 그 회사가 제공하는 서비스, 어플리케이션 혹은 플랫폼의 이름이다.

79 2020년 12월 구글앱스토어 다운 수를 기준으로 카카오의 픽코마가 1위, 네이버의 라인망가가 2위를 차지한다.

츠를 현지에서 생산하고 유통하는 데까지 손을 뻗쳐나갔다. WEBTOON의 국가별 상위 10개의 작품 중 40% 이상이 현지 작가의 작품이었으며 특히 미국과 스페인에서는 80%가 현지 작가의 작품이었다(미래에셋대우 리포트, 2020. 2. 10; 2020. 9. 4). WEBTOON은 국내 서비스의 '도전만화' 시스템을 본뜬 'Canvas'라는 웹툰 연재 등용문 창구를 미국에서 제공 중이다. 이 서비스를 통해 연재되는 작품 수는 연평균 108% 이상 증가하고 있다. 네이버웹툰은 이를 통해 3,300개 독점 작품과 아마추어 작가 58만 명을 확보할 수 있었다(《IT조선》, 2020. 1. 22). 네이버웹툰은 그 자체로 초국가 규모의 문화 상품 생산 및 유통 생태계로 자리 잡아가고 있다.

산업 내 가치 사슬에서 유통을 맡고 있던 플랫폼이 점차 콘텐츠 생산과 유통 그리고 네트워크 영역까지 통합하며 그 영향력을 키워 가고 있다. 그 과정을 플랫폼화platformization[80]라 부를 수 있는데 네이버는 그 방향으로 향하고 있다. 플랫폼화는 산업 구조를 변화시키는 일이다. 콘텐츠 제작자가 플랫폼에 더욱 의존하게 만드는 등 플랫폼이 생산 과정에서 깊

---

[80] 이 개념은 저자들이 처음으로 제안하고 반응을 점검받으려 했으나 이미 몇 번의 발표를 통해 Poel, Nieborg, Duffy 등이 제안하였다. 이들은 우리의 생각과 유사하게 플랫폼화를 문화 산업 등에서 플랫폼이 중심이 되는 현상, 그리고 사회 전반에 플랫폼의 논리를 펼쳐 가는 것을 의미한다고 주장한다. 우리는 이들을 인용하고 이를 플랫폼화라고 번역해 전하고자 한다. 이들의 연구는 다음 사이트에서 읽을 수 있다. https://www.platformization.net/

숙이 개입하게 하는 효과를 낸다. 문화 상품의 생산 및 유통 과정에서 플랫폼의 역할을 강화시켜 줄 뿐 아니라 때론 그를 넘어 산업 전체가 플랫폼을 중심으로 헤쳐모이는 모습을 한 다(Nieborg & Poell, 2018; Poell, Nieborg, & Duffy, Forthcoming). 콘 텐츠 산업의 플랫폼화는 광고주와 플랫폼, 이용자 사이의 양 면 시장과 콘텐츠 생산자와 독자 사이의 시장 구조에 다른 경제 행위자들이 참여할 수 있게 한다. 이른바 콘텐츠 산업을 다중 시장 구조로 변화시킨다. 그 구체적인 예가 웹툰 서비 스다. 웹툰 서비스는 본래 콘텐츠 확보에 필요한 비용을 줄이 고, 이용자 트래픽을 늘리기 위해 제공되던 서비스였다. 지금 은 웹툰 서비스가 그 자체로 단일한 상품 판매 시장이 되어 있다. 실제로 웹툰 서비스가 만화 산업의 중심을 이루게 되면 서 웹툰 전문 제작회사들이 생겨났을 뿐 아니라, 네이버가 보 유한 지적재산권(IP)을 활용한 2차 콘텐츠 제작자, 그 중간에 서 활약하는 에이전시도 시장에 참여하게 되었다(김수철·이현 지, 2019). 네이버는 이처럼 변화한 웹툰 산업에서 수직적 통합 을 꾀하면서 웹툰 콘텐츠 산업의 글로벌 플랫폼화를 이뤄 낸 다. 네이버는 그 같은 과정의 중심에 서면서 문화 산업, 플랫 폼 관련 산업, 그리고 국내 산업 전체에 플랫폼화를 보여 주 며 산업 내 산포되도록 하는 효과를 만들어 낸다. 국외에서 도 그 같은 역할을 해내고 있다. 네이버를 우리가 초국가 기 업으로 불렀던 것도 그런 이유에서다.

콘텐츠의 생산과 유통뿐만 아니라 기술적인 면에서도 네

이버는 초국가적 면모를 보이고 있다. 미국과 중국 중심의 AI 산업 구조에서 종속되는 일을 피하기 위한 국가 간 기술 협업도 성사시키고 있다. 네이버는 2017년 '제록스리서치센터-유럽'을 인수해 '네이버랩스유럽'을 설립하였다. 2018년에는 홍콩과학기술대와 함께 '네이버-라인-홍콩과기대 AI연구소'를 설립했다(《중앙일보》, 2020. 5. 11b). 네이버를 중심으로 아시아와 유럽 국가들의 기술 네트워크를 구축해 AI 산업에서의 경쟁력을 확보하고 있다. 이해진 네이버 GIO는 이러한 네이버의 자본 수출을 구글이라는 인터넷 제국에 끝까지 저항하며 자국의 데이터 주권을 수호하는 삼별초의 행보로 표현한 바 있다(《조선비즈》, 2019. 6. 18). 구글을 전 세계적인 영향력을 행사하는 제국주의라고 비판했다. 하지만 일국적 차원을 넘어선 네이버의 영향력도 그에는 못 미치지만 괄목할 만한 단계에 이르렀다. 네이버 또한 초국가 플랫폼 형태에 근접하고 있다. 상업화된 서비스 환경을 구축하여 국내 인터넷 서비스 산업을 지배한 네이버가 이제 국경을 넘어 현존 자본주의의 한 특징인 초국가 ICT 자본의 면모를 갖추게 되었다(Fuchs, 2010; Jin, 2013).[81]

---

81 자본 간 경제적 갈등과 국가 간 지정학적 경쟁이 결합하여 나타나는 제국주의 단계는 거대 자본의 독과점적 체제를 특징으로 한다(Lenin, 1917/1986). 생산의 집적과 독점으로서의 경제의 집중, 금융 자본에 의한 지배, 자본의 수출, 기업의 지배에 따른 세계 분할, 열강 간의 세계 분할이라는 제국주의 단계의 특성은 오늘날 더욱 정보/미디어 제국주의informational/media imperialism로 나타난다(Fuchs,

네이버는 모바일 환경으로의 전환에 적극 대응하였을 뿐 아니라 이용자 정보를 활용하는 일을 통해 독자적 플랫폼 생태계 구축에 성공했다. 그 결과 국내뿐 아니라 국외에서도 주목하는 글로벌 수준의 플랫폼에 이르렀다. 모바일폰의 보편화를 활용한 전자 상거래 생태계 확대와 메신저 플랫폼의 도입, 인터넷 브라우저 출시, AI 기술과 빅 데이터 분석 기술을 바탕으로 한 AI 기반 추천 시스템을 갖추며 기술적 플랫폼으로까지 변신해 가며 그 보폭을 넓혀 가고 있다.

3. 메가플랫폼의 사회적 효과

모바일 경제의 도래와 함께 포털 사업자는 새로운 서비스의 도입을 급히 서둘렀다. 우리는 모바일과 함께한 국내 포털 서비스 환경의 변화를 메가플랫폼으로 전환이라는 개념으로 설

2010). 정보 통신 기술의 등장으로 초국적 규모의 자본 순환이 더욱 신속하고 유연하게 이루어지기 때문이다. 이러한 상황에서 현대 자본주의의 가장 강력한 행위자인 다국적 기업은 다른 산업 분야의 지배적 기업과 공모하여 글로벌 시장을 지배하려 한다(Jin, 2013). 특히 ICT 산업은 전 지구적 네트워크를 가능케 한 인프라로서 자본의 초국적 가치 사슬을 관리, 통제하는 장치이자, 그 자체로 현존 자본주의 질서를 선도하는 산업으로서 자본주의의 제국주의적 특성을 심화시킨다. 자국 인터넷 기업과 초국가적 인터넷 기업 간의 경쟁, 규제에 대한 태도 등은 따로 다뤄야 할 중요한 의제다.

명하였다. 메가플랫폼이란 인터넷 공간과 물리적 세계를 모두 매개하며 여러 다양한 플랫폼을 한 플랫폼 안에 두거나 운용하는 경우를 말한다. 이는 한국의 인터넷 시장의 지배 사업자인 네이버, 카카오가 벌이는 한국형 미디어 서비스다. 원래 포털 서비스는 인터넷 안으로 들어서게 해 주고 그 안을 소개하는 길라잡이 역할을 한다. 이른바 사이버 공간의 입구 a gateway 역할을 하는 존재다. 포털로부터 시작하여 메가플랫폼으로 몸집 불리기에 주력해 온 메가플랫폼의 서비스 범주는 일일이 열거하기 어려울 정도다. 손대지 않은 곳 없이 인터넷 안팎에서 벌어지는 시민들의 온갖 일상생활에 관여하는 역할을 한다. 그를 통해야만 효율적인 인터넷 활용이 가능해지고, 인터넷 활용과 물리적 세계가 이어지는 일이 가능해진다. 뫼비우스의 띠처럼 엮여 있는 인터넷 안팎 생활의 중간에서 서로를 매개하는 역할을 하고 있다.

사이버 공간으로의 출입, 그리고 그 안에서의 활동, 일상생활을 위한 출입, 그리고 활동은 플랫폼에 기록을 남긴다. 개인 정보, 활동 정보, 구매 상품 정보는 데이터로 남는다. 플랫폼은 그 기록, 데이터를 가공하여 생산재로 활용한다. 광고주에게 판매하거나 자신의 서비스에 활용하여 자본 증식을 꾀한다. 메가플랫폼으로 변신하면서 자본 증식 방식에 변화가 생겼는데 그 핵심은 이용자 정보의 활용이다. 이용자 정보를 모아 데이터를 만들고, 그 데이터를 활용하여 더 정교한 광고 방식을 개발해 더 많은 광고 수익을 올리거나 서비스를 확장하게 된다. 메가플랫폼은 이용자가 생산하는 데이터를 흡수해 자신의 동력으로 활용하고 궁극적으로는 이윤 축적과 기술 개선을 이뤄 가는 장치라고 규정할 수 있다(백욱인, 2014b). 플랫폼의 지위에 이르게 된 네이버 등과 같은 사업자는 민첩하게 산업 환경에서의 변화를 감지하고 기동성 있게 조직의 능력을 동원, 배치해 새로운 수익원을 찾아낸 합리적 기업 행위의 결과라고 그 장치를 평가할 것이다. 인터넷 장치는 이용자에게 편의를 제공한다며 자신을 내세우기도 한다. 인터넷 사업을 평가하는 언론이나 비평계에서도 플랫폼은 합리적 행위로 시장을 지배하고 있으며 간혹 플랫폼 과정에서 나타나는 비합리적 행위는 실수나 실행 착오에서 비롯되는 것이라고 평가 내린다.

네이버가 행한 합리적 기업 행위가 낳게 된 결과는 과연 한국 사회 전반에 ― 네이버가 평가하듯이 ― 긍정적인 효과만을 전했을까. 한국 자본주의 사회에서 네이버와 같은 인터넷 기업이 사회적 이슈의 지위에 해당하는 메가플랫폼으로 성장하는 과정에서 어떤 사회적 효과를 만들어 냈을까. 영리를 목적으로 하는 기업의 목적적 합리성은 당연히 기업이나 산업 혹은 사회 내에서도 인정될 수 있다. 하지만 인터넷이라는 공간이 갖는 성격을 감안하고, 그에 기여했던 이용자의 참여, 공적 기금, 정부의 지원 등을 평가 공식에 포함시킨다면 그 합리성은 질문받을 여지가 얼마든지 있다. 사회가 요청하는 정의적 합리성의 시각에서 보면 목적적 합리성은 비합리

적인 합리성일 수도 있다. 심지어는 합리성을 가장한 권력 작
동일 경우도 있다. 우리가 견지해 온 정보자본주의론에 입각
해 보면 인터넷 기업의 합리적 행위는 자본 증식의 목표를 지
녔다는 점에서 계급 합리적이었다. 공적 공간의 성격도 띤 인
터넷 공간에서 경쟁적으로 영리 활동에 주력해 왔다는 점에
서는 화폐 교환 중심의 합리성을 발휘하며 사회의 기대와는
어긋났다는 평가를 받을 수 있다. 종합적인 평가를 위해 지금
까지의 논의를 기반으로 구체적으로 메가플랫폼 형성이 한
국 사회에 전해 준 사회적 효과를 가늠해 보고자 한다.

이용자에 대한 통제 강화

메가플랫폼이 되면서 네이버는 이용자 데이터의 수집, 포획,
추적 그리고 활용하는 플랫폼으로 급격 선회한다. 메가플랫
폼 환경에서는 이용자의 콘텐츠나 서비스 상품보다 이용 과정
에서 발생하는 데이터가 더 높은 가치와 효용을 갖는다. 계량
화된 형태로 축적된 다양한 정보를 담은 데이터야말로 메가
플랫폼의 자본 증식에 가장 중요한 원재료가 된다. 개별 이용
자 데이터로부터 추출된 패턴은 최적화된 정보의 제공과 광
고 상품의 판매 등에 활용된다. 하지만 이 같은 이용자와 메
가플랫폼 간 거래는 이용자의 의식적인 인정 아래 이뤄지진
않는다. 이용자는 자신의 정보가 플랫폼이 수익을 취하는 원
천이 된다는 사실을 모르고 있거나 주목하지 않는다는 말이
다. 이용자는 플랫폼이 편의를 제공하는 대신 자신의 데이터

를 활용한다고 여기거나 플랫폼 자체를 자연스러운 그리고 사회적으로 중요한 존재로 받아들이며 자신의 정보 혹은 데이터에 대해서는 크게 관심을 보이지 않는다.

이용자들의 활동 – 데이터 – 알고리즘 – 플랫폼 서비스의 개선으로 이어지는 순환 구조는 이용자의 편의를 증가시킨 증거로 보이지만 다른 한편으로는 이용자가 플랫폼에 더욱 종속되는 사건으로 읽을 수도 있다. 메가플랫폼 이용의 순환 구조를 단순히 락인 효과Lock-in effect[82]로 설명할 수는 없다. 이용자가 주 이용 플랫폼을 쉽게 바꾸지 못하는 데는 좀 더 복잡한 사연이 있다. 단순히 기회비용이나, 서비스 이용의 경로 의존성으로만 설명할 수는 없다. 오히려 자동화되고 최적화된 기술을 통해 향상된 편의를 제공받는다는 느낌이 들기 때문에 더욱 의존하는 경향이 있다. 플랫폼은 신기술을 통해 이용자의 만족감을 증진하고, 이용자는 더욱 자발적으

---

82   락인 효과는 고착 효과로 번역된다. 현재 이용하는 재화 혹은 서비스보다 새로운 것이 나와도 전환하지 않고 그 재화를 지속적으로 이용하는 현상을 의미한다. 전환하는 데 드는 비용, 거래 시 맺은 조건, 부가 서비스의 사용 권한 등을 이유로 기존 이용을 지속한다. 이용자는 개인의 호불호나 만족도와 무관하게 최초 선택한 상품을 경로 의존적으로 사용하기도 한다. 해당 제품이나 서비스가 시장 내 점유율이 크다는 이유로 머물기도 한다. 네트워크 효과가 락인 효과를 일으키기도 하는 셈이다. 최근 플랫폼 서비스들은 이용자의 만족도와 무관한 수동적이고 비자발적인 락인 효과를 극복하려 노력한다. AI 기반 서비스를 통해 이용자가 해당 서비스를 이용할수록 더욱 이용자의 욕구에 부합하는 정보만을 제공해 이용자의 만족도를 더 높이며 자발적 서비스 이용을 유도하려 한다.

로 플랫폼에 머물게 된다. 나아가 자발적인 이용자의 서비스 이용과 이용자 규모가 확대될수록 이용자를 종속시킬 서비스 개선은 확실해지고 궁극적으로는 이용자 만족도는 높아진다. 특히 AI 기반 서비스 환경에서 플랫폼 기업이 더 많은 일상 관련 데이터를 축적함으로써 이용자에게 만족할 만한 서비스를 전달하는 기술은 더욱 정교해진다. 이용자 자신이 만족할 만한 서비스를 지속적으로 전달하게 되면 이용자는 자발적으로 포털형 플랫폼에 종속될 수밖에 없다. 이들 간 관계는, 더 정확히 말해, '이용자를 상품화하는 미디어 자본'과 '데이터를 제공하는 원재료인 이용자' 간 관계가 되고 그 결합도 점차 강화된다. 이용자의 종속과 서비스 개선을 통한 미디어 자본의 축적이 서로를 더욱 결합되게 만든다.

앞서 살펴보았듯 플랫폼 기업이 부분적이나마 개방적 플랫폼 생태계를 구축하고, 기술적 역량의 발전에 힘을 쏟는 데는 이유가 있다. 서비스 환경에 대한 이용자의 의존을 심화시켜 네트워크 환경에서의 지배력을 확보하기 위함이다. 메가 플랫폼이라는 미디어 환경은 표면적으로 이용자의 자율성과 선택성을 보장하는 듯 보인다. 하지만 그 이면에서는 이용자의 활동을 특정한 방향으로 유도한다. 이로부터 추출된 이용자 집단의 총체적인 패턴은 표적화된 광고에 써먹거나 새로운 서비스를 시작할 때 활용한다. 이용자는 이미, 그리고 언제나 ─ 자신의 의도와 관계없이 ─ 플랫폼의 관리하에 놓이게 된다. 이용자들은 고유의 개별성과 구체적인 맥락으로부터 분리되어 축적된 개별 정보의 총합에 불과한 데이터 주체로 대상화된다(김상민, 2019).[83] 빅 데이터 기술이 발전하면서 개인은 더 분할이 가능한 존재, 즉 가분체dividuals로, 집단은 데이터나 표본으로서만 의미가 있는, 이른바 플랫폼 기업의 통제control가 실현된다(Deleuze, 1990/1993). 구체적으로 네이버는 데이터 수취 영역을 확대해 가면서 이전 시기보다 더욱 폐쇄적으로 데이터 통제권을 강화하며 수익을 증대시켜 간다(표 12 참조).

표 12는 네이버가 서비스 이용 과정에서 IP 주소, 쿠키, 서비스 이용 기록, 기기 정보, 위치 정보를 수집할 수 있음을 명시하는 이용 약관이다. 네이버는 개인정보처리방침 제2조에서 개인정보 및 관심에 맞춤형 서비스 제공, 신규 서비스 발굴과 기존 서비스 개선, 이벤트 정보 및 참여 기회 제공, 광고성 정보 제공 등 마케팅 및 프로모션, 서비스 이용에 대한 통계와 광고 게재 등을 위해 개인 정보를 활용한다고 밝힌다. AI 기반 서비스인 클로바는 이러한 개인 정보를 필수로 수집한다. 개인 정보 수집 항목에 동의하지 않으면 서비스가 제한되거나 아예 이용조차 할 수 없다. 다른 선택지가 없는 반강

---

83   이용자는 알고리즘이 제공한 정보의 경로를 따라 수행적으로 자신의 취향과 의견을 공고히 한다. 이는 알고리즘의 자기 충족적인 자동화 논리에 의해 생산된 정체성일 뿐, 실제 개인의 맥락이나 고유의 개별성을 반영하지 않는다. 개별 이용자에 특화된 맞춤형 정보만을 제시하는 플랫폼 이용 환경은 이용자 고유의 주체성을 생산된 정체성으로 고정시키기 쉽다. 이러한 점에서 플랫폼 미디어를 통해 부여되는 이용자의 정체성을 "알고리즘 정체성"(김상민, 2019: 18)이라고 부르기도 한다.

표 12. 네이버 주요 서비스 이용 약관 및 개인 정보 수집 항목

네이버 개인 정보 처리방침 제2조 수집하는 개인 정보	1. 회원 가입 시에 '아이디, 비밀번호, 이름, 생년월일, 성별, 휴대전화번호'를 필수항목으로 수집합니다. 만약 이용자가 입력하는 생년월일이 만14세 미만 아동일 경우에는 법정대리인 정보(법정대리인의 이름, 생년월일, 성별, 중복가입확인정보(DI), 휴대전화번호)를 추가로 수집합니다. 그리고 선택항목으로 이메일 주소, 프로필 정보를 수집합니다. 2. 단체아이디로 회원가입 시 단체아이디, 비밀번호, 단체이름, 이메일주소, 휴대전화번호를 필수항목으로 수집합니다. 그리고 단체 대표자명을 선택항목으로 수집합니다.
	서비스 이용 과정에서 IP 주소, 쿠키, 서비스 이용 기록, 기기정보, 위치정보가 생성되어 수집될 수 있습니다. 또한 이미지 및 음성을 이용한 검색 서비스 등에서 이미지나 음성이 수집될 수 있습니다. 구체적으로 1) 서비스 이용 과정에서 이용자에 관한 정보를 자동화된 방법으로 생성하여 이를 저장(수집)하거나, 2) 이용자 기기의 고유한 정보를 원래의 값을 확인하지 못하도록 안전하게 변환하여 수집합니다. 서비스 이용 과정에서 위치정보가 수집될 수 있으며, 네이버에서 제공하는 위치기반 서비스에 대해서는 '네이버 위치정보 이용 약관'에서 자세하게 규정하고 있습니다. 이와 같이 수집된 정보는 개인 정보와의 연계 여부 등에 따라 개인 정보에 해당할 수 있고, 개인 정보에 해당하지 않을 수도 있습니다.
클로바 필수 수집 개인 정보 항목	서비스 실행 및 청취 모드 상태에서의 **이용자 음성명령 언어 정보, 단말기 주소록에 저장된 이름, 위치정보(GPS), 주문정보, 로그기록, 서비스 이용기록** 등 서비스 이용 과정에서 자동으로 생성되는 정보
네이버 API 서비스 이용 약관 제8조 지식 재산권의 귀속	8.1. 회사가 제공하는 API서비스 및 관련하여 회사가 제작한 프로그램, 디자인, 상표 등의 지식 재산권 등 제반 권리는 회사에 귀속되며, **API서비스를 이용한 결과 데이터의 저작권 등 제반 권리는 회사 또는 원저작자 등 제3자에게 있습니다.** 8.2. 회사의 이용자의 API서비스 이용에 대한 승낙은 API서비스 및 결과 데이터에 대한 본 약관에 따른 제한된 사용권의 부여만을 의미할 뿐, **어떠한 경우에도 (그와 같은 제한된 사용권의 부여를 넘어서) 이용자의 API서비스와 관련된 지식 재산권 혹은 관련 권리의 취득 혹은 결과 데이터에 대한 권리의 취득을 의미하지는 않습니다.**
웨일 및 웨일 스토어 서비스 이용 약관 제2조 (이용자의 권리 및 의무)	1. 이용자는 본 이용 약관에 동의하는 경우에 한하여 Whale을 이용할 수 있으며, 본 이용 약관에 동의하지 않거나 동의를 철회하고자 할 경우 즉시 Whale의 이용을 중지해야 합니다. 2. 이용자는 Whale을 이용함으로써 본 이용 약관에 동의한 것으로 봅니다. 3. 이용자의 모바일 디바이스에 모바일용 Whale이 설치되기 전 회사에서 배포한 다른 앱이 적어도 하나 이상 설치되어 있고, 이용자가 해당 앱에 네이버 계정으로 로그인하여 로그인 상태를 유지하고 있는 경우 이용자가 모바일용 Whale을 설치하면 동일한 네이버 계정으로 자동로그인 됩니다. 4. 이용자는 데스크탑용 Whale과 모바일용 Whale에 각 축적된 데이터(북마크, 방문기록, 자동완성 데이터, 로그인 정보 등을 포함하며 이에 한정되지 않음)가 동기화되는 것에 동의합니다. 5. 이용자는 Whale을 이용함에 있어 본 이용 약관에서 규정하는 사항과 관련법령, 기타 회사가 정한 제반 규정 및 일반 관행을 준수하여야 합니다. (이하 생략)

출처: https://developers.naver.com/products/terms/, https://clova.ai/ko/terms/privacy.html,
https://policy.naver.com/policy/privacy.html (강조는 인용자)

제적 계약이 이뤄진다. 또한 웹 브라우저 웨일의 이용 약관에 동의하면 이용자는 플랫폼 기업의 데이터 통제권 강화를 받아들여야 한다. 이러한 방식의 계약을 통해 웨일은 이용자의 인터넷 이용 기록과 타 서비스로부터 축적된 데이터를 자유롭게 활용할 수 있게 된다.

API의 지적 재산권뿐만 아니라 이를 통해 발생한 데이터에 대한 권리 역시 네이버에 있음을 명시한다. 그럼으로써 데이터 통제를 통한 가치 증식을 정당화한다. 이해진 GIO는 한국사회학회, 한국경영학회 공동 심포지엄에서 자신들의 데이터 사업을 사회적 사명에 걸어 설명한 바 있다. "인터넷 기업을 하면서 느낀 건 우리가 스스로의 데이터센터 등을 통해 우리 데이터를 손으로 쥐고 있다는 것의 의미가 크다"며 "후손들이 훗날 네이버 덕분에 우리의 데이터를 잘 보존했다는 얘기를 들었으면 좋겠다"고 말한다(《조선비즈》, 2019. 6. 18). 데이터 모으는 일을 공익적 사업으로 그는 설명한다. 데이터를 통한 자사의 수익 전유는 그런 공익성에 비추어 보면 당연한 것으로 여길 공산이 크다. 편의와 서비스 개선이라는 명목으로 이루어지는 이러한 데이터 전유는 이용자들의 데이터 통제권을 약화시키고 네이버의 데이터 독점적 사용을 정당화한다. 이는 — 비록 동의에 의한 것이라고 하지만 엄격하게 보아 — 개인 프라이버시 침해를 통해 이익을 취하는 방식으로 플랫폼 서비스 환경에서 발생하는 새로운 형태의 수익 편취로 볼 수도 있다(Andrejevic, 2012).

이용자 상품화 강화

네이버는 메가플랫폼으로 진입하면서 점차 이용자에 대한 통제력을 강화시켜 가고 있다. 통제력 강화는 곧 이용자의 플랫폼 의존성 심화로 이어진다. 통제력 강화를 이용자에게는 서비스 강화나 편의 제공이라는 이름으로 전하고, 이용자 또한 그렇게 받아들인다. 메가플랫폼은 이용자의 인터넷 이용으로부터 확보한 데이터를 자신의 수익 증대를 위해 활용하며 폐쇄적인 플랫폼 생태계를 구성해 왔다. 이러한 폐쇄성은 포털 내 서비스 확대와 어우러져 더욱 효과적으로 작동한다. 즉 폐쇄성과 서비스 환경의 지속적인 확장이라는 특성을 가짐으로써 이용자에 대한 통제력 강화를 꾀하게 된다. 그를 통해 수익을 극대화함은 물론이다. 이러한 전략을 표면상으로는 이용자에게 편의를 제공하고 욕구를 만족시키는 과정으로 포장해 홍보한다. 그 홍보 내용이 이용자에게 설득적으로 받아들여지기도 한다. 정당화와 홍보 이면에서 이용자는 상품화 과정에 포섭되고 있지만 그를 인식해 저항하기란 쉬운 일이 아니다. 슬그머니 배경화되기 때문에 이용자는 그를 눈치채지 못한 채 데이터 생산에는 참여하지만 자신의 데이터로부터 소외받는 일을 고스란히 받아들인다.

개인 정보 처리 방침 제2조의 내용은 이를 잘 보여 준다. 이용자에 관한 정보를 저장하거나, 기기의 고유한 정보를 확인하지 못하도록 변환한다는 내용이다. 이는 일견 이용자의 개인 정보 보호에 네이버와 같은 플랫폼 기업이 앞장선다는 인상을 준다. 개인 정보 보호는 이용자 데이터를 실시간으로 축적, 분석하는 플랫폼 기업에 부과되어야 할 최소한의 책임에 불과하다. 문제는 이러한 기술적 처리를 통해 개인 정보 노출과 감시에 대한 공포를 완화하면서 이용자 정보를 상품으로 판매한다는 점이다.[84]

2020년 데이터 3법이 시행된 이후 네이버나 SK텔레콤과 같은 ICT 기업들은 익명·가명 정보를 결합하여 판매할 수 있다. 이용자 데이터 자체가 상품으로 전환됨에 따라 ICT 기업의 자의적인 데이터 전유 활로가 늘어난다. 네이버는 회원들이 검색한 쇼핑, 지역 관련 검색어 정보를 익명 처리한 정보와 특정 지역에 거주하는 회원이 검색한 키워드, 접속 방법을 포함한 정보를 금융데이터거래소에 등록했다(《한겨레》, 2020. 10. 1). 이러한 정보는 금융 회사, 지역 기반 사업자 등에

---

84 4차산업혁명위원회는 2018년 2월 개인 정보의 법적 개념 체계를 개인 정보, 가명 정보, 익명 정보로 구분했다(《한겨레》, 2018. 2. 14). 개인 정보는 이름, 주민 등록 번호, 생체 정보, 영상 등이 포함되거나 다른 정보와 쉽게 결합하여 특정 주체를 확인할 수 있는 정보를 말한다. 익명 정보는 특정 주체의 정보임을 알아볼 수 없도록 처리 작업을 거친 정보다. 이는 추가적인 정보와 결합을 통해서도 재식별이 불가한 통계나 분석 형태의 추상적인 정보를 뜻한다. 가명 정보란 개인 정보 중 정보 주체를 식별할 수 있는 일부 정보를 삭제하거나 대체함으로써 추가 정보 없이는 정보 주체를 알아볼 수 없도록 처리한 정보를 말한다. 다른 정보와 결합하면 다시 식별이 가능한 상태(간접 식별 정보)가 될 수 있는 게 특징이다. 가령 '마포구 백범로 35에 거주하며 식당을 운영하는 42세 남성 김마포 씨'라는 정보가 개인 정보라면 익명 정보는 '서울 거주 / 자영업 / 40대 남성'이고, 가명 정보는 '마포구 거주 / 자영업 / 42세 김○○'라고 할 수 있다(《한겨레》, 2020. 10. 1)

판매된다. 이어 소비자 맞춤형 서비스를 개발하는 데 활용할 수도 있고 개인 정보 처리 기업은 데이터 상품 판매를 통해 수익을 얻을 수 있다. 익명, 가명 처리를 거친 데이터라 하더라도 위험성의 여지는 여전히 남는다. 데이터 판매를 통한 플랫폼 기업의 이윤 창출 과정에서 이용자의 데이터 통제권을 침해하는 일은 언제든 발생할 수 있다.[85] 만약 이용자 정보를 결합한 상품 판매가 해당 정보 주체에 고지되지 않는다면, 이는 플랫폼과 이용자 간 비대칭적 관계를 이용 약관 계약을 통해 정당화하는 또 다른 사례가 될 것이다. 사실 사전 동의 제도는 이용자가 자신의 정보에 대한 통제와 관리 권한을 갖도록 만든 제도다. 그러나 개인 정보 제공 동의서를 제대로 확인하는 일조차 쉬운 일이 아니다. 이용자들이 데이터 처리 과정을 이해하거나 여러 사이트에 산재한 자신의 개인 정보 이용 내역을 파악하기는 더더욱 어렵다. 사전 동의 제도는 오히려 이용자 권익을 챙겨 주는 제도라기보다는 플랫폼 기업에 알리바이를 제공하는 제도라 할 수도 있다. 그를 기반

---

85   개정된 개인정보보호법에서는 가명 처리된 정보를 특정인 확인을 위한 목적으로 재식별할 경우 5년 이하의 징역 또는 5천만 원 이하의 벌금, 전체 매출액의 3% 이내의 과징금을 내도록 하는 조항을 명시해 개인 정보 노출에 따른 피해를 막고자 했다. 그러나 특정 기업이 조직적으로 가명 정보 재식별에 참여했을 경우 법률을 위반한 주체의 범위를 어디까지로 볼 것인지 모호할 뿐 아니라, 처벌 규정도 다소 미흡하다. 또한 이러한 조치가 사후적 규제에 불과할 뿐, 노출된 개인 정보 확산을 막거나 개인 정보 노출 피해자를 구제하기 위한 방안도 부족한 실정이다.

으로 더더욱 플랫폼 기업은 이용자 정보에 관한 통제권을 강화시켜 나가 그를 서비스의 주요 엔진으로 삼으려 한다. 메가플랫폼으로 형태가 이행되면서 이용자 데이터는 정보에서 활용 대상으로 급기야는 판매 대상으로 바뀌기에 이른다. 이용자의 데이터 통제권이 약화하는 만큼 메가플랫폼의 영업권과 수익 편취권은 강화되고 있었다. 그 과정에서 이용자는 대상화되는 것에 불평하는 일도 없을 뿐 아니라 금전적 이익을 챙겨 주는 정보 제공 역할을 스스로 행하고 있다. 데이터 상품이 되어 메가플랫폼의 수익 구조에 최대로 기여하는 존재가 된다. 그를 두고 이용자 상품화 강화라는 말 말고 딱히 동원할 개념은 없었다.

배경화

배경화라는 개념은 모리오카 마사히로森岡正博가 제안하였다. 본래 인공적 산물인 환경이 점차 비가시화되면서 내부의 구성원들이 자신이 통제를 받는다는 사실을 모르게 되거나 그 환경의 존재 자체도 인지하지 못하는 현상을 배경화라고 불렀다. 만들어진 환경을 자연스러운 것으로 받아들여지는 현상을 말한다. 배경화가 잘 이뤄져 자연스러워질수록 구성원은 자신이 통제와 관리의 대상임을 잊는다. 더 나아가 자신이 스스로 욕망하고 그에 따라 능동적으로 환경에 적응하며 산다고 믿는다. 환경에 의해 주어진 피상적인 자유를 경험하면서도 정작 통제 대상으로 존재하는 환경은 잊고 산다(森岡正博,

2003/2005). 기술적 플랫폼 서비스가 이용자들의 욕구에 최대한 부합하는 것으로 받아들여지는 것도 배경화라고 규정할 수 있다. 이용자는 곳곳에 장치되어 있는 광고를 통해 소비 충동을 갖게 되지만 그를 만들어진 환경이며 조건이란 사실을 인지하지 못한다. 당연히 문제 제기는 언감생심이다. 플랫폼 자본인 보유한 기술의 산물이 곧 플랫폼 서비스 환경이라는 사실은 은폐된다. 그럼으로써 이용자들은 플랫폼 환경을 자연스러운 배경으로 받아들인다.[86] 어떠한 개입 없이 이용자들이 자유롭게 활동할 수 있는 공간을 네이버가 제공하고 있다고 믿는다. 네이버가 지닌 여러 서비스들이 포털 내에 밀착되어 존재함으로써 그 같은 배경화는 더욱 강화된다. 이른바 여러 서비스가 단락 없는 흐름flow의 서비스를 제공하는 듯한 느낌을 주기에 더욱 그렇다. 네이버는 오로지 이용자들의 일상 전반에서 오직 이들의 필요에 의해서만 작동하고 반응하는 것처럼 받아들여진다.

메가플랫폼은 더욱 심도 있는 배경화를 이뤄 낸다. 이용자들이 "기술과 도구에 얽매이지 않고 인생에서 더 중요한 일에 몰입"(네이버(주), 2018)하게 함으로써 자연스러운 환경에

---

86   여기에서 말하는 배경화란 본래 인공적 산물인 환경이 점차 비가시화되면서 내부의 구성원이 자신이 통제를 받는다는 사실은 물론, 환경의 존재까지도 인지하지 못하는 현상을 뜻한다. 환경이 자연스러운 것이 될수록 구성원은 자신이 통제와 관리의 대상임을 잊고 욕구에 따라 생활한다. 피상적인 자유를 경험하면서 정작 통제 기제로서의 환경은 잊는 것이다(森岡正博, 2003/2005).

서 정보를 습득하거나 편의를 누리게 한다. 최대한 배경화하는 것이다. AiRS의 소개 문구처럼[87] 기술적 환경은 마치 공기 air와 같이 이용자의 곁에 스며든다. 공기의 들고남을 이용자는 인지하지 못한다. 더욱 중요한 것은 이용자들이 느끼지 못하는 순간에도 공기는 언제나, 그리고 어디에서나 존재한다는 사실이다. 메가플랫폼은 이용자의 편의에 부합하는 환경의 제공만을 담당한다고 자임하며, 배경화되면서 가치를 증식시켜 간다. 가치만 증식되는 것은 아니다. 이용자의 인터넷 이용 활동은 통제 대상이 되고, 네트워크 환경 전역에서 플랫폼이 지닌 영향력은 강화된다. 이 책의 맨 처음 부분에서 언급한 한성숙 대표의 발언, 즉 기술이 중립적이고 객관적이라는 믿음(Bilić, 2016)에 기대어 네이버의 독점적 지배와 가치 증식 기제를 정당화한다. 메가플랫폼은 결코 이용자를 통제하지 않는다고 믿게 만들거나 결코 그런 일은 발생하지 않을 거라며 메가플랫폼을, 그리고 그를 대표하는 자들은 자신 있게 설명한다.

인터넷 공간의 상업화

인터넷 이용 활동 전반을 상품화(혹은 상업화)하는 과정은 최적화된 기술적 환경을 통해 작동한다. 하지만, 기술적 환경은

---

87   https://m.blog.naver.com/naver_diary/220936643956

늘 배경화되기 때문에 쉽게 인식되지 않는다. 검색을 덜하는 것이 검색의 미래라는 한 네이버 담당자의 발언(신무경, 2018)과 같이 검색 필터와 AI 기반 시스템은 정보 획득과 지각의 방식을 변화시킨다(Pariser, 2011/2011). 기술 메커니즘은 오차와 예외의 범위를 줄여 준다. 그렇기 때문에 이용자는 본인의 의도와 관계없이 특정 방향의 정보를 제공받는다. 플랫폼은 알고리즘을 통해 특정한 방향으로 이용자를 인도한다. 물론 인터넷 기업은 그를 자동화된 메커니즘을 따른 결과라고 말한다. 하지만 검색 광고부터 문맥 광고, 상품 추천 시스템까지 네이버의 기술적 역량은 전적으로 광고 수입과 이용자들의 소비 촉진을 위해 활용된다. 이용자의 서비스 이용을 정교하게 상품으로 만들어 내기도 한다. 물론 이러한 상품화 경향은 이용자에 의해서도 강화된다. 앞서 애드포스트의 사례에서 확인했듯이 이용자는 자신의 창작물에 대한 보상을 얻기 위해 다른 이용자를 네이버의 광고 상품 판매에 동원하기도 한다. 이처럼 플랫폼 기업은 기술의 자동화 논리를 활용하여 무의식적 차원의 포섭을 해낼 뿐만 아니라 수익 분배를 빌미로 한 의식적 차원의 포섭을 행한 후 이용자의 자발적 상품화를 유도해 낸다.

한국 인터넷 환경에서 포털이 포털 기능 이상으로 활약하며 주도하는 특수한 현상을 목도하고 있다. 독과점 형성 경향이 강한 포털, 플랫폼 산업의 특성 탓에 디지털 콘텐츠, 전자 상거래와 같은 관련 산업의 네이버 종속은 심화하고 있다.

종속되는 모습을 네이버의 뉴스 서비스를 예로 들어 논의해 보자. 네이버는 '2019 미디어 커넥트 데이' 행사에서 기존 뉴스 서비스를 광고 수익 중심으로 개편하겠다는 계획을 밝혔다. 이에 따라 서비스 초기부터 뉴스 콘텐츠 제공의 대가로 언론사에 지급하던 전재료를 없애고, 네이버는 뉴스 서비스를 통해 발생한 광고 수익을 전액 언론사에 제공하게 되었다. 또한 구독 중심으로 뉴스 서비스를 개편하면서 언론사의 뉴스 페이지 편집권과 직접 광고 영업권을 보장했다. 뉴스 편집과 정치적 편향에 대한 논란에서 벗어나 뉴스 플랫폼의 역할은 유지하되, 플랫폼 내 언론사의 경쟁에 대해서는 관여치 않겠다는 의도로 읽힌다.

네이버는 이러한 개편이 뉴스 품질 경쟁을 통한 플랫폼과 언론사의 상생과 동반 성장으로 이어질 것이라 밝힌 바 있다(〈기자협회보〉, 2019. 11. 12; 〈한겨레〉, 2019. 11. 19). 그러나 이는 자신이 뉴스 유통사로서 지녀야 할 공익적 책임이라는 부담에서 벗어나는 동시에 디지털 뉴스 서비스의 독점적 지배력을 유지시키려는 의도로 보인다. 언론사별 페이지 노출 차별, 뉴스 배열의 불공정성, 뉴스 품질과 언론사 수익 배분과 같은 숱한 논란 속에서도 일반 이용자들은 수년간 네이버를 가장 열독하는 언론 미디어로 꼽아 왔다(〈시사저널〉, 2020. 8. 19). 그런데도 네이버는 자신의 뉴스 관련 업체로서의 지위를 부정하고 지녀야 할 책임을 외면했다. 오히려 이용자 구독 시스템 도입, AI 알고리즘을 통한 뉴스 배열, 광고 수익 배분을 내세워 이러한 논란을 잠재우려 했다. 즉 뉴스 서비스를 통해 수익 창출 효과는 누리면서 자사의 서비스를 둘러싼 논란의 책임은 이용자와 AI, 언론사에 전가해 온 것이다.

네이버가 새롭게 계획을 발표하고 개선을 약속하며 어뷰징 기사에 대한 제재, 전재료 폐지와 향후 3년간 수익 저하에 대한 별도의 보전을 약속한 것은 네이버가 언론사 간 광고 수익 확보 경쟁을 부추겨 왔음을 인정하는 증거일 수도 있다. 네이버가 발표한 계획이 실현된다면 외관상 언론사의 자율성이 늘어날 것으로 예상할 수 있다. 그러나 네이버를 통한 뉴스 유통과 언론사 간 광고 수익 격차가 더욱 심화되면, 거대 언론사를 중심으로 디지털 뉴스 산업의 불균등 발전이 공고화되는 효과가 생길 전망이다. 그럴수록 개별 언론사는 플랫폼에 더욱더 매달리는 모습을 보여 줄 수밖에 없다. 뉴스 서비스는 광고 수익을 위한 콘텐츠 제공 서비스로 변질되고 뉴스의 공적 가치를 포기하면서 상업적 가치를 우선할 여지가 많아진다. 그 같은 전망은 새로운 것이라기보다 지금껏 언론과 플랫폼, 즉 네이버가 거래해 온 경험에 비추어 보면 지극히 상식적이다.

2021년 들어 포털 뉴스를 관리하는 방안을 놓고 사회 각계에서 담론을 생산하고 있다. 어느 안이든 사회 모두를 만족시킬 수 없기도 하겠지만 이미 한 번 헝클어진 그 공간을 고쳐 쓰기란 어렵게 되었음을 모두 실감하고 있다. 포털은 무엇이든 할 수 있다는 입장을 내놓았지만 상업주의를 퍼트린 원

죄로 온 사회가 고생한다는 성찰까지는 이르지 못하고 있다. 자신의 성장과 맞바꾼 공론장 질서 파괴에 대해서는 어떤 식으로든 무한 책임을 느껴야 한다. 한 번 상업주의 병폐로 고통을 받으면 어떤 영역이든 그로부터 영원히 고통받음을 우리는 지금 언론 상황을 보며 배우고 있다.

포털이 저널리즘을 자신의 주요 콘텐츠로 삼은 이래 심각할 정도로 저널리즘의 위기를 맞이했다는 것이 주요 연구의 결론이다. 김위근 등의 연구(2013)에 따르면, 뉴스캐스트의 많은 기사가 이용자의 흥미 유도를 위한 자극적인 내용을 담고 있었다. 이용자 유도를 위해 헤드라인만 선정적으로 바꾸는 반저널리즘적 행태도 이뤄졌다. 뉴스 생산자를 확인할 수 없는 콘텐츠도 다수 등장했고 정보의 신뢰도 또한 떨어졌다고 연구자들은 입을 모았다. 모든 책임을 포털로만 돌릴 수는 없다. 하지만 포털이 뉴스를 전제하기 시작한 이래 이 같은 현상이 두드러졌음에 주목해야 한다. 포털이 처음 등장했을 때 사회가 그에 대해 가졌던 기대 즉 새로운 공론장의 탄생, 대안적 토론의 공간 등은 그 누구도 좀체 입에 올리지 않는다. 메가플랫폼의 큰 덩치는 사회의 기대, 희망을 모두 자신의 상업적 이익으로 변환시킨 결과라 하겠다.

불공정성과 억압적 관용

2020년 10월 공정거래위원회는 네이버가 그동안 쇼핑, 동영상 서비스에서 자사의 이익을 위해 검색 알고리즘을 조작해 온 사실을 적발했다. 2012년부터 자사의 오픈 마켓에 입점한 상품의 노출 비율을 높였다고 한다. 또한 네이버페이와 연동되는 오픈 마켓 상품 노출 제한을 완화했다고 밝혔다. 이어 경쟁 사업자의 상품 노출 기준을 불리하게 적용했다는 이유로 제소했다. 위원회는 시정명령과 함께 과징금 267억 원을 부과했다. 네이버는 해당 논란이 일자 입장을 내놓았다. 이용자의 필요에 맞는 다양성과 최적의 검색 결과 도출을 위한 개선 과정의 일환이라고 반박했다. 공정거래위원회가 일부 사례를 근거로 부당하게 제재를 가한 것이라 해명했다(《연합뉴스》, 2020. 10. 6).

네이버는 줄곧 알고리즘과 AI의 객관성과 공정성을 강조해 왔다. 하지만 위원회는 네이버가 알고리즘 개선에 인위적 개입을 했음을 지적하였다. 과거 이용자들은 포털 서비스가 인위적으로 콘텐츠를 편집한 내용을 수용하였다. 그러나 기술 변화로 인하여 현재 이용자들은 알고리즘의 작동에 의존한 채 서비스를 이용한다. 잘 알려진 바와 같이 AI 알고리즘은 설계자의 문화적, 사회적 배경이나 이해관계와 같은 편향을 반영할 수밖에 없다(Gillespie, 2018; Noble, 2018). 즉 인간에 의한 편집 과정과 구별되는 전적으로 순수한 기술 작동은 존재할 수 없다. 필연적으로 인간 편향이 개입할 수밖에 없다. 그리고 그 개입으로 인해 플랫폼 사업자와 다른 경제 행위자 간의 위계가 발생한다. 온라인 쇼핑몰은 상품 판매와 상품 정보 제공이라는 서비스를 평등하고 공정하게 제공하는 듯 보인다. 하지만 다른 판매자보다 이용자에 더 효율적으로 노출되고자 하는 욕망은 존재하기 마련이고 플랫폼에 한 번 더 비용을 지불하며 의존할 궁리를 하게 된다.

　네이버가 자사의 고객인 경쟁 사업자들을 배제하면서까지 추가 비용 수익을 위해 특정 업체에 유리하게 알고리즘을 조작했는지는 알 수 없다. 그러나 공정거래위원회가 지적한 기간 동안 네이버쇼핑의 거래액과 점유율이 증가한 것은 사실이다. 2015년 3월 12.68%였던 네이버 오픈 마켓의 점유율은 3년 뒤인 2018년 3월 26.20%로 두 배 넘게 올랐다. 거래액 기준으로는 2015년 전체 4.97%에서 2018년 상반기 기준 21.08%로 4배 넘게 증가했다. 동영상 서비스의 경우 2017년 알고리즘 개편 1주일 만에 검색 결과 최상위에 노출된 네이버TV 동영상 수는 22% 증가하는 일이 벌어졌다. 가점을 받은 테마관 동영상의 노출 수 증가율은 43.1%에 달했다. 반면 판도라TV, 티빙 등 경쟁 사업자의 동영상 노출 수는 최대 53.1%까지 급감했다.

　이러한 현상은 결국 오늘날 인터넷 경제에서 정보의 유통 창구를 소유한 측이 가장 유력한 주체가 되고 힘을 쓴 탓에 벌어진다. 정보를 생산하는 역할보다 유통하는 쪽의 힘이 더 세지면서 나타난 결과다. 유무형의 상품 유통 과정을 주도하는 플랫폼에 힘이 집중되어 독과점이 발생하고 다시 플랫폼 사업자의 영향력은 커지는 악순환이 반복된다(van Dijck et al., 2018). 관련 산업 분야의 경제적 행위자들은 플랫폼의 통제로부터 벗어나기가 점차 힘들어진다.

더욱 문제가 되는 것은 이 사례에 대한 사회적 관심이다. 이 고발건을 두고 네이버의 일시적 일탈 행위이거나 일시적으로 이익을 취하기 위한 문제로만 이해하려 한다는 점이 더욱 우려스럽다. 사실 이용자들은 메가플랫폼이 사업자를 종속시킨다는 사실에 큰 관심을 두지 않는다. 그리고 종속시킬 수 있을 만큼 시장을 독과점한다는 사실도 잘 모르거니와 안다고 해도 눈을 감는다. 정보 노출 알고리즘을 조정한다는 비판을 대하면서도 어떠한 시정 요구를 해야 하는지 모를 뿐 아니라 심지어는 이를 인지조차 하지 않거나 문제 삼지도 않고 있다.

　　문제 개선을 위해서는 알고리즘에 관한 인위적 개입 여부나 네이버의 편향성만을 지적하는 것에서 한 걸음 더 나아가야 한다. 그 사안을 대하는 사회적 태도를 문제 삼을 필요가 있다. 알고리즘을 통해 정보의 내용과 유통 방식이 플랫폼 사업자에 유리하게 구성되고 있음은 이용자 차원에서 문제 제기를 해야 한다. 물론 이용자 편의와 객관성을 내세울 뿐 아니라 기술적 환경의 배경화 탓에 통제를 인식할 마땅한 경로가 없다. 이미 플랫폼 사업자와 이용자 간에 비대칭적 권력 관계가 형성되어 있다. 표현과 공유, 소통 활동이 플랫폼에서 이뤄져 모두에게 이익이 되는 건전한 인터넷 문화로 이어지고 있다는 환상이 더 활개친다. 실제로 이용자들은 플랫폼 사업자의 통제에 따라 그들의 이해관계에 부합하는 방식으로 서비스를 이용하고 있을 뿐이다. 개별적 활동 이외에 구체적인 플랫폼 서비스의 작동 방식이나 운영 방침에 이용자들은 개입할 수 없는 한계가 뚜렷하다. 상업적 플랫폼 환경하에서 새로운 형태의 거꾸로 된 '억압적 관용repressive tolerance'[88]이 작동하는 셈이다(Fuchs, 2009b). 그럼에도 불공정 거래는 감시하고 억압적 관용을 떨치는 준비는 이뤄져야 한다. 적어도 그런 일이 이용자에게 얼마나 손해를 끼치는 일인지는 인지하고 있어야 한다. 사업자가 당하는 불공정성이 곧 이용자에게도 전가된다는 예비가 필요하다. 메가플랫폼의 불공정성, 그로 인한 사회문제의 해결을 위해 이용자가 주체가 되지 않는 한 해결은 늘 미봉책으로 그치며 문제는 영원 반복될 수밖에 없다. 지금까지의 외면과 관용을 깨트리는 노력이 이뤄져야 한다.

밈적 확장으로 인한 플랫폼의 독과점과 균질화

최근 국내 메가플랫폼인 네이버와 카카오의 확장 행보는 과거 재벌의 문어발식 경영 행태를 방불케 한다. 서로 맞닿을 수 없을 것처럼 여겨지는 업종과 합종연횡을 벌이며 서비스를 확장해 가고 있다. 메가플랫폼의 완성과 동시에 그런 작업이 벌어지게 된 데는 이용자 정보를 획득하고 활용하는 기술

---

88 권력을 쥔 자가 반대 세력에 대해 제한된 관용을 보여 주는 것을 의미한다. 마르쿠제가 내놓은 이 개념은 권력자가 억압적 관용을 보임으로써 권력을 더욱 안정적으로 만드는 정치적 행위를 가리킨다. 여기서는 이용자가 권력자에게 관용을 보이는 새로운 형태의 관용을 말하기 위해 이 용어를 빌려왔다.

이 큰 몫을 하고 있다. 이용자 정보를 수집, 추적하는 것 자체가 주요 비즈니스가 되었기에 이용자 정보를 얻을 수 있는 사업이라면 모두 문을 여는 적극성을 보인다. 끝간데 없이 서비스가 확장되는 데는 교차 보조cross-subsiduary의 필요성이 강조되기 때문이다. 플랫폼 기업의 작동 기반이 이용자 데이터인 바에야 특정 서비스가 당장 수익을 크게 올리지 못하더라도 데이터를 수집, 추적하기만 해도 기업은 손익 계산에서 긍정적 점수를 줄 수 있다(Srnicek, 2017/2020). 획득된 이용자 데이터는 수익을 올리는 다른 플랫폼 사업에 도움을 줄 수 있으므로 손해 보는 비즈니스라고 단정하지 않는다.

네이버 등과 같은 메가플랫폼 기업의 무한 서비스 확장을 우리는 밈적 확장이라고 부르려 한다.[89] 우리 방식으로 말하자면 밈은 파생형 변이 유전자다. 네이버 안의 플랫폼 서비스들은 이용자 정보를 기반으로 한다는 공통성을 갖는다. 그러나 그 공통성을 제외하면 각자 사업은 전혀 다른 얼굴, 다른 작동 체계를 갖고 있다. 즉 전혀 다른 모습을 하고 있으면서 공통된 유전자를 갖고 있는 사업들의 집합이라고 볼 수 있다. 이는 카카오도 마찬가지다. 밈적 확장은 한국의 메가플랫폼 기업이 갖는 한국적 특성이라고 할 수 있다.[90] 네이버의 기존 서비

---

89 이후 논의에서는 네이버와 카카오를 같이 다루어 국내 인터넷 메가플랫폼이 유사한 서비스를 제공하며 독과점 시장을 형성하고 있음을 밝히고자 한다.
90 구글의 경우 운영 체제(OS)를 기반으로 독점력을 지니고 있다.

스가 데이터 수집과 추적을 기반으로 하는바, 이용자 데이터를 필요로 하는 서비스 사업자로부터의 협업 요청은 더욱 늘어날 것으로 전망한다. 네이버와 카카오의 사업 확장, 밈적인 확장은 더욱 빈번하게 발생할 것으로 보이고 그럼으로써 두 경쟁 메가플랫폼은 균질화된다. 균질화된 서비스를 가진 몇몇 메가플랫폼이 시장을 독과점하는 현상이 예상된다. 서로 같은 모습을 한 개체 간의 경쟁이 가장 치열하다는 상식에 따르더라도 앞으로 두 기업 간 경쟁은 명약관화해진다.

　모바일 환경으로의 전환 이후 두 기업의 행보는 세부적인 차이가 존재하긴 한다. 하지만 그 세부적 차이는 서비스 확장이라는 커다란 유사성을 뛰어넘지 못한다. 시간이 지남에 따라 메가플랫폼의 모습을 갖추면서 애초에 존재했던 세부적 차이는 오히려 줄고 있다. 두 메가플랫폼이 보여 준 세부적 차이의 구체적인 예로 기업 인수 목적이나 O2O 서비스 도입 초기의 사업 방향을 들기도 한다. 네이버는 주로 기술 개선을 목적으로 기업 인수를 진행했다. 반면, 카카오는 시장 점유율 획득을 목적으로 타 기업을 인수하는 경향이 있었다. 음원 스트리밍 서비스 멜론과 내비게이션 어플 김기사 인수가 대표적이다. 네이버는 검색을 중심으로 한 상품 정보 제공 및 전자 상거래 생태계를 구축하는 쪽으로 확장해 나갔다. 반면, 카카오는 카카오톡을 통해 모빌리티 서비스와 오프라인 영역의 O2O 서비스 확장에 더 집중했다. 하지만 핀테크 서비스가 주목받고, 콘텐츠 상품 판매와 구독 경제의 중요성이 커지면서 사정은 달라졌다. 네이버와 카카오가 구축해 나간 플랫폼 생태계는 차이는 사라지고 더욱 닮아가는 중이다. 앞서거니 뒤서거니 닮은 행보가 한두 가지가 아니다.

네이버와 카카오는 웹소설, 웹툰 IP를 활용한 2차 창작물 제작에 비슷한 방식으로 힘쓰기 시작했다. 인기 웹소설을 바탕으로 한 웹툰 제작이나, 웹툰 원작의 드라마 제작을 통해 콘텐츠 상품 판매를 늘리는 추세다. 이와 함께 네이버TV나 카카오TV를 통해 자체 제작한 웹드라마와 웹예능을 공개하며 OTT로서의 입지를 다지고 있다. 온라인 쇼핑 수요가 증가하면서 전자 상거래 생태계를 확대하려는 움직임 또한 나타나고 있다. 코로나19 사태로 비대면 경제 활동이 확산함에 따라 온오프라인의 중소상공인들을 플랫폼 생태계로 끌어들여 이들의 사업을 온라인 기반으로 전환한다. 오프라인 거래가 점차 줄어드는 상황에서 두 기업 모두 안정적인 그리고 유사한 수익 창출 창구를 만들고 있다(《IT조선》, 2020. 11. 22).

네이버와 카카오가 콘텐츠 및 상품 구독 모델의 도입과 핀테크를 활용한 서비스 확대에 나선 행보 역시 유사하다. 이들이 매개하는 재화 거래 행위의 범위는 더욱 늘어나되 비슷한 모습을 보일 전망이다. 카카오는 개인 창작자와 이용자 중심의 콘텐츠 구독 플랫폼과 가전 기기, 가구, 화장품의 대여와 정기 배송 서비스를 제공하는 상품 구독 모델의 도입 계획을 발표했다. 콘텐츠 게시와 상품 정보의 열람부터 계약과 결제에 이르는 모든 과정을 카카오톡을 통해 이뤄지게 하는 시스템이다

《데일리안》, 2020. 11. 28). 네이버는 뉴스 서비스를 중심으로 구독형 지식 플랫폼 도입과 음원 스트리밍, 웹툰, 웹소설 등 자사의 콘텐츠 서비스를 연계한 구독 멤버십의 확대를 예고했다. 디지털 광고 시장의 규모가 한정적인 상황에서 구독 서비스의 도입은 예견된 결과였다. 임대 및 구독 모델을 통한 수익과 부분 유료화를 통한 소액 결제, 수수료 등 직접 과금 모델은 점차 불안정한 광고 수익을 대체할 것으로 보인다(Srnicek, 2017/2020). 그로써 무료로 제공되는 정보에 대한 접근성을 대가로 막대한 광고 노출에 시달리던 이용자들은 점차 일정 금액의 지불을 통해서만이 플랫폼 서비스에 접근할 수 있을 것이다. 메가플랫폼이 마련한 유사 시스템에 맞추어 이용하고, 지불하는 유료 거래 안에 맴돌 처지가 예상된다.

네이버와 카카오는 구체적으로 금융 서비스 분야 확대를 꾀하고 있다. 금융계에서는 이를 두고 '빅테크의 공습'이라고 칭한다. 네이버는 네이버파이낸셜을 증권, 보험, 대출 등의 서비스를 제공하는 종합 자산 관리 플랫폼으로 발전시키겠다는 계획을 밝혔다. 네이버파이낸셜은 소액 후불 결제 대상 기업으로 선정되었다(《한국금융》, 2021. 3. 29). 모바일폰이나 온라인 쇼핑 결제와도 연동되어 쉬운 접근성을 갖고 있다. 또한 온라인 소상공인에게 사업자 대출도 제공하고 있다. 카카오 인터넷 전문 은행으로 인가를 받은 카카오뱅크와 카카오페이 증권을 설립한 이후 카카오는 독자적인 디지털 보험사 설립을 꾀하고 있다(《한국경제》, 2021. 3. 3). 여기에 더해 블록체인 기술과 간편 결제 서비스를 연계해 신분증, 자격증, 증명서를 카카오톡에서 관리하는 모바일 지갑의 도입을 예고했다. 전문가들은 네이버는 기존 금융사와 협업을 바탕으로 이 사업에 진입하고 있으며, 카카오는 직접 사업을 벌이는 쪽을 택했다며 둘 간의 차이를 설명한다. 어느 쪽이든 이용자 정보를 적극적으로 활용하며, 다양한 서비스로 이용자를 플랫폼 공간 내에 묶어 내며, 새로운 기술인 인공 지능을 활용한다면 금융 시장에서 큰손이 되는 것은 시간문제인 것으로 보인다. 네이버, 카카오가 모든 뱅킹 서비스를 선보이는 슈퍼 금융 플랫폼으로 성장할 것이라는 예측도 전문가들은 내놓고 있다 (삼정KPMG 경제연구원, 2021).

국내의 유력 메가플랫폼은 참으로 유사한 행보를 보여 왔다. 각각이 구축한 플랫폼 생태계가 닮은 듯이 비슷한 탓에 이들 간 경쟁은 더욱 격화될 것으로 예상된다. 시장을 독과점하는 메가플랫폼의 균질화는 이용자에게 어떤 형태로든 보탬이 될 가능성이 적다. 시장의 독과점화는 신규 사업자의 진입을 막는 것은 물론 담합 등을 통해 경쟁력을 유지하려 할 것으로 예상된다. 실제로 소상공인이 감당하기 어려울 만큼 광고비를 올리고, 과도하게 경쟁을 유발하기도 한다(《이코노미스트》, 2020. 2. 17). 그러나 뭐니뭐니 해도 가장 우려스러운 부분은 사회 전 영역(언론, 여론, 커뮤니티, 블로그, 이메일, 번역 등)이 독점적 메가플랫폼에 의존한다는 점이다.

공공성을 가져야 할 인터넷 공간이 상업적 공간으로 바

꾀고, 공공 영역을 주도해야 할 시민은 인터넷 사업의 객체가 되거나 데이터 수집과 포획의 대상으로 바뀌는 시간을 맞고 있다. 객체가 되면서 이용자는 자신의 이용 데이터 등으로부터 소외되는 경험을 한다. 그 시간을 주도하는 인터넷 내 메가플랫폼 사업자들은 자신을 공백이거나 중립적인 기술적 존재로 규정한다. 그리고 사회가 그렇게 받아들이도록 자신의 존재를 숨긴다. 그러면서도 메가플랫폼 없이는 사회가 돌아갈 수 없을 정도로 전 제도에 사업적으로 개입하고 각 분야의 시장을 독과점해 간다. 독과점으로 인해 신규 사업자의 시장 진입은 거의 불가능해졌다. 시장 질서는 지배적 지위를 차지한 메가플랫폼에 의해 좌우될 가능성이 커졌다. 이용자의 선택지는 좁아졌고, 좁아진 만큼 메가플랫폼을 통제할 수 있는 가능성도 줄어들었다. 메가플랫폼과 이용자 간 관계는 지배 착취 관계로 노골화되진 않지만 지배적 생산자와 종속적 이용자라는 관계로 고착화된다. 그럼에도 지배적 생산자인 메가플랫폼을 견제하고 감시할 장치는 잘 보이지 않는다. 공정 거래, 독과점 등을 국가가 지적하지만 그런 지적 이상으로 국가로부터 정책적 배려를 받아 왔고, 지금도 그 같은 우대를 받고 있다. 그 같은 우대를 기반으로 한국 자본주의 사회를 견인할 새로운 사업으로 인정받기도 한다. 오히려 국가는 메가플랫폼이 지배적 지위를 공고히 하도록 돕는 역할을 하는 것처럼 보인다.

이상은 사내 벤처 기업이던 네이버가 메가플랫폼이 되어

서 지금 만들어 내고 있는 사회적 효과의 단면들이다. 앞서 여러 논의에서 살펴보았듯이 언론, 이용자가 생산한 콘텐츠, 국가의 인터넷 인프라 구축, 이용자의 이용 정보를 토대로 포털에서 메가플랫폼으로 성장해 왔다. 그러나 그 성장 과정은 자신을 더욱 굳건한 독점적 지위에 머물게 하는 과정에 지나지 않았다. 성장 과정에서 활용했던 영역에 되돌려 주는 분배적 정의는 발휘된 적이 없었다. 영리 추구라는 목적적 합리성의 발휘로 발생하는 합리적 비합리성(독점, 상업화, 상품화, 기술로 변명한 은폐 등등)에 대해서는 메가플랫폼은 침묵해 왔다. 메가플랫폼이 사회적 공장으로 활용하며 대상화하는 한국 사회조차도 그에 대해서 큰소리를 내지 않은 채 바라보고 있다. 그런 탓에 메가플랫폼은 오늘도 더 많은 영역을 대상화하고, 포섭하며, 더 너른 영역으로 진출하며 그 몸집과 영향력을 키우기에 여념이 없다.

7장

플랫폼의
사회화

중국과 미국발 글로벌 플랫폼 생태계 형성으로 인해 경제적 권력이 거대 플랫폼으로 집중되고, 그들의 정치적, 사회적 권력 또한 확대되고 있다. 2020년 8월 기준 세계 시가 총액 상위 10개 기업 중 7개가 플랫폼 기업(애플, 마이크로소프트, 아마존, 알파벳, 페이스북, 텐센트, 알리바바)이다. 이들의 시가 총액은 8조 2,327억 달러에 이른다.[91] 캘리포니아 이데올로기[92]를 바

---

91 http://www.mrktcap.com/index.html

92 캘리포니아는 1960년대 히피 문화를 경험한다. 히피 문화는 자유주의적 개인 주의를 표명하며 반전, 평화 운동에 나서며 진보적 성향을 보인 경험이었다. 1990년대엔 실리콘 밸리의 IT 기술 혁명 시대를 맞이한다. 이 시대를 맞아 1960년대의 히피 문화의 진보성은 사라지고 경제적 의미에서의 자유주의, 즉 시장 독점, 기업 통합을 통한 이윤 창출의 합리화를 옹호하게 되는바, 이를 캘리포니아 이데올로기라 부른다(Barbook & Cameron, 1996).

탕으로 자유주의를 체현한 이들은 개인의 자유와 기업 영리 추구 자유를 동일시해 왔다. 그에 기반해 네트워크 환경의 탈규제를 요구해 왔다(신현우, 2019). 이들의 요구는 받아들여졌다. 경쟁과 균형의 조정은 전적으로 시장에 던져졌다. 그로 인해 시장 실패와 다름없는 5개 메가플랫폼 기업의 독과점 형성이 이뤄진다. 물론 중국의 메가플랫폼 형성은 전혀 다른 정치경제적 조건에서 이뤄졌다. 중국 정부는 외국 플랫폼 기업들에 철저한 검열을 고수해 온 반면 텐센트, 알리바바와 같은 기업은 비호에 가까운 보호를 기반으로 안정적 시장 점유율을 확보하게 해 주었다. 계획 경제 체제의 유산이 남아 있는 중국 경제에 실리콘밸리식 자유주의 모델을 도입한 집단적 혁신을 국가 정책으로 실행해 왔다(Van Dijck et al., 2018). 미국과 중국이 경쟁적으로 — 그러나 서로 다른 방식으로 — 글로벌 플랫폼 생태계를 형성해 나가면서 전 세계 산업 구조는 그 생태계의 닮은꼴로 재편되고 있다.

네이버와 카카오를 중심으로 한 국내 플랫폼 생태계도 글로벌 플랫폼 생태계와 유사한 모습과 특성을 보인다. 코로나바이러스 팬데믹이라는 미증유의 시간을 맞으면서 2021년 4월 기준 메가플랫폼인 네이버와 카카오는 국내 기업 시가총액 순위 4위와 6위의 거대 기업으로 변모했다(《한국경제》, 2021. 4. 16). 2021년 네이버와 카카오의 시총은 각각 64조 원, 약 53조 원에 달해 현대자동차, 삼성SDI를 넘어섰다. 물론 국내 메가플랫폼이 아무리 성장한다고 하더라도 글로벌 플랫폼인 구글과 단순 비교할 순 없다. 둘 간의 양적인 규모 차이 때문만은 아니다. 구글이 플랫폼 생태계에서 점하는 위치 탓이다. 앞서 언급했던 바와 같이 플랫폼 생태계는 다양한 종류의 플랫폼으로 구성되어 있다. 인프라로서의 핵심 플랫폼부터 일부 기능을 제공하는 분야별 플랫폼에 이르기까지 다양한 층위를 이루고 있다. 구글은 모바일 제품 전반에 들어가는 OS로 플랫폼을 구축, 독점하고 있다. 구글이 모바일폰 OS 시장을 점유하는 이상 네이버와 카카오는 구글에 비해 상대적으로 분야별 플랫폼에 머물 수밖에 없다. 구글의 위력에 미치지는 못하지만 국내의 메가플랫폼도 국내외에서 다양한 플랫폼 생태계 구축을 꾀하며 그 영향력을 키워 가고 있다. 국내 메가플랫폼은 경쟁하듯 서로의 사업을 모방해 가며 그 위용을 키우고 있다. 그리고 국내 산업 구조 또한 플랫폼 방식으로 조정되어 가는 모습을 띤다. 쿠팡, 배달의민족, SSG, 타다의 등장과 성장은 우연이 아니다.

국내 인터넷 산업의 표준화된 플랫폼으로 볼 수 있는 포털 서비스는 거대 플랫폼에 이르기까지 몇 번의 변화를 거듭해 왔다. 네이버는 포털 서비스의 변화를 선도해 왔다. 네이버의 과거와 현재는 한국 인터넷 산업의 역사적 증거. 동시에 한국의 포털 서비스가 지녔거나 또 지닌 특성을 드러내는 대표 선수다. 그런 점에서 포털 서비스의 지속적인 변화를 잘 살펴보는 일은 중요한 의미를 지닌다. 그 변화를 살피면서 그 변화에 영향을 미친 요인을 살펴보면 한국 인터넷 산업을 공시적이면서 통시적으로 이해할 그림을 만들어 낼 수 있다. 이 책은 그 그림을 그려내기 위해 역사적 제도주의라는 접근법을 채택했다. 한국 사회의 외부 요인(글로벌 경제, 인터넷 기술)과 내부 요인(정책, 지원 및 규제), 그리고 인터넷 산업의 자본 증식, 영리 추구 목적을 위한 합리적 선택, 그리고 인터넷 이용자의 참여 등을 포털 기업이 제도화되는 데 기여한 요인으로 선정하였다. 그리고 그 요인들이 시간의 흐름에 따라 서로 어떻게 관계를 맺는지를 추적하였다.

한국의 포털 서비스의 변화를 추적해 본 결과 변화를 추동한 힘을 크게 네 가지로 추릴 수 있다. 그 첫째로 20세기 후반부터 시작된 초국가 정보자본주의의 발흥과 그에 대한 한국의 대응을 들 수 있다. 우선 한국 정부는 외부에서 벌어지는 자본주의의 변화를 국가적 정책으로 대응하였다. 특히 뉴밀레니엄을 전후해서 벌어지는 세계 자본주의 질서의 변화를 정보자본주의로의 변화로 대하면서 ICT 산업을 미래 산업으로 지목하고 그를 적극적으로 육성할 대책을 세운다. 산업화 시대의 후발 자본주의 국가로 스스로를 규정한 후 '산업화는 늦었지만, 정보화는 앞서가자'라는 구호를 내세웠다. 정보 통신 산업의 육성을 꾀한 일은 당연한 수순처럼 보인다. 정권의 성격과 관계없이 정보 통신 산업의 발전이 곧 국가의 발전, 국부의 증대라는 인식을 사회에 퍼트렸다. 정보 통신 산업을 지원하는 정책은 끊이지 않고 지속되었다. 초고속 정보 통신망 구축 사업부터 'Cyber Korea 21,' 'e-Korea Vision 2006,'

'창조경제,' '4차 산업 혁명'의 강조까지 정보의 산업화와 산업의 정보화로 대표되는 국가 정보화 정책의 기조를 유지해 왔다(강상현, 2018). 국가는 높은 자본 집중도를 보이는 초기 산업 형성 단계에 적극 개입하며 정보 통신 인프라 구축을 지원하였다. 국내 인터넷 기업의 등장과 발전이 가능한 환경을 조성했다. 벤처 산업의 지원과 금융 규제의 완화 역시 국내 인터넷 산업의 자생적인 형성 토대로 작용했다. 이처럼 국가의 정책적 지원이 혁신적인 신산업 분야의 발전에 큰 기여를 했다(Jacobs & Mazzucato, 2016/2017). 국가 주도의 정보 통신 산업 육성 경향은 디지털 뉴딜 정책이라는 이름으로 최근까지 이어지고 있다.[93]

93 정보 통신 산업의 형성 과정에서 나타나는 국가의 정책적 개입은 한국만의 현상이 아니다. 국가는 기술 혁신과 상용화를 담당하는 주도적인 행위자로서 광범위한 공공 투자를 통해 시민 사회, 자본과 함께 기술의 사회적 의미를 구성한다. 정부의 인내 자본patient capital은 기술 상용화 초기 높은 자본 집중도의 위험을 떠안고 인프라 구축과 기초 연구 등 시장의 기반을 마련하는 데 활용되었다. 실제로 미국의 경우 1960년대부터 1990년대에 이르기까지 컴퓨팅, 정보 통신 기술, 인터넷에 막대한 투자를 감행해 왔으며 이와 관련한 민간 분야의 시장과 산업은 국가가 기술 혁신의 방향을 설정한 후에야 형성될 수 있었다(Jacobs & Mazzucato, 2017). 즉 자본주의 시스템의 내적 발전이나 모순에 의한 정보자본주의로의 자동적 이행, 또는 일부 선도적이고 영웅적 기업에 의한 산업 패러다임 변화에 대한 믿음은 착각에 가깝다. 오히려 기술 인프라와 시장에 대한 국가의 개입 목적과 방식에 따라 기술에 대한 사회적 상상은 변화할 수 있다. 물론 그러한 상상력의 실현은 대개 현대 자본주의 사회의 지배 계급(거대 자본, 기술 관료)의 이해관계에 부합하는 형태로 현실화되어 왔다.

둘째, 인터넷 산업 내부도 외부의 정보자본주의의 진전, 국가 정책에 반응하거나 혹은 국가 정책에 기대면서 변화를 꾀하였다. IT 버블의 붕괴, 웹2.0 담론의 확산, 모바일 환경으로의 전환이라는 외생적 사건들은 인터넷 산업 전반을 결정적으로 변화시켰다. 구체적으로는 인터넷 산업 내부의 독과점적 경향이 심화되면서 인터넷 기업의 다양한 서비스 분야를 포털 서비스가 대거 통합시켜 나갔다. 자본 증식을 목적으로 하는 기업으로서는 그를 목적적 합리성의 발휘라고 규정한다. 합리성 발휘로 인해 포털 기업은 인터넷 기업을 대표하는 지위에 이르렀고, 메가플랫폼 기업으로까지 성장하기에 이르렀다.

포털의 합리성 발휘의 밑바닥에는 그 대상이 되어 준 사회적 제도가 존재했다. 포털 초기 콘텐츠 부족의 시기에 언론사의 기사 콘텐츠는 포털 방문의 효자 노릇을 해 주었다. 제공한 콘텐츠 대가 지불이 있긴 했지만 포털의 성장에 결정적 밑거름 역할을 했다. 지식iN 서비스는 포털 서비스의 신기원을 이룬 사건이지만 그 바탕에는 이용자 간 문답이 존재했다. 정보 검색의 중요 자원으로 블로거 제공 콘텐츠도 큰 역할을 했다. 뿐만 아니라 아마추어 생산자의 창작물도 포털의 성공에 기여한 바가 크다. 포털이 메가플랫폼이 되었을 때는 이용자 정보가 주요 자원이 되어 주었다. 언론사, 이용자, 그리고 블로그 등과 같은 자발적 콘텐츠 제공자, 아마추어 창작자의 기여에 포털의 성장이 힘입은 바가 컸다. 합리성의 발휘라는 이름 아래서 늘 숨겨지지만 언제나 기억해야 할 만큼의 기여를 한 제도들이 존재하고 있었다. 결코 인터넷 기업 혼자만의 힘으로 이뤄 낸 일은 아니었던 셈이다. 괄목할 만한 기여를 한 다양한 제도를 지운다는 비판을 뒤로 흘리며 포털 사업자는 자본 증식과 이윤 추구라는 목적 달성에 부합하는 합목적적 합리성을 최대한 발휘하며 국내외에서 영향력 있는 기업으로 성장하기에 이른다.

셋째, 네이버와 같은 지배적 행위자의 지속적인 서비스 개선과 확장에 호응한 이용자의 적극적인 포털 이용이라는 요인을 들 수 있다. 검색 이용에 머물지 않고 다양한 서비스 이용을 포털 내부에서 행함으로써 포털 이용이 곧 인터넷 이용이라는 등식으로까지 이어지게 했다. 검색을 넘어서 게임, 쇼핑, 웹툰 등과 같은 콘텐츠 이용은 포털 서비스를 넘어서는 종합 인터넷 서비스가 되는 데 기여를 했다. 그리고 이용자는 포털에 대한 의존도를 높여 가며, 포털 안에서 인터넷 관련 이용을 완결시켜 가는 습관까지 형성하기에 이른다. 이용자는 스스로 콘텐츠를 만들어 올리며 인터넷 사업을 풍성하게 해 주는 보조 역할을 해내기도 했다. 국가의 정보화 교육 등은 이 같은 서비스 이용과 습관 형성에 큰 몫을 했다. 이 과정에서 이용자는 서비스 개선과 콘텐츠 및 데이터 생산을 담당하기도 했지만, 광고 수익을 위한 자원으로 활용되어 인터넷 사업의 이윤 창출을 가져다 주었다. 이용자의 더 적극적인 이용으로 네이버 등은 더 많은 이용자 정보를 갖게 되었고, 그럼으로써 더 많은 서비스를 만들었고 궁극적으로는 플랫폼, 메가플랫폼을 만들 수 있었다. 포털 서비스인 네이버와 이용자 간의 적극적인 ― 그러나 비의도적인 ― 관계로 인하여 포털 사업자가 플랫폼 사업자로의 성장이 가능해졌다. 이 같은 요인들에 힘입어 포털 사업은 변화를 거듭하였지만, 그 변화 때마다 포털의 이용자 활용 방식은 조금씩 달랐다.

　네 번째, 정부와 시민사회는 포털에 대해 호의적 태도를 보였다. 글로벌 시장에서의 메가플랫폼은 정부의 보호 아래 성장할 수 있긴 했지만 그 영향력이 막강해짐에 따라 오히려 제재를 받기에 이른다. 2019년 미국에서는 애플, 구글, 아마존, 페이스북의 반독점법 위반에 대한 조사가 시작되었다. 광고 시장 독점과 기업 인수를 통한 시장 독점 의혹이 이유였다. 2020년 10월에는 자사 어플 선탑재 및 검색 시장 장악 시도 등의 이유로 구글에 대한 미 법무부의 소송이 제기되었다 (《서울경제》, 2020. 10. 21). 중국 정부는 2020년 11월 플랫폼 반독점 규제 지침을 발표하였다. 공정한 경쟁을 위한 범정부 협의체를 설치해 중국 내 4대 플랫폼 기업(알리바바, 텐센트, 메이투안, 징둥)에 대한 견제를 예고했다. 실제로 알리바바의 대표 마윈 회장이 중국 금융 당국을 비판한 이후 알리바바의 핀테크 계열사의 기업 공개(IPO)와 상장이 중단되기도 했다(SBS CNBC, 2020. 11. 23). 이러한 사례는 메가플랫폼의 영향력이 사회를 위협할 만큼 커졌음을 방증한다. 기술 환경의 운영과 경제적 지배 구조 면에서 유사한 두 독과점 플랫폼 생태계에 대해 미국과 중국이라는 양극단의 정치 체제가 동일한 행보를 보이고 있다(van Dijck et al., 2018).

국내 포털의 불공정 거래 사례에 대한 정부의 제재가 있긴 했지만 포털을 경계한다든지 그를 감시하는 예는 없었다. 시민 사회 역시 과거 특정 방송사나 신문사에 대해 불매 운동, 거부 운동을 펼쳤던 것에 비하면 인터넷 사업자에 대한 태도는 의외로 호의적이었다. 미디어 운동을 벌이는 측에서도 간혹 뉴스 관련 알고리즘에 대한 불평이나, 언론을 지나친 상업주의로 몬다는 지적을 했지만 집단 행동으로 그를 성토하는 일은 없었다. 국내의 메가플랫폼이 중립적인 정체성을 표명하고 정치적 논란으로부터 멀찌감치 서려는 노력을 벌여 온 결과다. 그런 분위기 탓에 불공정 거래로 제재를 가하자 '토종' 포털을 지켜야 한다는 논조를 펴는 언론도 있었다. 정부도 미국이나 중국처럼 보호주의라는 슬로건을 내걸진 않지만 메가플랫폼의 크기나 영향력에도 불구하고 적극적인 규제를 가할 준비를 하고 있지는 않은 것 같다.

이 책에서는 포털 서비스에 대한 경험적 조사를 통해 포털 서비스가 종합 포털에서 플랫폼형 포털로, 다시 메가플랫폼으로 변화했음을 보여 주었다. 그렇게 포털이 모습을 바꾸어 가는 동안 네이버는 한국 인터넷 서비스 산업을 선도했으며 때론 시장의 지배자로 군림해 왔다. 네이버의 지배자로의 등극 의미는 소규모 검색 엔진 제공 업체에서 거대 ICT 기업으로 변모했다는 사실에 그치지 않는다. 네이버는 1990년대 후반 신경제의 형성과 함께 등장했다. 그러다 인터넷 서비스 산업의 변화를 선도하며, 한국 자본주의의 성격을 정보자본주의로 옮겨 가게 하는 데 주도하는 존재로 우뚝 선다. 특히 2010년대 이후 한국 사회가 ICT 산업에 의존하고 그에 새로운 희망을 거는 등의 문화가 형성되는 데는 포털 서비스의 공이 컸고, 특히 네이버의 다양한 서비스 운영 전략이 큰 몫을 해냈다.

이 같은 변화, 그리고 변화에 영향을 미친 주요 4요소 논의가 시사하는 바가 크다. 네이버 등과 같은 포털 서비스의 성장을 시장 내 행위자 간 경쟁이나, 네이버의 혁신적 서비스 도입의 결과로만 이해해서는 안 됨을 알려 준다. 네이버의 성공에 관한 좁은 관점의 견해는 너무 많은 것들을 망각하게 하는 효과를 낸다. 우선 소규모 검색 엔진이 국내 최대 플랫폼 기업으로 거듭나기까지 작용한 정책적, 경제적, 사회적 맥락을 가리게 된다. 국가의 정책적 기여, 인터넷 산업의 결정적 전환점 이후 네이버가 얻은 외부 효과나 반사 이익, 무료로 제공되는 서비스 이면에서 지속된 이용자들의 기여 또한 네이버의 변화, 성장에 결정적 역할을 해냈다. 이처럼 네이버 성장의 중심에는 한국 사회의 특수한 맥락에 따른 여러 사회적 제도의 기여가 있었다. 국가, 산업, 이용자, 사업 주체 모두가 그 성장으로부터 혜택을 누리는 방안을 모색하기 위해서는 사회 제도 전반이 기여한 바에 대한 논의가 필요하다. 따라서 플랫폼 사업자의 지위와 사회적 책임에 대한 물음이 시급하게 이뤄져야 한다. 메가플랫폼에 이르기까지 작용한 다양한 요소들의 사회적 기여를 제대로 정리하고 이어 플랫폼 서비스의 사회에 대한 책무를 규정할 필요가 있다.

표 13은 네이버 서비스의 변화, 변화 국면에 맞춘 서비스 형태, 이윤 창출 방식, 새롭게 등장한 서비스 등을 요약하고 있다. 앞서 밝힌 바와 같이 포털은 종합 포털에서 플랫폼형 포털을 거쳐 메가플랫폼으로 모습을 바꾸어 가며 사업을 정착시켜 갔다. 2000년 IT 버블의 붕괴, 2006년 웹2.0 패러다임의 출현, 2011년 이후에 있었던 모바일 경제 형성 등이 포털 서비스의 변화에 직접적인 원인으로 작용했다.

포털 서비스의 초기 제도화 단계인 종합 포털 시기부터 메가플랫폼 시기에 이르기까지 네이버는 서비스 분야를 지속해서 확장시켰다. 지식 검색, 통합 검색, 게임 서비스 등 온라인 공간의 활동만을 매개하던 포털 서비스는 이용자의 자발적 참여와 이들이 생산한 콘텐츠의 활발한 공유를 장려하였고 이어 금융, 개인 커뮤니케이션, 등 일상적인 미디어 이용 활동까지 포괄해 나갔다.

네이버의 변화에서 확인할 수 있었듯이 포털은 정보를 제공하는 역할에서 환경을 제공하는 역할로 변신했다. 그로써 포털 서비스 내에 이용자가 직접 참여하고 활동할 수 있는 영역은 확대되었다. 서비스 기능의 비대화로 설명할 수 있는 네이버의 변화는 곧 플랫폼 기업의 이윤 창출에 필요한 자원의 변화였다. 수익을 효율적으로 증대할 수 있는 방향으로 서비

표 13. 네이버 서비스의 변화

명칭	종합 포털	플랫폼형 포털	메가플랫폼
결정적 전환점	IT 버블 붕괴	웹2.0 담론 확산	모바일 네트워크 환경 보편화
시기	2000~2005년	2006~2010년	2011년 이후
이윤 창출을 위한 주요 수취 대상	이용자 규모, 검색 활동	이용자 생산 콘텐츠 및 콘텐츠 공유 활동	일상적 인터넷 이용으로부터 추출한 이용자 데이터
수익 창출 수단	광고(디스플레이, 검색), 온라인 게임(한게임), 전자 상거래 수수료	광고(디스플레이, 검색), 온라인 게임(한게임), 전자 상거래 수수료	광고(디스플레이, 검색), 라인(게임, 광고), 전자 상거래 수수료, 콘텐츠 서비스, 핀테크(네이버페이 등), 클라우드 및 오피스 툴
주요 광고 방식	디스플레이 광고, 검색 광고	문맥 광고	AI 추천 광고
주요 서비스	지식iN, 통합 검색, 온라인 게임, 전자 상거래 서비스	블로그, 웹툰, API 공개	핀테크 서비스, 전자 상거래 플랫폼, 콘텐츠 플랫폼, 인스턴트 메신저 라인, AI 기반 서비스
포털의 서비스 범위	좁음	→	넓음
정보의 내용에 대한 포털의 개입 범위	넓음	→	좁음
이용자 활동 범위 혹은 이용자 데이터 축적 범위	좁음	→	넓음
주요 특성	1. 가입자 규모 확대를 위한 서비스 확대 2. 검색 활동의 상업적 활용 3. 타 기업에 대한 배타적 폐쇄성 심화	1. 이용자 간 참여, 공유 서비스의 도입 2. 콘텐츠 생산, 공유 활동의 상업적 활용 3. 이용자 콘텐츠의 상품화 4. 폐쇄적 개방성 등장	1. 플랫폼의 온오프라인 활동 매개 2. 서비스 분야별 독자적 플랫폼 생태계 3. 이용자 데이터의 상업적 활용 확대 4. 광고와 정보의 경계 소멸 5. AI 기술로 인한 정보 검색 및 획득 방식의 변화 6. 폐쇄적 개방성의 심화 및 이용자 데이터 통제권 약화

스를 확장했고, 그럼으로써 매 시기마다 수익 창출 방식을 바꾸었다. 그 시작 단계에서는 이용자 규모를 확대해 광고 수입을 확보하려 하였다. 네이버는 점차 광고 게재 영역을 늘려 직접적인 이용자 활동이 이루어지는 공간을 만들고 그로부터 이윤을 취하고자 하였다. 현재에 이르러서는 이용자의 검색 활동이 곧 광고에 노출되는 것과 비슷한 의미를 띠게 되었다. 그와 더불어, 이용자가 생산한 콘텐츠와 이들의 미디어 이용 활동에서 발생하는 데이터를 광고 상품 판매를 위한 기본 자원으로 활용하고 있다(김동원, 2015). 그리고 이용자 데이터에 기반해 무한 확장적으로 새로운 서비스를 제공하고 서비스를 통해 무한 수익 창출을 꾀하고 있다.

네이버의 지속적인 변화에도 불구하고 유지되어 온 국내 포털 서비스의 특성 세 가지가 존재한다. 첫째는 포털 기업의 성장 단계 변화 과정에 이용자 콘텐츠, 언론 콘텐츠 그리고 이용자 정보가 적극 활용되었다는 점이다. 둘째는 포털 내부에서의 서비스 비대화 혹은 서비스의 확장이다. 포털 혹은 플랫폼 안에 플랫폼을 설치해 사일로형 플랫폼siloed platform을 형성한 점이다. 이 같은 확장은 세 번째의 특성, 즉 포털 서비스의 폐쇄적 서비스 운영으로 이어진다.[94] 포털 서비스로 진입하게 되

---

94   투자자이며 징동닷컴JD.com의 소장인 알렉산더 크레머Alexander Kremer (2018)는 독과점을 해내고 있는 중국 메가플랫폼의 등장 이유로 세 가지를 들고 있다. (1) 빠른 시간 내에 이뤄진 기술 혁신과 그 응용으로 인한 경쟁 과다, (2) 시장에

면 그 안에 일상생활과 관련된 대부분의 서비스가 존재하므로 그 안에 머물게 된다. 포털 서비스의 제도화 초기부터 이러한 성격을 지니고 있었지만 네이버는 이 특성을 자신의 독자적 서비스에 활용하여 독점적 지위를 확보하고 더욱 강화해 왔다. 네이버는 표면적으로는 개방적인 모습을 연출한다. 그 이면에서는 폐쇄적인 서비스 환경을 구성하여 이용자의 네이버 종속을 유도하고, 네이버 공간을 벗어나지 않도록 단속하며 지속적으로 이윤을 축적했다. 오늘날 네이버가 네트워크 환경 전반을 독자적인 플랫폼 생태계로 구성할 수 있게 된 것은 이러한 한국 포털 서비스의 특수성에서 비롯되었다. 그 결과 콘텐츠와 데이터 생산 활동의 외주화(즉 이용자가 콘텐츠와 데이터를 생산하게 하는 일)와 축적된 데이터의 독점적 사유화는 네이버의 가치 증식을 떠받치는 기둥으로 작용해 왔다.

네이버의 폐쇄적 서비스 제공 방식, 그리고 서비스 창구의 증식 방식은 이윤 창출, 자본 증식의 목적에 부합하는 합리성의 발휘라 할 수 있다. 하지만 그 합리성의 발휘는 인터넷 공간에 대해 가졌던 사회적 상상, 즉 인터넷 공간이 우리에게 선사할 것이라는 의사소통적 합리성과는 어긋난 길이었다. 아울러 자본주의 사회 내 공장에서 벌어지는 본원적 착

대한 느슨한 정부 규제, (3) 손해를 보더라도 고객에 필요하다고 여겨지는 부분을 지속 운용 등이 메가플랫폼을 형성하게 되었다고 밝힌다. 플랫폼과 관련해서는 한국과 중국이 유사성을 지닌 듯하다.

취 형태는 아닐지라도 지대나 수수료의 형태로 이용자로부터 이윤을 수취하는 이차적 착취 형태를 취한다(Cole, 2017). 합목적적 합리성을 더 영리하게 취하면 취할수록 착취의 방식은 정교해지고, 인터넷 공간에 대해 가졌던 이상으로부터도 더 멀어져 갔다.

인터넷 공간이 점차 상업적 공간으로 바뀌는 것은 인터넷 사업자의 합목적적 합리성 발휘의 효과다. 상업적 공간이 되어 갈수록, 공공 영역에서 사회적인 것을 도모해야 할 시민은 인터넷 사업의 객체로 전락한다. 혹은 데이터 수집과 포획의 대상으로 바뀐다. 상업주의적 사업과 공간의 객체가 되면서 이용자는 자신의 이용 데이터 등으로부터 소외된다. 혹은 인터넷 사업의 원재료가 되는 사물화 과정으로 접어든다. 그같은 과정을 주도하는 인터넷 내 메가플랫폼 사업자들은 자신을 투명한 존재인 것처럼 배경화시킨다. 아무런 개입을 하지 않으며 오히려 공적 영역을 제공하는 중립적인 기술적 존재 역할로 오인하게 한다. 인터넷 안에는 이용자의 경제적, 정치적 활동에 편의를 제공하는 시공간이 열려 있는 양 물신화하도록 유도한다. 어느 정도 그 같은 전략은 성공을 거두어 메가플랫폼 없이는 사회가 작동할 수 없을 지경에 이르렀다. 메가플랫폼은 사회 내 거의 모든 제도에 사업적으로 개입한다. 각 분야의 시장을 독과점하기에 이르렀다. 독과점으로 인해 신규 사업자의 시장 진입은 거의 불가능해졌다. 누구든 1등 사업자(예를 들면 검색 엔진)를 추가 비용 지출없이 사용할 수 있는데 구태여 다른 사업자를 이용할 필요성을 느끼지 못한다(Brynjolfsson & McAfee, 2014).[95] 시장 질서는 이미 지배적 지위를 차지한 메가플랫폼에 의해 좌우될 가능성이 커졌다. 이용자의 선택지는 좁아졌고, 좁아진 만큼 메가플랫폼을 통제할 수 있는 가능성도 줄어들었다. 메가플랫폼과 이용자 간 관계는 본원적인 지배 착취 관계로 노골화되진 않지만 지배적 생산자와 종속적 이용자라는 관계로 고착화되거나 2차적 착취 관계에 놓이게 된다. 불평등한 관계에 놓임에도 불구하고 지배적 생산자인 메가플랫폼을 견제하고 감시할 장치는 잘 보이지 않는다. 불공정 거래, 독과점 등을 국가가 지적하지만 그런 지적 이상으로 국가로부터 정책적 배려를 받아왔고, 지금도 비슷한 우대를 받고 있다. 그 같은 우대를 기반으로 한국 자본주의 사회를 견인할 새로운 사업으로 인정받기도 한다. 오히려 국가는 메가플랫폼이 지배적 지위를 공고히 하도록 돕는 역할을 하는 것처럼 보인다.

검색 엔진부터 모바일 네트워크, 빅 데이터, AI, 블록체인[96]에 이르기까지 새로운 기술의 도입을 통해 변신을 꾀하

---

95 인터넷 기술은 1등과 2등 사용 간에 비용이 차등화되지 않아 재능 1등이 소득과 시장을 독점하는 재능 편향적 기술에 해당한다. 재능 편향적 기술은 곧 자본 편향적 기술로 이어진다.

96 네이버는 블록체인 기술을 활용한 플랫폼 생태계 구축에 나서고 있다. 보상형 코인을 활용해 이용자들의 콘텐츠 서비스 이용, 광고 노출, 데이터 제공에 대한 대가를 지급하고, 축적된 데이터를 바탕으로 광고 상품을 판매하는 방식이다(《서

는 메가플랫폼은 메가스타 경제를 이끈다. 이 기술들은 그를 통제할 수 있는 사람들에게만 이득을 안겨 주는 성격을 지닌 지능 편향적인 성격을 지닌다. 그 도입의 주체는 언제나 메가플랫폼 자본일 가능성이 크다. 그 기술을 통제할 수 있는 재능의 사람을 고용할 수 있는 기업은 메가플랫폼이기 때문에 지능 편향적 기술은 자본 편향적 기술로 자연스레 이어진다. 모든 플랫폼은 이용자에게 동등하게 이용될 기회에 놓이므로 대부분의 이용 기회는 메가플랫폼으로 쏠릴 수밖에 없다. 자연스레 인공 지능 등의 신기술 활용으로 인해 메가플랫폼 중심의 메가스타 경제로 이어진다.

네트워크 환경에 접속된 채 이루어지는 이용자들의 활동과 커뮤니케이션은 그 의미를 잃고 플랫폼 기업의 가치 창출 메커니즘을 원활히 작동시키는 역할을 담당하는 데 그친다. 개인의 일상 행위까지 매개하는 메가플랫폼이 정착한 이상 플랫폼 기업의 영향력으로부터 이용자가 벗어나는 것은 현재로서는 쉽지 않아 보인다. 혹자는 구글과 유튜브의 점유율을 근거로 네이버의 지배력 약화나 기업 간 경쟁을 통한 혁신을 점치기도 한다. 하지만, 이는 또 다른 플랫폼 기업에의 종속

울경제〉, 2018. 9. 21). 아직 상용화되지는 않았으나, 가상 화폐를 받고자 하는 이용자들의 자발적 참여와 광고 효과를 얻으려는 광고주가 늘어나면서 네이버는 가치 증식으로 이어갈 것이다. 그로써 소통과 생산, 가치 증식의 폐쇄적 순환인 자율 경제 체제가 실현되는 것이다(Fisher, 2012).

을 의미할 뿐이다(그런 점에서 이 책의 주인공인 네이버는 은유에 지나지 않는다). 플랫폼 기업 간 경쟁과 새로운 서비스에 대한 낙관적 전망은 현재의 네트워크 환경 개선에 대한 어떠한 함의도 제공하지 않는다. 플랫폼 기업 간의 경쟁이 심화된다고 할지라도 플랫폼 기업이 광범위한 서비스 영역으로부터 이용자 데이터를 수취하고, 끊임없이 자본을 증식한다는 사실은 흔들리지 않을 것이다.

이러한 진단은 상업적 기술 환경 개선에 관한 대안적 관점, 플랫폼 기업의 데이터 전유에 관한 비판적 분석, 사회적으로 생산된 정보와 데이터의 공적 활용과 같은 과제의 해결을 요청한다. 현재까지 플랫폼 자본주의의 모순에 대한 개입 요구는 대개 규제자로서의 국가의 역할을 촉구하는 데 집중되어 왔다. 데이터 흐름에 대한 감독, 독점 기업에 대한 규제, 플랫폼 노동 환경의 개선 등이 국가에 요청한 주요한 안건들이다(van Dijck et al., 2018). 그러나 그 목적과 별개로 이러한 정책들이 국가에 의해 적극적으로 실행되어 왔는지 의문이다. 실효성이 없었기에 메가플랫폼이 사회적 규제로부터 벗어나는 일은 다반사로 벌어지고 있다. 초국가 메가플랫폼들은 개별 국가 차원에서 과세 대상을 확정할 수 어렵다는 점을 이용해 조세를 회피해 왔다. 또한 산업 자본주의 시대의 규제 방식인 반독점 정책이 플랫폼 산업의 특성을 고려하지 않은 채 유지되고 있다. 그런 탓에 플랫폼 산업 내 독점의 문제를 제대로 포착하거나 해결하는 데 어려움을 겪고 있다. 네트워크 효과와 서비스 연동을 통해 이용자 효용과 편의를 증대시켜야 하는 플랫폼 산업의 특성상 지배적 기업의 등장과 독과점 구조의 형성은 어느 정도 예견된 결과다. 문제는 메가플랫폼의 데이터 사적 전유와 생태계 참여자들과의 상생이지 산업 내 독과점 구조 자체가 아니다. 이에 대한 해결은 플랫폼과 생태계 참여자 사이의 비대칭적 권력 문제나 데이터 및 알고리즘 접근권과 소유권에 대한 포괄적인 논의가 없는 한 용이하지 않을 것으로 보인다. 이처럼 메가플랫폼 규제에 관한 한 새로운 규제 패러다임이 동원되어야 한다. 이용자까지 포함하는 플랫폼 생태계 참여자가 참여해 논의할 수 있는 정책적 공간을 만들어 나가야 한다.

정부에 규제를 요청하는 일 외에도 온 사회가 나서서 전혀 새롭게 플랫폼을 사회화시키자는 논의도 등장하고 있다. 일각에서는 이윤의 독점을 이용자 전체에 분배하는 플랫폼 협동주의의 활성화나 데이터 기본 소득을 주장하기도 한다 (금민, 2020; 이광석, 2017; 이항우, 2015; Borkin, 2019/2019; Scholz, 2014). ICT 기업에 높은 세금을 부과하고 그를 공적 기금화하자는 주장도 있다. 플랫폼 기업이 이용자의 기여로부터 확보한 수익에 누진세를 적용해 비영리, 비상업적인 미디어 조직이나 공공 미디어 서비스 분야의 예산으로 활용하자는 의견도 제기되었다(Fuchs, 2015). 이른바 비영리적 플랫폼이나 공공적 플랫폼을 형성해 보자는 제안이다. 이 주장과 제안들은 각각 장단점들을 지니고 있다. 실현 가능성이 높은 제안부터 그렇지 않는 제안까지 제각각이다. 현재 메가플랫폼이 야기하고 있는 사회적 문제를 해결하기 위한 구체적 방책을 우리 저자들은 가지고 있지 못하다. 메가플랫폼이 만들어 내는 문제를 지적하긴 했지만 그 또한 더욱 정교한 연구를 통해 더 다듬을 필요가 있다. 그래서 메가플랫폼으로 성장한 네이버를 논의한 결과 얻어 낸 통찰력을 기반으로 앞으로 더 이뤄져야 할 연구 의제를 제안하고자 한다. 사회적으로 생산된 재화의 공익적 활용이라는 미디어의 기본적 원리가 재차 소환될 필요가 있음을 강조하는 의제를 제출하고자 한다. 사회적이고 공공적이며, 지속 가능한 대안적인 플랫폼 환경에 대한 적극적인 고민을 제안하는 셈이다.

첫째, 투명한 이용자 정보 활용 공개 및 이용자의 평등한 참여와 기여에 대한 정당한 보상을 적극적으로 논의할 것을 제안한다. 둘째, 국가의 정책적 지원 및 혁신 투자의 수혜로부터 발생한 수익의 일정 부분을 사회화하는 논의의 확산을 기대한다. 셋째, 앞의 의제를 더욱 구체화하는 방편으로 사회화된 수익을 미디어 기술 혁신과 공공의 이익에 부합하는 미디어 환경을 위한 공적 투자 기금으로 활용하는 논의로 이어 가기를 제안한다. 넷째, 시장 내 독과점 완화를 위한 법적 제도의 보완할 논의 활성화를 적극 제안한다. 그리고 다섯째, 미디어 기업으로서 거대 플랫폼 사업자가 짊어져야 할 정당한 사회적 책임 을 부여하고 인식시키는 방식에 대한 논의를 기대한다. 여섯째, 소규모 플랫폼 사업자에 대한 지원을 통한 이용자의 시장 내 선택권을 확대시킬 수 있는 논의의 전개도 제안한다.

이상의 논의 및 연구 항목은 앞으로 활성화될 플랫폼 연구에서 선결되어야 할 의제들이다. 우리의 네이버 논의가 위논의를 촉발시켜, 일상 깊숙이 들어온 플랫폼 영향력을 사회적으로 관리할 궁리를 촉발하기를 기대한다. 플랫폼의 성장에 비해 너무 지체된 플랫폼 연구의 현실을 극복하고 떨치고 나서는 순간이 되길 희망한다. 그래서 메가플랫폼에 대한 사회적 관심의 확대되고, 거버넌스에 기반한 정책, 더 나아가서는 사회 운동 의제로까지 이어지길 바란다.

부록   한국 인터넷 산업과 네이버 연표

	1993	1994	1995
정부	김영삼 정부		
포털 서비스 변화 단계			초기 포털 서비스 제도화
국가 정보화 정책	• '초고속 정보 통신 기반 구축 종합 추진 계획' 수립	• 정보통신부 발족	• 정보화 촉진 기본법 제정
정보 통신 인프라			
인터넷 및 통신 산업		• PC 통신 '나우누리' 서비스 개시(천리안 1986, 하이텔 1991) • 한국통신 인터넷 상용 서비스 개시(KOREANET)	• 한국 월드 와이드 웹(WWW) 서비스 개시 • 국내 최초 한글 검색 엔진 코시크 개발 • 다음커뮤니케이션 설립
네이버 기업 변화 및 주요 서비스			
기타			• 홍대 앞 최초 인터넷 카페 넷스케이프 개장 • 한글 익스플로러 개시

1996	1997	1998	1999
		김대중 정부	
• 제1차 정보화 촉진 기본 계획 수립	• 정보 통신 고도화 추진 계획 수립		• '정보화촉진기본법' 제정 • 제2차 정보화 촉진 기본 계획 (CYBER KOREA21) 수립
	• 초고속 국가망 인터넷 서비스 개시	• 두루넷, 초고속 인터넷 서비스 시작	• 인터넷 이용자 수 1,000만 명 돌파 • 무선 인터넷 서비스 개시 • IPv6 주소 최초 배정
• 한글과컴퓨터, 상업적 검색 엔진 심마니 개시 • 유니텔 서비스 개시 • 〈중앙일보〉, 〈조선일보〉, 인터넷 신문 개시 • 데이콤, 최초 인터넷 쇼핑몰 인터파크 개시 • PC 통신 가입자 수 300만 명 돌파	• PC 통신 가입자 수 300만 명 돌파 • 다음 메일 서비스 '한메일넷' 개시 • 야후코리아 한국 서비스 개시 • 한글 알타비스타 서비스 개시	• 국내 최초 개인 홈페이지 기반 서비스 네띠앙 개시	• 프리챌 서비스 개시 • 엠파스 포털 서비스 개시 • 다음 카페 서비스 포함한 포털 서비스 개시 • 싸이월드 서비스 개시 • 라이코스코리아 서비스 개시 • KT, 한미르 개시
	• 네이버, 삼성SDS 사내 벤처로 최초 설립		• 네이버(컴), 네이버 서비스 개시 • 어린이 전용 포털 '쥬니어 네이버' 개시
• 넥슨, '바람의 나라' 서비스 개시 • 한글오피스 96 출시 • 최초의 PC방 '인터넷 매직 플라자' 신림동 개장		• 블리자드, 스타크래프트 국내 출시 • PC방 급증	• 국내 최초 정치인 팬클럽 '노사모' 창립

2000	2001	2002
	종합 포털	
• '소프트웨어산업진흥법' 제정 • 방송법 제정	• '정보통신망 이용촉진 및 정보보호 등에 관한 법률' 제정	• '제3차 정보화 기본 계획(e‒Korea vision 2006)' 수립 • 대한민국 '전자정부(eGov.go.kr)' 공식 출범
• 전 세계 도메인 현황, 대한민국 3위 • 초고속 인터넷 가입 가구 수 400만 돌파 • 무선 인터넷 가입자 1,500만 명 돌파 • 이동 전화 가입자 수 2,500만 명 돌파 • PC 통신 가입자 1,680만 명 돌파 • 하나로통신, 한국통신 ADSL 서비스 시작	• 인터넷 이용자 수 2,400만 명 돌파 • 초고속망 구축, 초고속 인터넷 보급 세계 1위(OECD)	• 초고속 인터넷 가입 1,000만 가구 돌파 • 초고속 인터넷 보급 세계 1위 • 휴대전화 가입자 3,000만 명 돌파 • VDSL 서비스 시작
• IT 버블 붕괴 영향 최고조(12월) • 엠파스 메일 개시	• 하이텔, 천리안, 웹 기반 서비스화 • SK커뮤니케이션, 네이트 개시 • 싸이월드, 미니홈피 개시	• 하나넷‒드림엑스통합 '하나포스 닷컴' 출범 • 프리챌 유료화 발표 • 네이트닷컴, 라이코스코리아 인수
• 네이버, 한게임, 서치솔루션 인수 • 네이버 통합 검색 서비스 도입	• 네이버(컴), NHN으로 사명 변경 • 네이버, 한게임 부분 유료화 • 네이버, 전자 상거래 서비스 개시 • 네이버, 검색 광고 도입	• 네이버, 코스닥 등록 • 네이버, 지식iN 개시
• 자살 사이트에서 만난 남성 2인 동반 자살 사건 발생 • '붉은악마' 홈페이지 개설		• 효순, 미선 양 사건 관련 촛불 시위, 온라인 추모 확산 • 인터넷 5대 얼짱 카페 개설

2003	2004	2005	2006
노무현 정부			
			플랫폼형 포털
• 'BroadbandIT Korea Vision 2007' 수립	• 'IT839 전략' 수립 • '광대역 통합망 (BcN) 구축 계획' 수립	• 초고속 국가망 사업 완료 • 디지털 전자 수출 1,000억 달러 돌파 기념 '전자의 날' 제정 • 인터넷 민원인 실명 확인제 실시 • IPv6 보급 촉진 기본 계획 수립	• u‒Korea 기본 계획 수립 • 'e‒나라지표' 시스템 구축
• KT, 하나로, 200Mbps 속도의 VDSL 서비스 개시 • 한글.kr 서비스 개시	• 인터넷 가입자 수 3,000만 명 돌파	• OECD, 인구 100명당 초고속 인터넷 보급률, 한국 세계 1위	• 이동전화 가입자 수 4,000만 명 돌파
• PC 통신 서비스, 대거 인터넷 포털로 흡수 • 엠파스, 디비딕 인수 및 지식 검색 서비스 시작 • 한미르, 드림위즈, 네이트, 엠파스 블로그 서비스 개시 • 다음, 구글과 웹문서 검색 결과 제휴 • SK커뮤니케이션, 싸이월드 합병 • 네이트, '네이트온' 2.0 출시	• KT, 하이텔, 한미르 서비스 통합한 포털 사이트 파란닷컴 개시 • 동영상 개인 미디어 서비스 판도라TV 등장	• 엠파스 열린 검색 서비스 도입(네이버와 갈등) • 삼성전자, 연간 휴대폰 판매량 1억 대 돌파 • 국내 온라인 게임 시장 규모 1조 원 돌파	• 웹2.0 담론 국내 확산 • 네띠앙 폐쇄 • 야후, 네이버, 다음 동영상 서비스 실시 • 엠파스 SK커뮤니케이션에 매각
• 네이버, 검색 점유율 1위 달성 • 네이버, 블로그 서비스 '페이퍼' 개시 • 네이버, 지식쇼핑 서비스 개시 • 네이버, 카페 서비스 개시	• 네이버 코스닥 업종 시가 총액 1위 기업 달성	• 네이버, 실시간 검색 순위 서비스 도입 • 네이버웹툰 서비스 개시	• 네이버, 검색 전문 회사 (주)첫눈 인수 • 네이버, 문맥 광고 도입 • 네이버, 검색 결과, 검색 서비스 API 공개 • 네이버 뉴스 서비스 아웃링크 도입
• 인터넷 게시판 실명 확인제 실시 논란	• 인터넷 왕따 급증 • 미국에서 웹2.0 컨퍼런스 개최	• 연예인 X파일 사건 발생 • 음악산업협회 저작권 문제로 네티즌 고소 • 가출 사이트, 카페 사회 문제로 부각	• 구글, 유튜브 인수 • UCC 동영상 서비스 열풍

2007	2008	2009
	이명박 정부	
• '제한적 본인확인제' 시행 • 전자금융거래법 제정	• 방송통신위원회 출범 • '국가 정보화 기본 계획' 발표 • '인터넷멀티미디어방송(IPTV) 사업법' 제정	• '녹색정보화 추진 계획' 발표 • 통합 한국인터넷진흥원 출범 • GIGA 인터넷 추진계획 발표 • IT KOREA 5대 미래 전략 발표
• 지상파 DMB 전국 방송 실시	• 가구당 인터넷 접속률 80% 돌파 • 초고속 인터넷 가입자 수 1,500만 명 돌파	• ICT 발전 지수 세계 2위
• 구글코리아 설립 • 다음 TV팟 서비스 개시	• 유튜브 국내 서비스 개시 • SK텔레콤, 하나로텔레콤 인수 • LGT, 3G 데이터 서비스 'OZ' 출시	• SK텔레콤, 국내 첫 모바일 오픈 마켓 'T 스토어' 오픈 • 아이폰 국내 판매(11월) • SK텔레콤, LGT 실시간 IPTV 서비스 개시
• 네이버, 일본 검색 사업 법인인 네이버재팬 설립	• 네이버, 매출 1조 원 돌파 • 네이버, 유가 증권 시장(KOSPI) 이전 상장 • 네이버, 개발자센터 설립 • 네이버, 지도 서비스 개시	• 네이버, 마이크로 블로그 서비스 '미투데이' 인수 • NHN(주) 기업 분할, 'NHN 비즈니스 플랫폼' 출범 • 네이버, 뉴스캐스트 서비스 도입 (뉴스박스 편집권 언론사에 이양) • 네이버, 클라우드 서비스 'N드라이브' 개시
• 아프리카, 누적 채널 1,000만 개 돌파	• 구글, 개방형 OS 안드로이드 공개 • 대형 개인 정보 유출 사고로 인한 보안 이슈 대두	• 미네르바 체포로 인한 인터넷 여론 규제 논란 • 트위터 열풍, SNS 뉴스 범람 • 디도스 대란 발생

2010	2011	2012
	메가플랫폼	
• '미래 인터넷 추진 전략' 발표 • '스마트 활성화 전략' 발표 • 'IT 산업 비전 2020'발표	• '스마트 전자정부 추진 계획' 발표 • '개인정보보호법' 제정	
• 인터넷 이용자 수 3,700만 명 돌파 • 이동전화 가입자 5,000만 명 돌파 • 국내 와이파이 망 구축 확산 • 스마트폰 가입자 700만 명 돌파	• LTE 상용 서비스 개시 • 스마트폰 가입자 2,000만 명 돌파 • ICT 발전 지수 세계1위 • 인구 100명당 무선 초고속 인터넷 가입자 수 1위(OECD)	• LTE 가입자 1,500만 명 돌파 • 스마트폰 가입자 3,000만 명 돌파 • 초고속 인터넷 가입자 1,800만 명 돌파 • 국내 4G 기술 국제 표준 확정 • NFC기반 서비스 국가 표준 제정 • 모바일 인터넷 이용자 수 2,381만 명 기록
• SK텔레콤, 무선 인터넷 포털 NATE 개시 • 주식회사 카카오, 모바일 인스턴트 메신저 카카오톡 개시 • 애플, KT 제휴 통해 아이패드 판매 • 오픈 마켓 시장 독점 논쟁 심화 • 소셜 커머스 업체, 쿠팡, 티켓몬스터, 위메프 설립 • 배달의민족, 배달통 서비스 개시	• G마켓, 옥션 네이버 지식쇼핑 상품 정보 제공 거부 논란 • 오버추어 코리아(2003년 야후에 인수), 네이버, 다음과 계약 실패	• 카카오톡 가입자 4,200만 명 돌파 • 야후코리아 서비스 종료
• 네이버, 지도 서비스 내 거리뷰 도입	• 네이버, 뉴스라이브러리 서비스 도입 • 네이버, '라인' 개시(일본)	• NHN재팬, 네이버재팬, 라이브도어 등 3개 법인 NHN재팬으로 통합 • 싱가포르 법인 NHN Singapore PTE. LTD 설립 • 라인, 국내 서비스 시작 • 네이버 밴드 서비스 개시
• 스마트폰으로 인한 부작용 담론 확산(중독, 거북목증후군, 터널증후군, ADHD 등)	• '나는꼼수다' 등 팟캐스트 확산 • SK커뮤니케이션즈 회원 정보 유출	

2013	2014	2015
박근혜 정부		
• '공공데이터의 제공 및 이용 활성화에 관한 법률' 제정 • '정보 통신 진흥 및 융합 활성화 등에 관한 특별법' 제정 • '창조비타민프로젝트' 발표 • '빅 데이터 산업 발전 전략' 발표 • '인터넷 신산업 육성 방안' 발표 • '정보통신망법 개정안' 본격 시행 • 미래창조과학부 출범	• IoT 혁신센터 개소 • '사물 인터넷 R&D 추진 계획' 발표 • '빅 데이터 기반 미래 예측 및 전략 수립 지원 계획' 수립 • '데이터산업 발전 전략' 수립 • 이동통신 단말기유통구조개선법(단통법) 시행	• K-ICT 전략 수립 • '클라우드 컴퓨팅법' 시행 • '정보보호 산업진흥법' 시행 • OECD 공공 데이터 개방 지수 1위 • 민간 클라우드 서비스 공공 부문 도입
• 이동통신 3사, LTE-A 및 광대역 LTE 서비스 실시 • 국내 인터넷 이용자 4,000만 명 돌파 • ICT 발전 지수 세계 1위	• GIGA 인터넷 상용화 • IPv6 상용화 • LTE 가입자 3,600만 명 돌파 • 스마트폰 가입자 4,000만 명 돌파	• LTE 가입자 4,100만 명 돌파 • 스마트폰 보급률 78.8%
• 모바일 간편 결제 시장 1조 7,290억 원 • 카카오톡 글로벌 이용자 1억 2,000만 명 돌파 • 네이버 라인 글로벌 가입자 3억 명 돌파	• 모바일 쇼핑 거래액 1조 4,000억 원 돌파 • 모바일 간편 결제 시장 규모 3조 9,300억 원 돌파 • 카카오, 다음커뮤니케이션 합병 '다음 카카오' 설립	• 모바일 간편 결제 시장 규모 5조 7,200원 • 국내 첫 인터넷 전문 은행 (K)뱅크, 카카오뱅크 선정 • 삼성전자, 삼성페이 개시 • 한국 게임 시장 규모 10조 원 돌파
• 네이버, 데이터센터 '각' 설립 • NHN(주), 네이버(주)로 사명 변경 및 게임 사업 분리 • LINE 글로벌 사업 전담 라인플러스 설립 • 모바일 사업 전담 자회사 '캠프모바일' 설립 • NHN재팬, '라인 주식회사'로 사명 변경 및 게임 사업 분리 • 네이버, 뉴스 스탠드 서비스 도입(개별 언론사 홈페이지 주요 뉴스를 그대로 반영, 언론사 단위 뉴스 노출 서비스) • 네이버, 네이버TV 서비스 개시	• 모바일 쇼핑 거래액 1조 4,000억 원 돌파 • 모바일 간편 결제 시장 규모 3조 9,300억 원 돌파 • 카카오, 다음커뮤니케이션 합병 '다음 카카오' 설립	• 네이버페이 서비스 개시
• 국정원 댓글 논란	• 사이버 검열 사태로 인한 사이버 망명 가속화 • 핀테크 서비스 확산	

2016	2017
	문재인 정부
• 한국 정보 통신 발전 지수 세계 1위 • '제4차 산업 혁명에 대응한 지능 정보 사회 중장기 종합 대책' 발표 • 사물 인터넷 가전 산업 발전 전략 발표 • 'K-ICT 전략 2016' 발표	• 4차 산업 혁명 대응 계획 발표 • 4차 산업 혁명 위원회 출범
• 국내 모바일 네트워크의 IPv6 상용화 완료 • 만 60세 이상 노년층 인터넷 이용률 51.4% • 국내 무선 통신 서비스 가입자 5,500만 명 돌파 • 기가 인터넷 서비스 500Mbps 상용화 • 초고속 인터넷 가입자 2,000만 명 돌파	• 스마트폰 보급률 87.8% 돌파 • 인터넷 이용자 수 4,528만 명, 이용률 90.3% 돌파
• O2O 서비스 확산	• 인터넷 전문 은행 출범
• 라인주식회사, 뉴욕 및 도쿄 증시 동시 상장 • 스노우주식회사 설립 • 네이버, 데이터랩 개시 • 네이버, 인공 지능 기반 번역 서비스 파파고 개시 • 네이버, 'SNOW' 출시 • 네이버, 'V LIVE' 출시	• 미래 기술 별도 법인 네이버랩스주식회사 설립 • 네이버웹툰주식회사 설립 • AI 연구소 제록스리서치센터유럽(XRCE) 인수 • 네이버웹툰주식회사, LICO 설립 • 네이버, 인공 지능 기반 서비스 '클로바' 출시 • 네이버, 인공 지능 스피커 '프렌즈' 출시 • 인공 지능 기반 추천 시스템 AiRS 개시 • 개인화 상품 추천 시스템 AiTEMS 도입 • 네이버 클라우드 플랫폼 출시
• 알파고 대 이세돌 바둑 대결	

2018	2019
• 한국데이터진흥원, 한국데이터산업진흥원으로 변경 • 데이터스토어 개설 • '제6차 국가 정보화기본 계획' 수립 • 데이터 산업 활성화 전략 발표 • 데이터 산업 활성화 전략 수립 • 블록체인 기술 발전 전략 수립	• 정보통신망법 개정안 통과 • '데이터, 인공 지능 경제 활성화 계획' 발표 • ICT 규제 샌드박스 시행 • 인공 지능 국가 전략 발표 • OECD 공공 데이터 개방 지수 1위 달성
	• 스마트폰 보급률 95%, 가입자 5,510만 명 달성 • 초고속 인터넷 가입자 2,167만 명 돌파 • 5G 서비스 세계 최초 상용화 • 동영상 서비스 이용률 81.2%
	• 카카오뱅크 이용자 1,000만 명 돌파
• 캠프모바일 합병 • 홍콩과학기술대학교(HKUST)와 공동 AI 연구소 설립 • 네이버웹툰주식회사, 스튜디오N 설립 • 네이버, 웹 브라우저 웨일 출시 • 인공 지능 기반 장소 추천 시스템 AiRSPACE, 스마트 어라운드 서비스 도입 • 네이버 'VIBE' 출시 • 네이버 '시리즈' 출시 • 네이버 오디오 클립 서비스 출시 • 네이버, 메타버스 플랫폼 서비스 제페토 출시	• 네이버파이낸셜 설립 • 네이버, 인공 지능 기술 네트워크 '글로벌 AI 연구 벨트' 구축 계획 발표 • 라인-Z홀딩스 경영 통합 계약 체결 • 네이버 매출액 6조 돌파 • 네이버, 세종시에 제2데이터센터 설립 계획 발표 • 네이버, 언론사 전재료 폐지, 광고 수익 제공 계획 발표 • 네이버웹툰 구글플레이 만화 어플 중 매출 1위 기록 • 네이버 라이브 오디오 스트리밍 서비스 'NOW' 출시 • 모바일 뉴스 서비스 AI 기반 자동화 추천 시스템 도입

2020	2021
• 데이터 3법(개인정보보호법, 정보통신망법, 신용정보법) 통과 • 지능정보화기본법 개정안 통과 • 문재인 정부, 디지털 뉴딜 종합 계획 발표 • 전기통신사업법 개정안 시행령 넷플릭스법 시행	
• 네이버, 글로벌 웹툰 서비스 담당 미국법인 웹툰엔터테인먼트 설립 • 네이버 – CJ 포괄적 사업 제휴(유통, 콘텐츠 분야) • 네이버, 금융데이터거래소에 데이터 상품 판매 개시 • 구독 서비스 네이버플러스 멤버십 출시(결제액 5% 적립 혜택) • 비대면 간편 주문 결제 서비스 네이버 스마트 주문 도입 • GS25, CU와 간편 주문 배달 및 택배 예약 서비스 도입	• 북미 1위 웹소설 플랫폼 왓패드 인수 • 네이버 – 신세계 이마트 2,500억 원 규모 지분 교환 • 네이버, 빅히트엔터테인먼트 자회사 비엔엑스에 4,119억 원 투자 • V Live, 빅히트엔터테인먼트 위버스 플랫폼 통합 결정
• 공정위, 알고리즘 조작 혐의로 네이버에 과징금 부과 • 코로나 19로 인한 언택트 경제 활성화 • 네이버, 카카오 등 ICT 기업 시총 급증 • 네이버 V Live 통한 언택트 공연 활성화	

참고 문헌

강남훈 (2004). "정보상품의 가치와 잉여가치." 〈진보평론 21〉, pp.239~248.

강병준 · 류현경 (2008).《구글 VS 네이버: 검색대전쟁》. 전자신문사.

강상현 (1996).《정보통신혁명과 한국 사회》. 한나래.

강상현 (2015).《커뮤니케이션과 사회 변동: 미디어 기술이 과연 세상을 바꾸는가》. 컬처룩.

강상현 (2018).《크리스티안 푹스의 초국적 정보자본주의 비판》. 커뮤니케이션북스.

강수정 (2014). "해외직접투자 및 외국인직접투자 변동추이 분석." (전국경제인연합회 보고서, FIP-2014-0008). URL: http://www.fki.or.kr/publication/report/View.aspx?content_id=1be144d7-98ee-4b5c-9f2b-d60369b24a0a

강인수 외 (2001). "한국정보 통신 20세기사." (정보통신정책연구원 용역사업보고서). URL: http://m.kisdi.re.kr/mobile/repo/res_view.m?key1=7358&key2=0&key3=&category=2&categ

강지웅 (2008. 12). 〈촛불 켜는 블로그, 옮겨 붙이는 포털: 블로고스피어와 포털의 상호작용〉. 한국사회학회 사회학대회 논문집.

〈경향비즈〉 (2018. 4. 2). "네이버 노동조합 설립…… 'IT산업에서 인정받지 못한 노동의 가치 실현하겠다.'" URL: biz.khan.co.kr/khan_art_view.html?artid=201804021633001

〈경향신문〉 (1999. 2. 8). "'야후는 사이버 만남의 광장' 주가급상승 야후코리아 염진섭사장." 12면. URL: https://newslibrary.naver.com/viewer/index.nhn?publishDate=1999-02-08&officeId=00032&pageNo=1

과학기술정보통신부 (2017). 〈2017 정보통신산업의 진흥에 관한 연차보고서〉.

과학기술정보통신부 (2019a). 〈ICT R&D 통계〉.

과학기술정보통신부 (2019b). 〈2019 정보통신산업의 진흥에 관한 연차보고서〉.

과학기술정보통신부 (2021). 〈ICT R&D 통계〉.

구현우 (2009). "역사적 제도주의와 비교정책연구: 제도의 지속성, 변화가능성, 그리고 정책패턴을 중심으로," 〈한국정책학회보〉, 18권 2호, pp.37~73.

금민 (2020). "플랫폼자본주의와 기본소득: 마르크스주의 내부의 기본소득 찬반을 넘어서," 〈마르크스주의 연구〉, 17권 3호, pp.35~70.

〈기자협회보〉 (2019. 11. 12). "네이버 내년 4월 전재료 폐지······ 언론사에 광고수익 제공." URL: http://m.journalist.or.kr/m/m_article.html?no=46841

김경희 (2018). "한국 ICT기반 미디어의 확산," 김경희 엮음, 《한국사회와 뉴미디어 확산》. 한울.

김동원 (2015). "이용자를 통한 미디어 자본의 가치 창출," 〈한국언론정보학보〉, 70권 2호, pp.165~188.

김명수 (2015). "한류 제조하기: 역사제도주의적 해석," 〈한국사회학〉, 49권 2호, pp.35~65.

김병희 (2019). "광고로 보는 세상(17)_광고 산업 이끌 빅데이터 시대의 '총아'··· 개인정보 보호는 선행 과제 - 개인 맞춤형 광고." 〈신문과방송〉, 584권, pp.105~110.

김상민 (2019). "자동화 사회에서 우리 (비)인간의 조건들." 〈문화과학〉. 100호, 234~257.

김수철·오준호 (2013). "웹2.0 멀티 플랫폼 시대에 미디어 사회문화현상의 의미에 대한 고찰." 〈사회과학논집〉, 44권 2호, pp.67~90.

김수철·이현지 (2019). "문화산업에서의 플랫폼화: 웹툰산업을 중심으로." 〈문화와 사회〉 27권 3호. pp.95~142.

김영욱 (2018) "디지털 노동 착취와 감시의 상품화." 〈언론과 사회〉, 26권 1호, pp.34~78.

김영주 (2008). 《포털 비즈니스의 성과와 미래》. 한국언론재단.

김위근 (2007. 10). 〈국내 인터넷 포털 산업의 서비스 현황과 이용자 분석〉. 한국언론정보학회 학술대회.

김위근·김성해·김동윤 (2013). "뉴스의 대중화 혹은 저널리즘의 제도화: 저널리즘 관점에서 본 네이버 '뉴스캐스트' 사례 분석," 〈사이버커뮤니케이션〉, 30권 2호, pp.33~72.

김익현 (2015). "공존 - 종속관계 거쳐 둘 다 모바일 시대 생존 걱정." 〈신문과 방송〉, 537(0), pp.6~9.

김인성·김빛내리 (2012). 《두 얼굴의 네이버: 네이버는 어떻게 우리를 지배해 왔는가》. 에코포인트.

김인희·김태현 (2010). "국내 인터넷 포털의 현황과 특성: 산업으로서의 포털과 미디어로서의 포털을 중심으로," 〈방송통신정책〉, 22권 3호, pp.23~59.

김정호·김완표 (1999). "벤처 기업의 성공과 버블," 〈CEO Information〉, 221호. pp.1~20.

김지수·한인구 (2020). "SNS기업의 핀테크 사업의 전략 및 핵심성공요인: 텐센트, 네이버 라인, 카카오의 사례를 중심으로," 〈Korea Business Review〉, 24권 4호 pp.1~19.

김지연 (2013). "인터넷 검색 엔진," 〈과학기술학연구〉, 13권 1호, pp.181~216.

김지희 (2014). "주부 파워블로그 연구: 블로깅을 통한 의견 지도자성(opinion leadership)의 발현," 〈미디어, 젠더 & 문화〉, 29권 2호, pp.5~40.

김태규·손재권 (2007).《네이버 공화국》. 커뮤니케이션북스.

김평호 (2007). "지식과 기술의 상업적 왜곡의 문제," 〈한국방송학보〉, 21권 6호, pp.132~155.

김환표 (2013. 10). "라인으로 글로벌 포털을 꿈꾼다: 네이버 의장 이해진," 〈인물과 사상〉, 186호, pp.122~141.

네이버(주) (2018). 2017 NAVER 연차보고서. [전자매체본]. URL: https://www.navercorp.com/navercorp_/ir/annualReport/2018/NAVER_AR_2017_Kor_Edit_FINAL_low.pdf

네이버(주) (2019). 2018 NAVER 연차보고서. [전자매체본]. URL: https://www.navercorp.com/navercorp_/ir/annualReport/2019/NAVER_AR_2018_Kor.pdf

네이버(주) (2020). 사업보고서(제21기). [전자매체본]. URL: http://dart.fss.or.kr/dsaf001/main.do?rcpNo=20200330004603

네이버(주) (2021). 사업보고서(제22기). [전자매체본]. URL:http://dart.fss.or.kr/dsaf001/main.do?rcpNo=20210316001214

〈노컷뉴스〉 (2017. 6. 12). "불붙은 AI플랫폼 경쟁 '왜 하필 스피커?'… 韓 걸음마 수준." URL: http://www.nocutnews.co.kr/news/4797179

다음커뮤니케이션(주) (2003). 사업보고서(제8기) [전자매체본]. URL: http://dart.fss.or.kr/dsaf001/main.do?rcpNo=20040510000990

다음커뮤니케이션(주) (2006). 사업보고서(제11기) [전자매체본]. URL: http://dart.fss.or.kr/dsaf001/main.do?rcpNo=20060331001314

대통령비서실 (1999). 〈김대중대통령연설문집 제1권〉.

대통령비서실 (2000). 〈김대중대통령연설문집 제2권〉.

〈데일리안〉 (2020. 11. 18). "10주년 카카오, '구독경제'로 커머스 시장 본격 공략." URL: https://www.dailian.co.kr/news/view/937924/?sc=Naver

〈동아일보〉 (1998. 11. 2). "인터넷Portal(관문)사이트 경쟁 치열 '입구를 잡으면 돈이 보인다.'" 15면. URL: https://newslibrary.naver.com/viewer/index.nhn?publishDate=1998-11-02&officeId=00020&pageNo=1

〈동아일보〉 (2000. 10. 16). "후발 포털업체 '난 다른 길로 간다.'" URL: http://news.donga.com/3/all/20001016/7595083/1

〈동아일보〉 (2000. 12. 20). "[증권] 아~코스닥!… 9개월 새 '사상 최고'서 '최저'로." URL: http://www.donga.com/news/article/all/20001220/7624678/1

〈동아일보〉 (2021. 1. 12). "'당신의 쇼핑을 도와드려요"… 네이버 '스마트어라운드'에 추가." URL: https://www.donga.com/news/Economy/article/all/20210111/104874569/1

〈디지털데일리〉 (2019. 10. 28). "'특별한 네이버 데뷔' 문 대통령 깜짝 참석… 왜?" URL: http://www.ddaily.co.kr/news/article/?no=187462

〈디지털타임스〉 (2006. 11. 22). "인터넷 시작페이지 점유율 네이버 52.7%." URL: http://www.dt.co.kr/contents.htm?article_no=2006112202010631727005

〈디지털타임스〉 (2007. 1. 16). "네이버 뉴스 '아웃링크' 트래픽 유출 거의 없어." URL: http://www.dt.co.kr/contents.htm?article_no=2007011602010631727002

〈디지털투데이〉 (2018. 1. 17). "네이버 웨일 브라우저 모바일 버전, 2분기 출시… 브라우저 시장 공략." URL: http://www.digitaltoday.co.kr/news/articleView.html?idxno=115503

〈매일경제〉 (1996. 10. 28). "인터넷 한글검색 엔진 속속 등장." 13면. URL: https://newslibrary.naver.com/viewer/index.nhn?publishDate=1996-10-28&officeId=00009&pageNo=1

〈매일경제〉 (1998. 2. 24). "중기청 '벤처 활성화 계획' 확정." URL: http://news.mk.co.kr/newsRead.php?year=1998&no=10190

〈매일경제〉 (1999. 5. 26). "라이코스 – 야후 韓國서 격돌." 8면. URL: https://newslibrary.naver.com/viewer/index.nhn?publishDate=1999-05-26&officeId=00009&pageNo=1#

〈매일경제〉 (2000. 5. 5). "[인터넷사이트 만족도] 옥션 등 8개 분야별 우수사이트 영예." URL: http://news.mk.co.kr/newsRead.php?year=2000&no=50281

〈매일경제〉 (2001. 3. 25). "[매경 – 네이버 설문] '유료 콘텐츠 사용 않겠다' 57%." URL: http://news.mk.co.kr/newsRead.php?year=2001&no=68703

〈매일경제〉 (2002. 4. 5). "이메일회원 '엑소더스'… 엠파스, 야후 등 메일업체 회원 급증." URL: http://news.mk.co.kr/newsRead.php?year=2002&no=89559

〈매일경제〉 (2006. 2. 10). "인터넷은 2.0으로 '통'한다." URL: https://news.naver.com/main/read.nhn?mode=LSD&mid=sec&sid1=001&oid=009&aid=0000486840

〈매일경제〉 (2021. 3. 25). "M&A로 미래 충전… 현대차는 기술영토 확장, 네이버는 동맹강화." URL: https://www.mk.co.kr/news/stock/view/2021/03/286432/

〈머니투데이〉 (2000. 7. 26). "코스닥등록, '닷컴은 찬밥?'" URL: http://news.mt.co.kr/mtview.php?no=2000072619483111008&type=1

〈머니투데이〉 (2009. 2. 19). "포털블로그 이용자, 다음·네이버↑–싸이월드." URL: http://news.mt.co.kr/mtview.php?no=2009021915462644491&type

〈머니투데이〉 (2018. 5. 9). "네이버 '뉴스편집 안한다… '아웃링크' 적극 도입.'" URL: http://news.mt.co.kr/mtview.php?no=2018050909334426802

〈머니투데이〉 (2018. 9. 13). "'1년 결제수수료 무료'… 네이버 소상공인 창업 지원 확대." URL: http://news.mt.co.kr/mtview.php?no=2018091308154334502

〈머니투데이〉 (2020. 5. 13). "쿠팡도 이베이도 '초록창'안에… 온라인 쇼핑 집어삼킨 네이버." URL: https://news.mt.co.kr/mtview.php?no=2020051216082854747

모리오카 마사히로森岡正博 (2003).《無痛文明論》. [조성윤·이창익 옮김.《무통문명: 고통없는 문명》. 모멘토. 2005].

〈문화과학〉 (2019). "특집: 플랫폼 자본주의," 92호.

〈문화일보〉 (1999. 6. 15). "초고속 인터넷 서비스 경쟁 '불꽃.'" URL: http://www.munhwa.com/news/view.html?no=1999061514000101

〈미디어스〉 (2018. 10. 26). "IT강국 대한민국? IT노동자 자살 시도, 일반 성인의 28배." URL: http://www.mediaus.co.kr/news/articleView.html?idxno=137027

〈미디어스〉 (2020. 12. 3). "KBS, 신뢰도·영향력 1위…… '고령층의 힘.'" URL: http://www.mediaus.co.kr/news/articleView.html?idxno=199783

〈미디어오늘〉 (2007. 5. 21). "'뉴스편집·댓글 관리' 포털 책임 강조." URL: http://www.mediatoday.co.kr/news/articleView.html?idxno=57319

미래에셋대우 리포트 (2020. 2. 10). 네이버웹툰, 2020년 글로벌 성장세 또 확인. URL: https://blog.naver.com/how2invest/221802961151

미래에셋대우 리포트 (2020. 9. 4). 8월 또 급증, 이젠 틱톡보다 웹툰. URL: https://securities.miraeasset.com/

박석환 (2014). "포털 웹툰 플랫폼의 산업 규모와 운영 정책 모델 연구," 〈애니메이션연구〉, 10권 2호, pp.145~162.

박승일 (2017). 〈인터넷과 이중 관리권력 그리고 관리사회〉. 서강대학교 대학원 박사 학위 논문.

박승일 (2020), "권력과 저항: 파레시아와 대항인도, 그리고 방법으로서의 코딩 교육," 〈언론과 사회〉, 28권 4호, pp.54~102.

박영흠 (2017). 〈한국 디지털 저널리즘의 사회적 형성: 디지털 뉴스의 상품화 과정에 관한 역사적 연구〉. 서강대학교 대학원 박사 학위 논문.

박진우·김민혁·김주환 (2008). "한국 IT주식 버블에 관한 사례 연구," 〈경영사연구〉, 23권 1호, pp.9~41.

박태훈 (2000). 국내 인터넷이용자수 급증 요인 분석 ― 분석보고서. (한국인터넷정보센터 분석보고서).

방송통신위원회 (2010). 온란인 행태정보 보호 및 이용가이드라인(안) 공청회 발표 자료.

백욱인 (2013). "빅데이터의 형성과 전유체제 비판," 〈동향과 전망〉, 87호, pp.304~331.

백욱인 (2014a). "서비스 플랫폼의 전유 방식 분석에 관한 시론," 〈경제와 사회〉, 104호, pp.174~196.

백욱인 (2014b). "정보자본주의와 인터넷 서비스 플랫폼 장치 비판," 〈한국언론정보학보〉, 65호, pp.76~92.

〈블로터〉 (2020. 4. 9). "네이버웹툰·카카오페이지, IP 사업 '쏠쏠하네.'" URL: https://www.bloter.net/newsView/blt202004090003

삼정KPMG 경제연구원 (2021). 은행산업에 펼쳐지는 디지털 혁명과 금융 패권의 미래 [전자매체본]. Samjong INSIGHT, 73. URL: https://home.kpmg/kr/ko/home/insights/2021/01/kr-insight-73.html

〈서울경제〉 (2018. 9. 21). 네이버, 개인 타겟팅 광고에 블록체인 기술 접목하나… 관련 특허 출원. URL: https://decenter.sedaily.com/NewsView/1S4Q13BLDB

〈서울경제〉 (2020. 10. 21). "'구글 기소는 반독점 소송 신호탄'…… 美, IT공룡에 칼 겨눈다." URL: https://www.sedaily.com/NewsView/1Z97VJYJ6M

〈서울경제〉 (2020. 5. 16). "'정말 최대 연3% 수익률?'… 네이버통장 혜택 꼼꼼히 따져봤다." URL: https://www.sedaily.com/NewsView/1Z2RVZVQGJ

〈소비자가만드는신문〉 (2021. 3. 25). "시총 30대 기업 매출 대비 R&D 비중 4.9%… 투자액은 삼성전자, 비중은 네이버가 '톱.'" URL: https://www.consumernews.co.kr/news/articleView.html?idxno=622956

송태원 (2018). 〈인터넷 플랫폼 시장에서의 공정경쟁 확보에 관한 법적 연구〉. 고려대학교 대학원 박사 학위 논문.

〈시사저널〉 (2008. 12. 1). "'오픈'선언한 NHN "계속 네이버에 물어봐."" URL: http://www.sisajournal.com/news/articleView.html?idxno=124820

〈시사저널〉 (2019. 8. 13). "[누가 한국을 움직이는가] 언론매체 '절대강자' JTBC." URL: http://www.sisajournal.com/news/articleView.html?idxno=189480

〈시사저널〉 (2020. 8. 19). "[누가 한국을 움직이는가] 손석희 마이크 놓자 언론계 '춘추전국시대.'" URL: http://www.sisajournal.com/news/articleView.html?idxno=203737

〈CEO스코어데일리〉 (2020. 9. 17). "카카오, 5년간 47곳 M&A… 500대 기업 최다." URL: http://www.ceoscoredaily.com/news/article.html?no=73247

신무경 (2018). 《네이버는 어떻게 일하는가: 네이버 그린팩토리는 24시간 멈추지 않는다》. 미래의창.

신원수 (2014. 5. 14). "[Research] 2014 온라인 광고시장은 대격변의 시대를 맞이할 것!" 〈광고정보센터 매거진〉. [전자매체본]. URL: http://www.ad.co.kr/journal/

column/show.do?ukey=325385&oid=@98356|1|4

신현우 (2019). "비트코인의 신자유주의 기술코드: 기계동전의 금융제국과 P2P 네트워크 분업 생산," 〈문화과학〉, 99호, pp.108∼136.

〈아이뉴스24〉 (2003. 5. 30). "온라인우표제 시행 1년, 엇갈린 평가." URL: http://www.inews24.com/view/91851

〈IT조선〉 (2016. 11. 7). "기술중심으로 변화하는 네이버… 이번엔 빅데이터 활용 분석 강조." URL: http://it.chosun.com/site/data/html_dir/2016/11/07/2016110785027.html

〈IT조선〉 (2020. 1. 10). "데이터3법 통과에 업계 일제히 "환영한다."" URL: http://it.chosun.com/site/data/html_dir/2020/01/10/2020011001240.html

〈IT조선〉 (2020. 1. 22). "웹툰 업계 2020전략 중심은 '글로벌.'" URL: http://it.chosun.com/site/data/html_dir/2020/01/21/2020012102993.html

〈IT조선〉 (2020. 11. 22). ""소상공인 모십니다" 네이버·카카오가 SME에 집중하는 이유는." URL: http://it.chosun.com/site/data/html_dir/2020/11/20/2020112002671.html

〈아주경제〉 (2020. 11. 13). "[IT이슈 리마인드] ② 아시아 넘어 미국, 유럽까지…… 전세계 홀린 네이버·카카오 'K웹툰' 外." URL: https://www.ajunews.com/view/20201113074034173

안순태 (2012). "행동기반 맞춤형 광고의 자율 구제에 관한 연구: 행동 정보 활용 표시에 대한 실증적 검토," 〈방송통신연구〉, 81호, pp.156∼181.

안정배 (2014). 《한국인터넷의 역사: 되돌아보는 20세기》. 블로터앤미디어.

안희남 (2002). "신·구 제도주의 비교연구." 〈문화일보〉, 12권 3호, pp.1∼41.

양경욱 (2020). "플랫폼 경제와 문화산업: 만화산업의 플랫폼화와 웹툰 작가… 자유/무료 노동," 〈노동정책연구〉, 20권 3호. pp.79∼106.

SBS CNBC (2020. 11. 23). "中정부 반독점 규제에 'IT 공룡' 시총 200조 증발." URL: https://cnbc.sbs.co.kr/article/10001003262

〈AI타임스〉 (2019. 12. 17). "정부, AI국가 전략 수립… "2030년까지 AI 반도체 세계 1위 목표."" URL: http://www.aitimes.com/news/articleView.html?idxno=123584

NHN(주) (2003). 사업보고서(제4기) [전자매체본]. URL: http://dart.fss.or.kr/dsaf001/main.do?rcpNo=20030331001321

NHN(주) (2005). 사업보고서(제6기). [전자매체본]. URL: http://dart.fss.or.kr/dsaf001/main.do?rcpNo=20050331001861

NHN(주) (2006). 사업보고서(제7기) [전자매체본]. URL: http://dart.fss.or.kr/dsaf001/main.do?rcpNo=20060329000471

NHN(주) (2007). 사업보고서(제8기) [전자매체본]. URL: http://dart.fss.or.kr/dsaf001/
　　main.do?rcpNo=20070330002177

〈연합뉴스〉 (1998. 12. 10). "무료 E-메일 서비스 '한메일넷' 가입자 1백만 명 돌파."
　　URL: https://www.yna.co.kr/view/AKR19981210001700006?section=search

〈연합뉴스〉 (2017. 9. 28). "박근혜정부 창조혁신센터, 혈세 먹는 애물단지 전락." URL:
　　http://www.yna.co.kr/view/AKR20170928051700001?input=1195m

〈연합뉴스〉 (2020. 10. 6). "실체 드러난 네이버의 검색 알고리즘 조작… 신뢰성타격 불
　　가피." URL: https://www.yna.co.kr/view/AKR20201006086700017

〈연합뉴스〉 (2021. 3. 21). "네이버, 작년 R&D에 매출 25% 투자… 국내 기업 중 최고 수
　　준." URL: https://www.yna.co.kr/view/AKR20210319156600017?input=1195m

〈오마이뉴스〉 (2006. 2. 9). "지식iN·미니홈피가 웹2.0이라고? 사용자 행복 추구
　　하는 철학이 없다." URL: http://www.ohmynews.com/NWS_Web/View/at_
　　pg.aspx?CNTN_CD=A0000309134

오삼균·박희진 (2000). "국내 인터넷 탐색엔진에 대한 이용자 중심의 평가에 관한 연
　　구: 한글알타비스타와 네이버를 중심으로," 〈한국문헌정보학회지〉, 34권 2호,
　　pp.117~133.

원용진 (2005. 2. 1). "포털 저널리즘에 시비를 걸어야 한다," 〈한국기자협회보〉. URL:
　　http://journalist.or.kr/news/article.html?no=8913

원용진 외 (2020). 《서드 라이프: 기술혁명 시대 새로운 라이프 스타일》. 커뮤니케이션
　　북스.

유승현 (2012). 〈인터넷포털의 미디어화(Mediatization)에 관한 연구: 미디어 양식, 시공
　　간 경험, 개인화를 중심으로〉. 한양대학교 대학원 박사 학위 논문.

윤호영 (2011). "한국 인터넷의 특징: 소통기반 정보축적 및 유통 문화," 〈한국사회학〉,
　　45권 5호, pp.61~104.

이광석 (2017). "자본주의 종착역으로서 '플랫폼 자본주의'에 관한 비판적 소묘," 〈문화
　　과학〉, 92호, 18047.

이광석 (2020). 《디지털의 배신: 플랫폼 자본주의와 테크놀로지의 유혹》. 인물과사상사.

〈이데일리〉 (2005. 5. 27). "(edaily 인터뷰) NHN 최휘영 사장." URL: https://news.
　　naver.com/main/read.nhn?mode=LSD&mid=sec&sid1=101&oid=018&a
　　id=0000280724

〈이데일리〉 (2018. 10. 25). "한성숙 네이버 대표 "성장 여력 줄어" 기술플랫폼 강조."
　　URL: http://www.edaily.co.kr/news/read?newsId=02305846619376528&mediaC
　　odeNo=DSD

〈이데일리〉 (2021. 4. 18). "네이버·카카오, 3년간 스타트업에 5천억·1천억 투자… 이제

글로벌 투자로." URL: https://www.edaily.co.kr/news/read?newsId=01886006629
017432&mediaCodeNo=257

이동훈 (2007). "국내 포털의 UCC 서비스 전략 현황." 〈한국방송영상산업진흥원 연구
보고서, KBI포커스07 - 05〉. URL: https://www.kocca.kr/cop/bbs/list/B0000141.
do?menuNo=201825

이만제 (2007. 4). 국내 동영상 UCC의 산업 전망과 과제. 한국언론학회 〈모색과 도전〉
2차 세미나. 한국프레스센터.

〈이코노미스트〉(2020. 2. 17). "[온라인 독점은 타당한가] 플랫폼만 집중해야 VS 글
로벌 공룡에게 맞서려면 불가피." URL: https://jmagazine.joins.com/economist/
view/329123

〈이투데이〉(2017. 3. 2). "[MWC 2017] 라인, '클로바' 공개… '스마트폰→AI기술'
로 중심축 옮긴다." URL: http://www.etoday.co.kr/news/section/newsview.
php?idxno=1462559

이항우 (2014a). "구글의 정동 경제(Affective Economy): 사용자 정동 노동의 동원과 전
용," 〈경제와 사회〉, 102호, pp.208~236.

이항우 (2014b). "정동 경제의 가치 논리와 빅데이터 폴리네이션," 〈경제와 사회〉, 104
호, pp.142~173.

이항우 (2015). 자유/무료 노동의 화폐적 보상: 소액 결제 혹은 보편적 기본 소득," 〈경제
와 사회〉, 107호, pp.323~351.

이항우 (2016). "'이윤의 지대되기'와 정동 엔클로저," 〈한국사회학〉, 50권 1호, pp.189~
219.

이해진 (2002. 11. 8). "[IT단상] 지식 획득의 평등." 〈전자신문〉, URL: http://www.etnews.
com/200211070190

이호영·정은희·서문기·이창호 (2008). "인터넷 포털사이트의 사회적 영향력 확대에
따른 대응방안 연구." 〈정보통신정책연구원 기본연구 08 - 05〉. URL: http://
m.kisdi.re.kr/mobile/repo/res_view.m?key1=11159&key2=0&key3=&category=1&
categ

이희은 (2007. 3). "놀이와 노동과 일상의 참여: UCC의 문화적 함의." 한국언론학회 〈모
색과 도전〉1차 세미나. 한국프레스센터.

〈인공지능신문〉(2018. 9. 12). "네이버의 AI 상품추천 시스템 'AiTEMS' 일본 라인쇼핑
에 적용." URL: http://www.aitimes.kr/news/articleView.html?idxno=12373

임원기 (2007). 《네이버, 성공신화의 비밀: NAVER inside》. 황금부엉이.

장정훈 (2007). 《네이버스토리: 트랜드를 창조하는 지식군단》. 웅진씽크빅.

장진모 (2004). 《주식의 역사: 주가로 풀어 쓴 주식흐름 읽는 법》. 한국경제신문.

전길남 (2011). "초기 한국 인터넷 略史(1982~2004년)." URL: https://sites.google.com/
    site/koreainternethistory/publication/e-bridge

〈전자신문〉 (1999. 6. 7). "〈인터뷰〉 네이버컴 이해진 사장." URL: http://www.etnews.
    com/1999199906070028

〈전자신문〉 (2006. 3. 13). "[IT키워드] 문맥광고." URL: http://www.etnews.
    com/200603100033

〈전자신문〉 (2008. 6. 2). "웹하드, 포털 블로그 불법복제 온상." URL: https://www.etnews.
    com/200805300096

〈전자신문〉 (2019. 10. 17). "AI쇼핑 시대 활짝… 네이버쇼핑 이용자 80% 'AiTEMS' 쓴
    다. URL: https://www.etnews.com/20191017000175?m=1

〈전자신문〉 (2019. 12. 17). ""AI를 가장 잘하는 나라로, 2030년 경제효과 455조 창출"
    AI 국가전략 확정." URL: https://www.etnews.com/20191217000211

〈전자신문〉 (2020. 4. 2). "[이슈분석] R&D비용 '1조원 이상' 기업 5개… 투자, 성장으로
    이어졌다." URL: https://www.etnews.com/20200402000113

전종홍·이승윤 (2007). "특징 웹2.0: 웹2.0 기술 현황 및 전망," 〈정보처리학회지〉, 14권
    5호, pp.20~30.

정법근 (2015). "사물인터넷 시대의 C−P−N−D 생태계 동향," 〈정보통신방송정책〉, 27
    권 3호, pp.29~35.

정보통신부 (2001). 〈2001년도 전기통신에 관한 연차보고서〉.

정보통신부 (2005). 〈2005년도 전기통신에 관한 연차보고서〉.

제일기획 (2020). 〈광고연감 2020〉.

조동원 (2013a). "인터넷의 이중적 플랫폼," 〈한국언론정보학보〉, 64호, pp.5~30.

조동원 (2013b). "정보의 자본화 과정 비판: 정보의 추상화·사유화·상품화, 지적 재산
    권," 〈정보사회와 미디어〉, 26호, pp.1~37.

〈조선비즈〉 (2007. 11. 23). "[뉴스 애프터서비스] 네이버 뉴스검색 아웃링
    크, 1년간의 명과 암." URL: https://biz.chosun.com/site/data/html_
    dir/2007/11/23/2007112300831.html

〈조선비즈〉 (2014. 6. 16). "[한국 인터넷 대중화 20년](1) 정보화 운동의 주역, 안병
    훈 서재필기념회재단 이사장." URL: https://biz.chosun.com/site/data/html_
    dir/2014/06/16/2014061602283.html

〈조선비즈〉 (2014. 10. 20). "[한국 인터넷 대중화20년] (7) 포털 공화국을 연 새 리
    더십 이해진 네이버 의장③." URL: https://biz.chosun.com/site/data/html_
    dir/2014/10/20/2014102002685.html

〈조선비즈〉 (2016. 7. 25). "[정보화 리더십 탐구] ⑫ 이해진 네이버 의장 "인터넷 비

즈니스, 대포 아닌 유도미사일.'" URL: http://biz.chosun.com/site/data/html_
dir/2016/07/25/2016072501837.html

〈조선비즈〉 (2016. 11. 14). "네이버·소프트뱅크벤처스, 500억원 들여 '제
2의 스노우' 키운다."URL: https://biz.chosun.com/site/data/html_
dir/2016/11/14/2016111401935.html

〈조선비즈〉 (2019. 6. 18). "이해진 네이버 창업자 "구글 제국주의 대항
하는 삼별초될 것.'" URL: https://biz.chosun.com/site/data/html_
dir/2019/06/18/2019061802706.html

〈조선비즈〉 (2020. 10. 26). "네이버 – CJ 콘텐츠·물류 동맹······ 6000
억 규모 주식 맞교환." URL: https://biz.chosun.com/site/data/html_
dir/2020/10/26/2020102602211.html

〈중앙일보〉 (2019. 5. 6). "'네이버' 검색 포털 점유율 압도적 1위······ 검색 결과 만족도
는?" URL: https://news.joins.com/article/23459477

〈중앙일보〉 (2020. 5. 11a). "'시총 35조' 네이버의 부활······ 그 뒤엔 '한국 뺄셈 해외 덧
셈' 전략." URL: https://news.joins.com/article/23773263

〈중앙일보〉 (2020. 5. 11b). ""테슬라·애플과 경쟁하겠다"······ 네이버가 '테크'에 꽂힌
이유." URL: https://news.joins.com/article/23773264

〈ZDNetKorea〉 (2006. 1. 23). "네이버도 열린 검색한다?" URL: https://news.naver.com/
main/read.nhn?mode=LSD&mid=sec&sid1=105&oid=092&aid=0000007132

〈ZDNetKorea〉 (2007. 2. 5). "다음 – 네이버 「오픈API&매쉬업 개발자들 모여라」." URL:
http://www.zdnet.co.kr/view/?no=00000039155202

최민재 외 (2009). 《한국의 블로그 산업》. 한국언론재단.

최진응 (2013). 〈한국의 방송제도개편에 관한 정치경제적 연구: 제도의 변화와 지속요
인을 중심으로〉. 서울대학교 대학원 박사 학위 논문.

카카오(주) (2019). 사업보고서(제24기) [전자매체본]. URL: http://dart.fss.or.kr/dsaf001/
main.do?rcpNo=20190401005013

카카오(주) (2020). 사업보고서(제25기) [전자매체본]. URL: http://dart.fss.or.kr/dsaf001/
main.do?rcpNo=20200330004659

카카오(주) (2021). 사업보고서(제26기) [전자매체본]. URL: http://dart.fss.or.kr/dsaf001/
main.do?rcpNo=20210318001373

코리안클릭 (2006. 6. 21). "인터넷 포털 뉴스 서비스의 성장과 발전 방향" [전자매체
본]. 〈월간 토픽〉. URL: http://www.koreanclick.com/insights/newsletter_view.
html?code=topic&id=157&page=16

통계청 (2001). 2000년 사회통계조사결과: 정보와 통신부문. URL: http://www.moef.

go.kr/nw/nes/detailNesDtaView.do?menuNo=4010100&searchBbsId1=MOSFBBS
_000000000028&searchNttId1=OLD_48421

〈파이낸셜뉴스〉 (2005. 8. 2). "차세대 수익 모델은 1인 미디어." URL: http://www.fnnews.
com/news/200508021332508321

〈파이낸셜뉴스〉 (2006. 2. 10). "[클릭IT—nhn] 네이버'지식iN', 머릿속 정보 끌어내 인
터넷 공유." URL:https://www.fnnews.com/news/200602101420402806

〈파이낸셜뉴스〉 (2008. 7. 17). "인터넷업계 "불법 콘텐츠 제재 , 규제만 강화되나."" URL:
http://www.fnnews.com/news/200807171911440595

〈파이낸셜뉴스〉 (2018. 9. 19). "국회 · 정부가 규제 혁신의 걸림돌… 구글 겨냥 '디지털
세'도 신중해야." URL: http://www.fnnews.com/news/201809191058214078

하연섭 (2011).《제도분석: 이론과 쟁점》. 다산.

학쯔 (2018). 〈위챗 미니앱이 중국 모바일 결제 산업에 미치는 영향〉. 상명대학교 대학원
석사 학위 논문.

〈한겨레〉 (2018. 2. 14). "'가명정보'가 뭐야? '익명정보'는 또 뭐고?" URL: https://www.
hani.co.kr/arti/economy/it/832268.html

〈한겨레〉 (2019. 11. 19). ""뉴스 전재료 대신 광고수익"… 언론사 '무한경쟁' 부추기는 네
이버." URL: http://www.hani.co.kr/arti/society/media/917674.html#csidxc027602
d08636278ebdc5980757d86c

〈한겨레〉 (2020. 8. 4). "라인 · 야후 경영통합 승인… 내년 2월 네이버에서 라인 분할."
URL: https://www.hani.co.kr/arti/economy/it/956471.html#csidx733141a346d48
69a0e806a3ddeac8af

〈한겨레〉 (2020. 10. 1). "네이버 · SKT 이용했더니, 나도 모르게 내 정보가 팔렸다?"
URL: https://n.news.naver.com/mnews/article/028/0002514817?sid=105

〈한겨레〉 (2020. 11. 16). "생계 막막한데… 웹툰 작가는 창작자, 배고픔도 참아라?"
URL: https://www.hani.co.kr/arti/society/society_general/970063.html

〈한겨레〉 (2020. 12. 9). "코로나19에도… 올해 국내 기업 R&D 투자 8000억원 늘렸다."
URL: https://www.hani.co.kr/arti/economy/marketing/973409.html#csidxfe16179
27114655bcaf8f27efbdb69c

〈한겨레21〉 (2006. 1. 18). "네이버 제국은 영원할 것인가." URL: http://h21.hani.co.kr/
arti/PRINT/15891.html

〈한겨레21〉 (2007. 4. 12). "저 게시물을 지워달라고?" URL: http://legacy.www.hani.co.kr/
section-021155000/2007/04/021155000200704120655125.html

한국IT기자클럽 (2016)《산업화는 늦었지만 정보화는 앞서가자: 인터넷 코리아 시대의
개척자들》. 서울경제경영.

〈한국경제〉(1997. 12. 20). "한글과컴퓨터 자회사 한컴네트/데이콤 20억원에 인수." URL: http://news.hankyung.com/article/1997122000321

〈한국경제〉(2000. 6. 14). "[테마주 집중분석] '인터넷株',경쟁 갈수록 치열해져." URL: http://news.hankyung.com/article/2000061339281

〈한국경제〉(2001. 6. 13). "IT업계 '비교광고' 붐… 후발업체, 선발업체와 차별화 전략." URL: http://news.hankyung.com/article/2001061372311

〈한국경제〉(2002. 12. 10). "[한경제 리포트] 2002년을 돌아보며." URL: http://news.hankyung.com/article/2002121035811

〈한국경제〉(2007. 9. 5). "네이버 검색 20%만 외부사이트로 연결." URL: http://news.hankyung.com/article/2007090525008

〈한국경제〉(2021. 3. 3). "카카오 원맨쇼 "금융자 직접 세운다"… 네이버는 원팀 "상품 중개만 하겠다."" URL: https://news.naver.com/main/read.nhn?mode=LSD&mid=sec&sid1=001&oid=015&aid=0004507648

〈한국경제〉(2021. 4. 16). "'몸값 53조' 카카오, 네이버 턱밑까지 쫓아왔다." URL: https://www.hankyung.com/finance/article/2021041624661

〈한국금융〉(2021. 3. 29). "빅테크 공습 (4‒끝) 네이버·카카오 등 빅테크發 혁신금융 지각변동." URL: https://www.fntimes.com/html/view.php?ud=202103272258227074dd55077bc2_18

한국인터넷진흥원 (2006). 〈2005년 하반기 정보화 실태조사〉.

한국인터넷진흥원 (2007). 〈2006년 인터넷 이슈 심층조사 요약보고서〉. URL: https://www.nia.or.kr/site/nia_kor/ex/bbs/View.do?cbIdx=99870&bcIdx=20673&parentSeq=20673

한국인터넷진흥원 (2008). 〈2008 한국인터넷백서〉.

한국인터넷진흥원 (2010). 〈2010 한국인터넷백서〉.

한국인터넷진흥원 (2017). 〈2017년 한국인터넷백서〉.

한국전산원 (2000). 〈2000 한국인터넷백서〉.

한국전산원 (2004). 〈2004 한국인터넷백서〉.

한국전산원 (2005). 〈한국의 정보화정책 발전사〉.

한국정보화진흥원 (2020). 〈2019 인터넷이용실태조사〉.

한국지능정보사회진흥원 (2021). 〈2020 인터넷이용실태조사〉.

한선 (2010). "네이버의 포털 시장 내 구조 변화와 사회적 함의." 〈한국언론학보〉, 54권 1호, pp.107~127.

한세억 (2010) "한국 정보화정책의 변천과 특징: 행위자 연결망을 중심으로." 〈정보화정책〉, 17권 4호, pp.22~43.

Andrejevic, M. (2012). "Exploitation in the Data Mine," In Fuchs. C., Boersma, K., Albrechtslund, A. & Sandoval, M. (Eds.), *Internet and Surveillance: The challenges of Web 2.0 and social media*. New York, NY: Routledge.

Arendt, H. (1958) *The Human Condition*. University of Chicago Press. [이진우 · 태정호 옮김. (1996) 《인간의 조건》. 한길사].

Barbrook, R. & Cameron, A. (1996). "The Californian ideology," *Science as Culture*, 6(1), pp.44~72.

Bilić, P. (2016). "Search algorithms, hidden labour and information control," *Big Data & Society*, 3(1), pp.1~9.

Borkin, S. (2019). *Platform co-operatives: solving the capital conundrum*. [번역협동조합 옮김.《플랫폼 경제, 협동조합을 만나다》. 착한책가게. 2019].

Brynjolfsson, E. & McAfee, A. (2014). *The second machine age: Work, progress, and prosperity in a time of brilliant technologies*. WW Norton & Company.

Burgess, J. & Green, J. (2018). *YouTube* (2nd Ed.). Cambridge, Uk: Polity Press.

Castells, M. (2000). *Rise of the network society*. [김묵한 · 박행웅 · 오은주 옮김.《네트워크 사회의 도래》. 한울. 2003].

Cole, M.. (2017. 11. 2). Platform Capitalism and the Value Form. SALVAGE. Retrieved from: https://salvage.zone/online-exclusive/platform-capitalism-and-value-form/

Deleuze, G. (1990). *Pourparlers 1972-1990*. [김종호 옮김.《대담: 1972~1980》. 솔. 1993].

Dyer-Witheford, N. (1999). *Cyber-Marx: Cycles and circuits of struggle in high-technology capitalism*. [신승철 옮김.《사이버 – 맑스》. 이후. 2003].

Dyer-Witheford, N. (2015). *Cyber-proletariat: Global labour in the digital vortex*. Toronto, Ontario: Between the Lines.

Fisher, E. (2012). "How Less Alienation Creates More Exploitation? Audience Labour on Social Network Sites," *tripleC: Communication, Capitalism & Critique*, 10(2), pp.171~183.

Fuchs, C. (2009a). "A contribution to the critique of the political economy of transnational informational capitalism," *Rethinking Marxism*, 21(3), pp.387~402.

Fuchs, C. (2009b). "Information and communication technologies and society: A contribution to the critique of the political economy of the Internet," *European Journal of Communication*, 24(1), pp.69~87.

Fuchs, C. (2010). "New imperialism: Information and media imperialism?" *Global Media* and Communication*, 6(1), pp.33~60.

Fuchs, C. (2011). "Cognitive capitalism or informational capitalism? The role of class in the information economy," *Cognitive capitalism, education and dital labor*, Peter Lang, pp.75~119.

Fuchs, C. (2014). *Digital Labour and Karl Marx*. Routledge.

Fuchs, C. (2015). *Culture and economy in the age of social media*. Routledge.

Fuchs, C. (2017). *Social media: A critical introduction* (2nd ed.). Los Angeles, CA: SAGE.

Garnham, N. (2000). *Emancipation, the Media, and Modernity: Arguments About the Media and Social Theory*. Oxford, NY: Oxford University Press.

Gillespie, T. (2010). "The politics of 'platforms'." *New media & society*, 12(3), pp.347~364.

Gillespie, T. (2018). *Custodians of the Internet: Platforms, content moderation, and the hidden decisions that shape social media*. New Haven, CT: Yale University Press.

Goldberg, G. (2011). "Rethinking the public/virtual sphere: The problem with participation," *New Media & Society*, 13(5), pp.739~754.

Gross, D. (2007). *Pop!: Why Bubbles Are Great for the Economy*. New York, NY: Collins.

Hall, P. A. (1986). *Governing the Economy: The Politics of State Intervention in Britain and France*. New York, NY: Oxford University Press.

Helmond, A. (2015). "The platformization of the web: Making web data platform ready," *Social Media+Society*, 1(2), pp.1~11.

Jacobs, M. & Mazzucato, M. (2016). *Rethinking Capitalism*. [정태인 옮김.《자본주의를 다시 생각한다: 사람과 자연을 위한 11가지 경제정책》. 칼폴라니사회경제연구소. 2017].

Jenkins, H. (2006). *Convergence Culture*. New York & London : New York University Press.

Jin, D. Y. (2013). "The construction of platform imperialism in the globalization era," *tripleC: Communication, Capitalism & Critique*, 11(1), pp.145~172.

Kleiner, D. (2010). *The Telekommunist Manifesto*. [권범철 옮김.《텔레코뮤니스트선언》. 갈무리. 2014].

Kotz, D. (2015) "Capitalism and Forms of Capitalism: Levels of Abstraction in Economic Crisis Theory," *Review of Radical Political Economics*, 47, 4, pp. 542~549.

Krasner, S. (1984). "Approaches to the State: Alternative Conceptions and Historical Dynamics," *Comparative Politics*, 16, pp.223~246.

Krasner, S. (1988). "Sovereignty: An Institutional Perspective," *ComparativePolitical Studies*, 21(1), pp.66~94.

Kremer, A. (2018). Mega platforms: what are they and why don't they exist in the West: The emergence and outlook of mega platforms in China. Retrieved from https://www. chinatechblog.org/blog/mega-platforms-what-are-they-and-why-don-t-they-exist-in-the-west)

Langley, P., & Leyshon, A. (2017). "Platform capitalism: the intermediation and capitalisation of digital economic circulation," *Finance and society*, 3(1), pp.11~31.

Lazzarato, M. (2004). *la politica dell'evento*. [이성혁 옮김.《사건의 정치: 재생산을 넘어 발명으로》. 갈무리. 2017].

Lenin, V. (1917). *Imperialism, the Highest Stage of Capitalism*. [남성일 옮김.《제국주의론》. 백산서당. 1986].

Lessig, L. (2006). *code: version 2.0*. [김정오 옮김(2009).《코드2.0》. 나남. 2009].

Liberman, E. S. (2001). "Causal Inference in Historical Institutional Analysis: A Specification of Periodization Strategies," *Comparative Political Studies*, 34(9), pp.1011~1035.

Mandel, M. (2000). *The coming internet depression*. [이강국 옮김.《인터넷 공황》. 이후. 2001].

Marrazzi, C. (2009). *The violence of financial capitalism*. [심성보 옮김.《금융 자본주의의 폭력:부채위기를 넘어 공통으로》. 갈무리. 2013].

Murdock, G, (2011). "Political economies as moral economies: Commodities, gifts, and public goods," Wasko, J., Murdock, G., & Sousa, H. (Eds.). (2011). *The handbook of political economy of communications*. John Wiley & Sons.

Morozov, E. (2014. 7. 20) The rise of data and the death of politics. *The Guardian*. Retrieved from https://www.theguardian.com/technology/2014/jul/20/rise-of-data-death-of-politics-evgeny-morozov-algorithmic-regulation

Nieborg, D. B., & Poell, T. (2018). "The platformization of cultural production: Theorizing the contingent cultural commodity," *New media & society*, 20(11), pp.4275~4292.

Noble, S. U. (2018). Algorithms of oppression: How search engines reinforce racism. NYU Press.

O'Reilly, T. (2005). What Is Web 2.0. Retrieved from https://www.oreilly.com/pub/a/web2/archive/what-is-web-20.html

Pariser, E. (2011). *The filter bubble: What the Internet is hiding from you*. [이현숙 · 이정태 옮김.《생각조종자들》. 알키. 2011].

Pasquinelli, M. (2009). "Google's PageRank algorithm: A diagram of cognitive capitalism and the rentier of the common intellect," Becker, K. & Stalder, F. (Ed.), *Deep search: The politics of search beyond Google*, Studien Verlag, pp.152~162.

Pasquinelli, M. (2015). "Italian operaismo and the information machine," *Theory, Culture &*

Society, 32(3), pp.49~68.

Poell, T. Nieborg D., & Duffy B. (Forthcoming). *Platforms and Cultural Production*.

Schiller, D.(1999). *Digital capitalism*. [추광영 옮김.《디지털 자본주의: 미국의 새로운 세계지배 전략》. 나무의숲. 2001].

Scholz, T. (2014). Platform cooperativism vs. the sharing economy. Big data & civic engagement, pp.47~54.

Shapiro, C. & Varian, H. (1999). *Information Rules : A Strategic Guide to the Network Economy*, Harvard Business School Press.

Skocpol, T. (1979). *States and Social Revolution : A Comparative Analysis of France, Russiam and China*. [한창수·김현택 옮김.《국가와 사회혁명의 비교연구》. 까치. 1981].

Smyther, D. (1977). "Communications: Blindspot of Western Marxism," *Canadian Journal of Political and Social Theory*, 1(3), pp.1~27.

Srnicek, N. (2017). *Platform capitalism*. Cambridge, UK: Polity. [심성보 옮김.《플랫폼 자본주의》. 킹콩북. 2020].

Terranova, T. (2000). "Free labor: Producing culture for the digital economy," *Social Text*, 18(2), pp.33~58.

Thelen, K. & Steinmo, S. (1992). "Historical Institutionalism in Comparative Politics," Steinmo, S., Thelen, K., & Longstreth, F.(eds.), *Structuring Politics: Historical Institutionalism in Comparative Analysis*. New York, NY: Cambridge University Press.

van Dijck, J. (2013). *The culture of connectivity: a critical history of social media*. Oxford, NY: Oxford University Press.

van Dijck, J., Poell, T., & De Waal, M. (2018). *The platform society*. Oxford, NY: Oxford University Press.

Vercellone, C. (2007). "From formal subsumption to general intellect: Elements for a Marxist reading of the thesis of cognitive capitalism," *Historical materialism*, 15(1), pp.13~36.

Vercellone, C. (2008). The new articulation of wages, rent and profit in cognitive capitalism [On-Line]. Retrieved from https://halshs.archives-ouvertes.fr/halshs-00265584/document

찾아보기